海派经济学

Journal of Economics of Shanghai School

主办单位

中国政治经济学学会
上海财经大学海派经济学研究院
上海对外经贸大学马克思主义学院

支持单位

世界政治经济学学会
全国马克思主义经济学说史学会

目录

马克思主义经济学研究

中国特色社会主义经济研究

马克思主义理论研究

信　息

文　摘

CONTENTS

Study on Marxist Political Economy

Study on Socialist Economy with Chinese Characteristics

Research on Marxist Theory

Information

Digest

中国共产党百年科技思想的发展脉络与理论特征

张沁悦

内容提要 中国共产党始终立足于推动科技与经济社会发展的紧密结合,紧密联系社会发展对科学技术的历史性需要,形成了"科技救国—科技立国—科技富国—科技强国"的发展脉络。同时探索马克思主义基本理论的现代化和中国化,形成了科学技术的"革命力量论—生产力要素论—生产力系统论—社会发展系统动力论"的科技理论创新,指导我国科技思想发展呈现出从点到面的特征。并坚持辩证看待科学技术的作用、科技发展不平衡规律、科技与经济社会发展的关系,形成了"以人为本"的发展核心原则、坚持"自主创新"的跨越式发展道路和坚持中国特色社会主义的制度支撑等成功经验。

关键词 中国共产党;科技思想;发展脉络;理论创新;唯物辩证法
中图分类号 D24

科技是国家强盛之基,创新是民族进步之魂。中国共产党自1921年成立以来,继承和发展了马克思主义科技观,高度重视科学技术在革命和社会主义建设各项事业中的地位与作用,并结合中国的历史实践不断探索与创新,指导中国科学事业取得了举世瞩目的发展,助力中华民族实现了从"站起来""富起来"到"强起来"的伟大飞跃,并形成了一系列具有中国特色的科技工作指导思想和理论成果。为此,有必要整体掌握党的科技思想发展的历史脉络,总结其理论创新的现实道路与内涵,明确其理论特征,从而总结党的科技工作的成功经验,更好地发挥科学技术推动国家、民族和人类社会进步的重要作用。

本文首先全面梳理中国共产党成立以来的科技工作和科技思想的历史,依据社会经济发展对科学技术的不同需要,将其分为科技救国(1921—1949年)、科技立国(1949—1978年)、科技富国(1978—2012年)和科技强国(2012年至今)四个阶段。其次分析各阶段党的科技思想发展的现实依据,并总结各阶段科技思想的理论基础,阐明其内涵、发展与创新,总结各阶段党的科技思想的理论创新成果。最后从方法论上阐明党的科技思想取得重大实践和理论突破的原因,至此完成对中国共产党百年科技思想发展的理论特征的阐述。

作者简介:张沁悦,上海财经大学经济学院/中国经济思想发展研究院副教授。

一、中国共产党科技思想的发展脉络

中国共产党的科技思想,体现在各时期党的重要文件和科技工作的方针、政策与战略中。纵观其百年发展历史,始终立足于回答三个问题:一是科学技术在社会发展中的作用;二是利用科学技术的方法和途径;三是如何促进科学技术自身的发展。依据不同历史阶段对这三个问题的回答与探索,形成了"科技救国—科技立国—科技富国—科技强国"的科技思想发展脉络。

(一)科技救国(1921—1949年)

"科技救国"思想,即将科学技术看作新民主主义革命总战线不可或缺的重要组成部分,高度重视科学技术的应用在争取革命胜利中的重要作用。把革命救国看作科学技术发展的前提,将科学技术作为革命救国的补充。

新民主主义革命时期,中国共产党已经高度重视科学技术在提供物质基础、满足革命战争需求方面的重要作用。共产党员廖庶谦发表了《向全国自然科学家的建议》,发出了建立国防科学阵营、拥护神圣抗战的号召。1939年5月,党在延安创办自然科学研究院,旨在促进边区生产发展。为培养科技人才,创办了中共中央党校等20多所学校和短期职业技术训练班。1941年5月1日,中共中央发布了《关于党员参加经济工作和技术工作的决定》,其要点是:各种经济工作和技术工作是革命工作中不可缺少的部分,必须重视科学技术,发展边区建设,保障抗战的物资供给。[①] 在"用自然科学粉碎敌人的经济封锁、打击敌人的文化政策"的号召下,中国共产党领导边区人民大力开展各种可能的科学技术研究工作,配合工农业的生产运动。这一阶段中国共产党尚无暇重视科学技术本身的发展问题,而是团结一切可以团结的知识分子,并在有限的人才、资源约束下加大对现有科技条件的运用。

(二)科技立国(1949—1978年)

"科技立国"思想,指将掌握先进科学技术作为夯实我国社会主义革命胜利果实的重要保障,促进经济文化发展和确保国防安全,确保中华民族的独立发展落到实处。这一思想是中国在社会主义革命和建设时期的科技思想的核心内容。

在正确认识科学技术的地位方面,1956年,周恩来在全国知识分子问题会议上的报告中指出:(1)社会主义生产的目的是为了最大限度地满足整个社会经常增长的物质和文化需要,因此在社会主义时代,"更加需要充分地发展科学和利用科学知识"[②]。(2)科学是关系经济、国防和文化发展的决定性因

① 《建党以来重要文献选编(一九二一—一九四九)》第18册,北京:中央文献出版社,2011年,第245—246页。

② 《周恩来选集》下卷,北京:人民出版社,1997年,第159—160页。

素;只有掌握最先进的科学,才能巩固国防、掌握强大先进的经济力量,并在和平竞赛或敌人发动的侵略战争中立于不败之地。

在科学技术的利用途径方面,毛泽东最早在 1953 年向社会主义过渡时期,就提出要“在技术上起一个革命”[①],实际要求用先进的机器代替简单落后的工具。1958 年号召“把党的工作重点放到技术革命上去”[②]。通过技术革命,推动生产的技术领域尤其是生产工具的现代化革命。此后,中国首先进行了农具改革,再拓展到工业领域推动机械化生产,促进了农业与工业生产力水平的提升。

在促进科学技术自身发展方面,强调对科技人才的利用和培养,确立了“独立自主,自力更生”的科技发展方针。人才队伍建设上,周恩来指出:“革命需要吸收知识分子,建设尤其需要吸收知识分子。”[③]一方面,团结、改造、利用已有的知识分子,吸引海外人才归国;另一方面,积极培养科技人员,并向苏联及东欧国家派遣留学人员,扩大知识分子队伍。科技发展上,1956 年全国知识分子问题会议发出了“向科学进军”的全国动员令。其后,迅速成立了国家科学规划委员会,组织 600 多位科学和技术专家,制定了我国第一个长期科学技术发展规划——《1956 年至 1967 年全国科学技术发展远景规划》,推动了科学技术体系框架的基本形成。1962 年又制定了《十年科学规划》,确立了“自力更生,迎头赶上”的发展方针。力求推进农业、工业技术现代化;确保国防尖端技术初步过关,加强资源的综合保护和利用,发展医学,保护和增进人民健康,并建成一支能够独立解决我国建设中科学技术问题的科技队伍。

(三)科技富国(1978—2012 年)

“科技富国”思想,指将科学技术的进步与创新作为促进社会先进生产力发展的关键因素,强调“科技—经济—社会”协同发展,体现社会主义共同富裕的本质。

1978 年至 1995 年是科技富国思想的形成阶段。这一阶段主要围绕科学技术的作用和实施路径进行讨论。1978 年,党和政府决定将全党全国的工作重心转移到经济建设上,形成了“四个现代化,关键是科学技术现代化”[④]、“知识分子是工人阶级的一部分”[⑤]、“科学技术是第一生产力”[⑥]等重要论断。1982 年 10 月,全国科学技术奖励大会提出:“科技工作要面向经济建设,经济建设要依靠科学技术。”[⑦]1995 年补充要“努力攀登科学技术高峰”[⑧]。至此形

① 《毛泽东文集》第 6 卷,北京:人民出版社,1999 年,第 316 页。
② 《毛泽东文选》第 7 卷,北京:人民出版社,1999 年,第 351 页。
③ 《周恩来选集》下卷,北京:人民出版社,1997 年,第 161 页。
④ 《邓小平文选》第 2 卷,北京:人民出版社,1994 年,第 86—90 页。
⑤ 《邓小平文选》第 2 卷,北京:人民出版社,1994 年,第 186 页。
⑥ 《邓小平文选》第 3 卷,北京:人民出版社,1993 年,第 274 页。
⑦ 《十二大以来重要文献选编(上)》,北京:中央文献出版社,1986 年,第 99 页。
⑧ 江泽民:《论科学技术》,北京:中央文献出版社,2001 年,第 52 页。

成了“面向、依靠、攀高峰”的科技工作指导方针。其核心是要促进科技与经济紧密结合,尤其以高科技促进生产发展,实现科技富国,其手段是“进一步加强技术创新,发展高科技,实现产业化”①。

1995年至2005年,是科技富国思想的发展阶段。主要围绕科学技术自身发展问题进行讨论,并进一步论述了社会经济高速发展相当长一段时间后对科技发展的新要求。1995年提出的“科教兴国”战略集中解决科技自身发展面临的问题。包括:(1)创新是灵魂。要培育创新文化,提高民族创新意识和国家创新能力;弘扬科学精神,提高全党、全社会的科学文化素养。(2)“创新的关键在人才”②,要注重建设人才队伍,充分发挥科技人员的开拓创新作用。(3)教育是基础,借此努力形成现代化建设的人力资源优势。(4)“党的领导是政治保证”③,要坚持党的统一领导,充分发挥我国社会主义制度的政治优势。1997年提出的“可持续发展战略”,体现了社会经济发展新时期对科技的新要求。强调要把加速科技进步放在社会经济发展的关键地位,通过科技进步,促进对资源的合理利用、生态环境的保护等,以实现社会经济协调可持续发展的目标。④

2005年至2012年,是科技富国思想的完善阶段。该阶段的重要进展在于对支撑科技发展所需的体制机制改革进行了详细论述,相关思想体现在“建设创新型国家”战略中。2006年,胡锦涛在全国科学技术大会上提出要“建设创新型国家”。2007年,中共第十七次全国代表大会将“提高自主创新能力,建设创新型国家”作为国家发展战略的核心。⑤ 这一战略发展了对新时期科技创新的新作用的认识,即“推动国民经济又好又快发展”、“加强能源节约和生态保护,增强可持续发展能力”⑥、“转变增长方式,推动产业结构优化升级”⑦。更重要的是,详细阐明了推动科技发展本身所需要的体制机制,包括:(1)推动有利于自主创新的体制机制变革,大力推进理论创新、制度创新和科技创新。⑧ (2)加快推进国家创新体系建设。建立“以企业为主体、市场为导向、产学研相结合的技术创新体系”“科学研究与高等教育有机结合的知识创新体系”“国防科技创新体系”“区域创新体系”和“科技中介服务体系”。⑨ (3)培养造就富有创新精神的人才队伍,培育全社会创新精神等。⑩

① 江泽民:《论科学技术》,北京:中央文献出版社,2001年,第139页。
② 江泽民:《论科学技术》,北京:中央文献出版社,2001年,第106页。
③ 江泽民:《论科学技术》,北京:中央文献出版社,2001年,第61页。
④ 江泽民:《论科学技术》,北京:中央文献出版社,2001年,第92—93页。
⑤ 《胡锦涛文选》第2卷,北京:人民出版社,2016年,第629页。
⑥ 《胡锦涛文选》第2卷,北京:人民出版社,2016年,第631页。
⑦ 《胡锦涛文选》第2卷,北京:人民出版社,2016年,第630页。
⑧ 《胡锦涛文选》第2卷,北京:人民出版社,2016年,第403页。
⑨ 《胡锦涛文选》第2卷,北京:人民出版社,2016年,第406—407页。
⑩ 《胡锦涛文选》第2卷,北京:人民出版社,2016年,第408—409页。

(四)科技强国(2012年至今)

科技强国思想,即以科技创新为核心,推动制度、管理、文化等的全面创新,通过科技体制改革和社会经济领域改革同步发力,助力我国转变经济发展方式,适应新时代发展要求,从经济、科技大国走向经济、科技强国的科技创新思想。

2012年党的十八大首次提出的"创新驱动发展"战略体现了我国科技思想向科技强国的转变。2015年颁布了《中共中央国务院关于深化体制机制改革加快实施创新驱动发展战略的若干意见》,2016年中共中央国务院发布《国家创新驱动发展战略纲要》这一顶层设计文件,对我国以创新驱动发展为核心的科技强国思想进行了深入论述。

一是将科技创新提高到国家发展全局的核心地位进行认识。"科技创新是提高社会生产力和综合国力的战略支撑,必须摆在国家发展全局的核心位置。"①

二是强调科学技术发挥作用要坚持产业化的方向。"加快工业化和信息化深度融合,把数字化、网络化、智能化、绿色化作为提升产业竞争力的技术基点"②,推进跨界创新,构建现代产业技术体系,推进产业质量升级。

三是形成了科技体制改革与社会经济领域改革同步发力,科技创新与体制机制创新双轮驱动推动科技发展的思想。(1)"实施创新驱动发展战略,最根本的是要增强自主创新能力,最紧迫的是要破除体制机制障碍,最大限度解放和激发科技作为第一生产力的巨大潜能。"③(2)注重原始创新和协同创新:要坚持走中国特色自主创新道路,以全球视野谋划和推动创新,"加强原始创新、集成创新和引进消化吸收再创新能力,更加注重协同创新"④。要优化区域创新布局,打造区域经济增长极,深化军民融合,发挥国防科技创新的重要作用。(3)统筹科技资源,集中攻关,多渠道增加创新投入:"要着力围绕产业链部署创新链,围绕创新链完善资金链,聚焦国家战略目标,集中资源、形成合力,突破关系国计民生和国民经济命脉的重大关键科技问题"⑤,"让市场真正成为配置创新资源的力量"⑥。(4)加快培育创新群体和建设国家创新体系,"着力构建以企业为主体、市场为导向、产学研相结合的技术创新体系"⑦。这一战略还一以贯之地强调了人才培养和教育的重要作用,提出要建设高水平人才队伍,筑牢创新根基。

---

① 《胡锦涛文选》第3卷,北京:人民出版社,2016年,第629页。

② 中共中央国务院印发:《国家创新驱动发展纲要》,http://www.gov.cn/gongbao/content/2016/content_5076961.htm.2016年5月19日。

③ 《习近平关于科技创新论述摘编》,北京:中央文献出版社,2016年,第16页。

④ 《习近平关于科技创新论述摘编》,北京:中央文献出版社,2016年,第37页。

⑤ 《习近平关于科技创新论述摘编》,北京:中央文献出版社,2016年,第64页。

⑥ 《习近平关于科技创新论述摘编》,北京:中央文献出版社,2016年,第57页。

⑦ 《习近平关于科技创新论述摘编》,北京:中央文献出版社,2016年,第55页。

二、中国共产党科技思想发展的现实依据与理论创新

党的科技思想发展的现实依据是始终将社会对科学技术的历史需要作为出发点。理论创新路径是以马克思主义科技思想为基石,指导中国科技工作实践,在实践中不断进行理论探索,发展和创新基础理论,再回到实践。由此形成了科学技术的"革命力量论—生产力要素论—生产力系统论—社会发展系统动力论"的理论发展和创新路径。

(一)科技救国思想的现实依据与"革命力量论"

中国共产党自1921年成立至1949年,处于我国新民主主义革命时期,主要任务是率领全国各族人民通过武装斗争,争取民族独立和解放,并确立新的政治制度。而解放生产力"有待于新民主主义的政治条件在全中国境内的实现"[①]。同时,毛泽东等中国共产党人也深刻地认识到,利用先进科学技术尤其是获得机器对于争取新民主主义革命胜利具有重要意义。上述历史构成了"科技救国"思想的现实依据。

科技救国的思想来源是,科学技术是推动历史前进的革命的力量。这一思想源于马克思的唯物史观,并由毛泽东进一步发展。马克思十分重视科学技术对社会发展的推动作用,在他看来,"科学是一种在历史上起推动作用的、革命的力量"[②]。毛泽东进一步指出,"自然科学是人们争取自由的一种武装"[③]。这一力量是足以引起一切变化的最富于生命的力量。

可见,科技救国思想的理论依据是科学技术的"革命力量论",这一理论将科学技术作为推动历史前进的根本动力和争取人类自由武装力量,指导中国共产党形成了"科技救国"思想与实施方略。

(二)科技立国思想的现实依据与"生产力要素论"

1949年新中国成立后,面临着夯实社会主义革命成果的系列难题。政治上新生的社会主义政权尚不稳固,经济上社会主义建设所需的各项资源和条件极度短缺,国际上面临敌对国家封锁和战争的威胁。中国共产党通过探寻科学技术在解决上述难题方面的重要作用,确立了科技立国思想。

第一,科学技术是夯实革命成果,取得革命彻底胜利的重要保障。毛泽东指出,中国只有"在技术方面,在一切能够使用机器操作的部门和地方,统统使用机器操作,才能使社会经济面貌全部改观"[④]。第二,科学技术是提高生产力、提高国家经济实力的必要前提。"必须打好科学技术这一仗。……不搞

---

① 《毛泽东选集》第3卷,北京:人民出版社,1991年,第1081页。
② 《马克思恩格斯全集》第19卷,北京:人民出版社,1963年,第375页。
③ 《毛泽东文集》第2卷,北京:人民出版社,1993年,第269页。
④ 《毛泽东文集》第6卷,北京:人民出版社,1999年,第438页。

科学技术,生产力无法提高。"[①]1958 年,聂荣臻在中共八大第二次会议上做了题为"全党抓科学技术工作,实现技术革命"的讲话,强调掌握最新科学技术是推动我国农业现代化和国防现代化的前提。[②] 第三,科学技术是确保国防安全的重要保障。毛泽东指出,中国近代落后挨打的重要原因之一就是经济技术落后。针对新中国成立初期我国的国家安全受到多方面威胁的现实,必须加强国防前沿科技的发展,确保国防安全的重要作用。

科技立国思想以马克思"科学技术是生产力"的论断为理论依据。其内容包括:(1)科技发展与社会生产密切相关,"科学的产生和发展一开始就是由生产决定的"[③]。(2)科学技术是社会生产力的重要因素。"生产力中也包括科学。"[④]"劳动生产力是由多种情况决定的,其中包括:工人的平均熟练程度,科学的发展水平和它在工艺上应用的程度,生产过程的社会结合,生产资料的规模和效能,以及自然条件。"[⑤](3)科学技术对社会生产力具有重要的推动作用。财富的创造较多地"取决于一般的科学水平和技术进步,或者说取决于科学在生产上的应用"[⑥]。其后,毛泽东提出了"技术革命"思想,重视生产工具的改进,就是要在农业中逐步使用机器和实行其他技术改革。1969 年,又对"技术革新"和"技术革命"进行了区分,强调"技术革命指历史上重大技术改革"[⑦]。

"科学技术是生产力"和"技术革命"的观点,实际都将科学技术看作生产力要素之一,也都强调科学在生产上的应用对生产力发展的推动作用,可以概括为科学技术的"生产力要素论",是"科技立国"思想的理论基础。

(三)科技富国思想的现实依据与"生产力系统论"

改革开放后,全党全国的工作重心转移到了社会主义经济建设事业上来,将建小康、同富裕、实现现代化作为我国的中长期战略目标。其后,将"促进人的全面发展"纳入社会主义的本质要求,又提出了"绿色、协调、可持续"的科学发展观。这些战略目标形成了科学富国思想的现实依据。

第一,解放生产力和发展生产力需要经济与科技的发展密切结合。1980 年,邓小平就提出必须把经济、社会发展计划和科技发展计划结合起来,克服它们之间相互脱节的毛病。第二,人的全面发展需要科学知识武装头脑。"大力普及科学知识,在全社会范围弘扬科学精神,不断提高全民族的科学文化素

① 《毛泽东文集》第 8 卷,北京:人民出版社,1999 年,第 351 页。
② 《建国以来重要文献选编》第 11 册,北京:中央文献出版社,2011 年,第 329 页。
③ 《马克思恩格斯选集》第 20 卷,北京:人民出版社,1971 年,第 523 页。
④ 《马克思恩格斯全集》第 46 卷(下),北京:人民出版社,1980 年,第 211 页。
⑤ 《马克思恩格斯全集》第 23 卷,北京:人民出版社,1972 年,第 53 页。
⑥ 《马克思恩格斯全集》第 46 卷(下),北京:人民出版社,1980 年,第 217—218 页。
⑦ 《毛泽东思想年编》,北京:中央文献出版社,2011 年,第 944 页。

质,是我国科技工作者肩负的庄严使命。"[①]第三,经济社会和人的全面、协调、可持续发展,要求通过科技创新缓解资源、环境和技术等制约发展的瓶颈,转变经济发展模式和保护环境。

科技富国思想以1988年邓小平提出的"科学技术是第一生产力"[②]的论断为理论依据。这一论断是对他过去提出问题的回答和总结。他说:"生产力的基本因素是生产资料和劳动力。科学技术同生产资料和劳动力是什么关系呢?历史上的生产资料,都是同一定的科学技术相结合的;同样,历史上的劳动力,也都是掌握了一定的科学技术知识的劳动力。"[③]其后,江泽民在此论断上进一步论述了科学技术同时是"先进生产力的集中体现和主要标志"[④],并于1992年在党的十四大报告中提出"创新是一个民族进步的灵魂,是一个国家兴旺发达的不竭动力"[⑤]。创新是落实"科学技术是第一生产力"、发展先进生产力的中心环节。

"科学技术是第一生产力"的论断,实质是以科学技术为主导和核心,链接其他生产要素的生产力系统论。在系统论中,生产力各构成要素之间不再是简单的并列关系,而是强调科学技术将通过与生产资料和劳动力等其他要素的组合,在生产力系统中发挥乘数的作用。这不仅将推动生产资料质量和劳动者素质的极大发展,而且将通过作用于二者在"生产过程中的社会结合",带来生产体制、经济体制、科技体制以及自然资源利用机制等一系列深刻的变化。将"创新"作为这一系统的中心环节,从根本上确立了以科技进步和创新为核心和主要动力的先进生产力发展理论。

生产力系统论强化了对科技发展与经济发展之间关系的认识,为指导我国实施经济与科技紧密联系、协同发展的一系列战略方针提供了坚实的理论依据。将"创新"作为落实"科学技术是第一生产力"的中心环节,标志着我国科技思想从重点关注科学技术的作用及发挥作用的途径,扩大到关注科技发展本身需要解决的问题上。上述理论创新既是科技富国思想的理论依据,又为科技"社会发展系统动力论"奠定了理论基础。

(四)科技强国思想的现实依据与"社会发展系统动力论"

随着中国经济持续高速发展,科技、文化等各项事业不断推进,社会发展对科学技术提出了新的要求。在中华民族已经实现了"从站起来、富起来到强起来的历史性飞跃"[⑥]的历史节点,以科技创新为核心,推动中国从经济、科技

---

① 江泽民:《论有中国特色社会主义(专题摘编)》,北京:中央文献出版社,2002年,第272—273页。

② 《邓小平文选》第3卷,北京:人民出版社,1993年,第274页。

③ 《邓小平文选》第2卷,北京:人民出版社,1994年,第88页。

④ 江泽民:《论党的建设》,北京:中央文献出版社,2001年,第500页。

⑤ 江泽民:《论科学技术》,北京:中央文献出版社,2001年,第192页。

⑥ 《习近平谈治国理政》第2卷,北京:外文出版社,2017年,第62页。

大国走向经济、政治、军力综合发展的强国，是社会发展对科学技术提出的新要求。一方面，当前全国新一轮科技革命、产业变革和军事变革加速推进，正在重塑世界竞争格局，改变国家力量对比。中国要抓住这一历史新机遇，实现中华民族的伟大复兴，必须以科技创新为驱动力。另一方面，新的历史阶段对中国经济发展质量提出了新要求。2014年，中央政治局会议首次提出中国经济已经进入"新常态"，传统的要素驱动性发展模式难以为继，要求实现经济结构合理基础上的稳定增长，大力推动"供给侧结构性改革"。科技创新是中国转变发展方式、培育新的发展引擎和新的经济增长点的必由之路。为此，提出了以创新发展为第一要点的"新发展理念"，实质要求以创新为驱动，利用经济规律、自然规律和社会规律的三大合力，全面推动社会发展。

在"科技强国"的历史要求背景下，中国共产党人继承了科学技术的"革命动力论"以及"生产力系统论"的思想，结合科技经济发展的现实进行创新，形成了"创新是发展的第一动力"的社会发展系统动力论。

21世纪初，胡锦涛指出"科学技术越来越成为综合国力竞争的核心"①。"科学技术是第一生产力，是推动人类文明进步的革命力量"②，实际强调了科学技术作为动力推动社会整体进步的关键作用，这是科学技术的"革命动力论"在新时期的发展，也是"创新是引领发展的第一动力"思想来源之一。

2015年，习近平提出了"创新是引领发展的第一动力"的论断。"抓创新就是抓发展，谋创新就是谋未来。适应和引领我国经济新常态，关键是要依靠科技创新转换发展动力。"③同年10月，党的十八届五中全会第二次会议对"新发展理念"进行了鲜明论述，提出了"创新、协调、绿色、开放、共享"的五大发展理念，一方面形成了系统的社会发展思想，另一方面将创新发展置于五大发展之首，注重解决社会整体发展动力问题，充分体现了"创新是引领发展的第一动力"的社会发展系统动力论。

创新是五大发展系统之首，不仅强调了创新是推动生产力发展的第一动力，而且将其作为促进社会整体发展与进步的关键所在，标志着党的经济与社会协调发展的系统动力理论的成型。这一理论包括以下几点重要内容：

第一，"创新是多方面的，包括理论创新、体制创新、制度创新、人才创新等，但科技创新地位和作用十分显要"④。

第二，"创新始终是推动一个国家、一个民族向前发展的重要力量，也是推动整个人类社会向前发展的重要力量"⑤。首先，"科技创新是提高社会生产

① 《胡锦涛文选》第2卷，北京：人民出版社，2016年，第113页。
② 《改革开放三十年重要文献选编》，北京：中央文献出版社，2008年，第1547页。
③ 《习近平关于科技创新论述摘编》，北京：中央文献出版社，2016年，第7页。
④ 《习近平关于科技创新论述摘编》，北京：中央文献出版社，2016年，第4页。
⑤ 《习近平关于科技创新论述摘编》，北京：中央文献出版社，2016年，第4页。

力和综合国力的战略支撑”①。其次,创新是“建设现代化经济体系的战略支撑”②。再次,创新与科技力量是地区和企业突破发展瓶颈、解决深层次矛盾和问题的根本出路。最后,“走出这次国际金融危机的阴影,最终要靠科技进步”③。

第三,创新驱动是适应我国当前发展阶段要求的必然选择。“创新驱动是形势所迫。”④随着我国综合实力不断增强,走要素驱动的老路难以为继。我们要推动新型工业化、信息化、城镇化、农业现代化同步发展,“必须及早转入创新驱动发展轨道,把科技创新潜力更好释放出来”⑤,充分发挥科技进步和创新的作用。科技创新是推动经济转型升级、提质增效的“第一动力”,是由主要依靠资源等要素投入推动经济增长和规模扩大的粗放型发展转向创新驱动发展的“新路”⑥。

可见,“创新是引领发展的第一动力”思想,综合了科学技术的“革命力量论”和“生产力系统论”,将科学技术创新作为社会整体发展的重要动力,形成了我国科技富国思想的理论依据,并指导着“创新驱动发展”战略顶层设计的形成。

三、中国共产党科技思想的方法论特征

中国共产党的科技思想,指导中国科学技术与社会经济发展取得了举世瞩目的伟大成就,在理论和实践方面均取得了重大突破,这归功于该思想的方法论特征,即始终坚持用马克思主义唯物辩证法和历史唯物主义来分析问题。其中,“科技救国—科技立国—科技富国—科技强国”的思想脉络,以及科学技术的“革命动力论—生产力要素论—生产力系统论—社会发展系统动力论”的理论发展与创新,本身就是运用这一方法的理论成果。此外,该方法的运用还至少体现在以下三个方面。

(一)辩证看待科学技术的作用,坚持“以人为本”的核心发展原则

科学技术既有正面的社会价值和社会功能,极大提升了人类自身和改造自然的能力,同时又可能产生破坏自然环境、侵犯人自身的尊严和隐私等负面的社会价值和社会影响。中国共产党始终辩证看待科学技术的作用,牢牢把握科学技术为谁所用、如何使用的科学方针,为此确立了“以人为本”的核心发

① 《习近平关于科技创新论述摘编》,北京:中央文献出版社,2016年,第23页。

② 习近平:《决胜全面建成小康社会 夺取新时代中国特色社会主义伟大胜利——在中国共产党第十九次全国代表大会上的报告》,《人民日报》2017年10月28日。

③ 《习近平关于科技创新论述摘编》,北京:中央文献出版社,2016年,第31页。

④ 《习近平关于科技创新论述摘编》,北京:中央文献出版社,2016年,第3页。

⑤ 《习近平关于科技创新论述摘编》,北京:中央文献出版社,2016年,第3页。

⑥ 《习近平关于科技创新论述摘编》,北京:中央文献出版社,2016年,第28页。

展原则。

首先,始终强调科学技术发展的出发点是服务于人民的需要。邓小平指出,科学技术是人类共同创造的财富,“本身是没有阶级性的,资本家拿来为资本主义服务,社会主义国家拿来为社会主义服务”①。江泽民进一步阐述,科学技术进步的核心问题是“应服务于全人类,服务于世界和平、发展和进步的崇高事业,而不能危害人类自身”②。科学发展观的核心原则是以人为本。③习近平指出“科技成果只有同国家需要、人民要求、市场需求相结合……才能真正实现创新价值、实现创新驱动发展”④。可见,服务于人民的需要“以人为本”,是我国科技工作始终坚持的核心原则。

其次,落实“以人为本”的发展核心原则,要求广大科技工作者确立正确的价值取向,需要综合掌握自然科学创新和社会科学创新的成果。毛泽东指出,马克思主义和自然科学是人类知识的两大领域。知识分子必须学习马克思主义,深入实际,转变立场和世界观。“使他们参加到实际工作中去,变为实际工作者,使从事理论工作的人去研究重要的实际问题。”⑤邓小平认为,科技劳动者应处理好政治素质与业务素质的辩证关系。科技劳动者要“自觉自愿地为社会主义服务,为工农兵服务”⑥。正确的价值取向一是有利于使科技劳动者获得持久强大的动力,使科学研究向着有益于社会的方向发展;二是有利于增强科技劳动的社会价值。⑦ 从历史来看,中国共产党一贯注重社会科学和自然科学的紧密结合,始终要求全体党员和各行业各战线工作者,既要加强科学技术知识的学习,又要加强马克思主义指导思想和社会科学知识的学习。

最后,“以人为本”的核心发展原则,体现在发展依靠人民群众、促进科技工作者队伍的辩证发展上。科技立国时期,我党就强调要“造就一支宏大的无产阶级知识分子队伍”。科技富国时期,邓小平创新地提出科技劳动者的数量必须保持辩证的加速增长:既要有绝对量的增长,又要有计划、按比例,与社会经济发展的规模、速度和要求相适应。⑧ 后续的“科教兴国”战略和“人才强国”战略,是对上述思想的进一步落实。科技强国时期,将解决我国科技人才总量不少、人才结构性不足的突出矛盾作为一项重点工作,指出“关键要改革和完善人才发展机制”⑨。可见,党在各个时期均重视科技人才队伍在质和量上的辩证发展关系。这从另一个角度体现了科技发展“为了人民,依靠人民”

---

① 《邓小平文选》第2卷,北京:人民出版社,1994年,第111页。
② 江泽民:《论科学技术》,北京:中央文献出版社,2001年,第217页。
③ 《科学发展观重要论述摘编》,北京:中央文献出版社、党建读物出版社,2008年,第26页。
④ 《习近平关于科技创新论述摘编》,北京:中央文献出版社,2016年,第16页。
⑤ 《毛泽东选集》第3卷,北京:人民出版社,1991年,第816页。
⑥ 《邓小平文选》第2卷,北京:人民出版社,1994年,第92页。
⑦ 《邓小平文选》第2卷,北京:人民出版社,1994年,第92页。
⑧ 《邓小平文选》第2卷,北京:人民出版社,1994年,第108页。
⑨ 《习近平关于科技创新论述摘编》,北京:中央文献出版社,2016年,第111页。

的“以人为本”核心发展原则的推动和落实。

(二)辩证对待科技发展不平衡规律,走跨越式发展道路

科技发展往往呈现出不平衡规律,毛泽东率先论述了这一规律。他说:“资本主义技术的发展,有不平衡的方面,也有平衡的方面……在社会主义制度下,技术发展有平衡,也有不平衡。”[①]如何在科技发展落后和发展不平衡的条件下,尽快推动科技进步,是发展中国家亟须解决的问题。为此,我国在经济社会发展的不同阶段,始终坚持科技工作“有所为有所不为”的方针。一方面,尽可能学习和引进国外先进技术与设备,加强国际交流;另一方面,坚持在关键领域大力推动自主创新。

科技立国阶段,我国就确立了“自力更生为主,争取外援为辅”的科技工作方针。一方面,强调要尽可能掌握先进技术,确保国家经济与国防安全。毛泽东指出,即使在科技落后的情况下,也不能跟在先进国家后面“爬行”,“必须打破常规,尽量采用先进技术”[②],走跨越式发展的路子。另一方面,吸引海外科技人员回国,并派遣留学人员去苏联和东欧学习,学习先进国家的技术与管理经验。

科技富国阶段,本土创新的重要模式是从国外引进技术并加以吸收,在此基础上进行革命和创新。一方面,开放国门,加强国际交流与合作。党的十一届三中全会就指出,要“在自力更生的基础上积极发展同世界各国平等互利的经济合作,努力采取世界先进技术和先进装备”[③]。邓小平强调,无论我国处于技术落后的状态还是已经赶上了国外先进水平,学习国外的长处是一贯的。[④] 另一方面,在学习和引进的基础上,注重革命和创新。“独立自主,自力更生,无论过去、现在和将来,都是我们的立足点。”[⑤]开放不是单纯技术引进,而是创新。“引进先进技术装备后……要革命,不要改良,不要修修补补。”[⑥]“革命”和“创新”两个词,充分体现了邓小平对于学习引进和自主创新关系的认识。江泽民进一步强调要落实“自主研究开发与引进国外先进技术相结合”[⑦]、“一些战略性、基础性的重大科技项目上,必须靠自己”[⑧]。在处理技术引进和自主研发的关系方面,要“作统筹规划……避免盲目引进和重复引进。能够自主研究开发的,就要以国内开发为主……要注重引进关键技术……不断提高我们自己的研究开发能力,提高创新能力,使我国跻身国际科技发展的

---

① 《毛泽东文集》第8卷,北京:人民出版社,1999年,第120—121页。
② 《毛泽东文集》第8卷,北京:人民出版社,1999年,第341页。
③ 《三中全会以来重要文献选编(上)》,北京:中央文献出版社,1982年,第5页。
④ 《邓小平文选》第2卷,北京:人民出版社,1994年,第406页。
⑤ 《邓小平文选》第3卷 北京:人民出版社,1993年,第3页。
⑥ 《邓小平文选》第2卷,北京:人民出版社,1994年,第129—130页。
⑦ 江泽民:《论科学技术》,北京:中央文献出版社,2001年,第55页。
⑧ 江泽民:《论科学技术》,北京:中央文献出版社,2001年,第152页。

先进行列”①。

科技强国阶段，更加注重在加强自主创新的同时扩大开放。习近平指出：“过去，我国基本是利用国外技术，早期是二手技术，后期是同步技术。”②如果继续如此，差距将越来越大。因此，“我们没有更多选择，非走自主创新的路不可”③。“现在，比较正常的技术引进也受到种种限制……在引进高新技术上不能抱任何幻想，核心技术尤其是国防科技技术是花钱买不来的。……只有把核心技术掌握在自己手中，才能真正掌握竞争和发展的主动权，才能从根本上保障国家经济安全、国防安全和其他安全。当然，我们不能把自己封闭于世界之外，要积极开展对外技术交流，努力用好国际国内两种科技资源。”④

（三）辩证处理科技与经济社会发展的关系，坚持中国特色社会主义制度支撑

辩证处理科学技术与经济社会发展的关系，需要在坚持中国特色社会主义制度的前提下，大力推动体制机制的改革以适应科学技术的创新性发展。一方面，中国特色社会主义制度最本质的特征是中国共产党的领导。这本身就是党和人民在“生产力—生产关系”的基本规律指导下，经过长期的探索和实践得出的科学结论；另一方面，科学技术“革命力量论—生产力要素论—生产力系统论—社会发展系统动力论”这一理论基础的演进，体现了我党对科技与经济社会发展关系认识的阶段性演变，表现出科技工作与社会经济发展历史需要密切联系的特征。因此，为破除体制机制对科学技术发展的制约作用，需要推动科技体制改革，在科技体制改革与经济体制改革高度相关的相互作用中，促进科技与经济社会的融合发展。

首先，中国共产党始终坚持党对科技工作的领导，注重党的科技理论的创新，注重发挥社会主义制度集中力量办大事的优势。习近平指出，中国特色自主创新道路“最大的优势就是我国社会主义制度能够集中力量办大事，这是我们成就事业的重要法宝”⑤。中国共产党自1956年颁布第一个科学技术发展远景规划以来，已经颁布了17个国家科技规划，分别对我国科技工作的方针、目标和工作重点做了统一的部署⑥，并组织各部门，发挥了全国一盘棋，集中力量，重点攻关，促进基础研究和高新技术研究尽快推进的作用。科技工作的推动始终处于中国共产党的领导下，确保了正确的方向，又处于相对集中的体系之中，具有迅速贯彻实施的优势。

其次，科技体制改革与经济体制改革同步推动，为确保科技与经济社会发

① 江泽民：《论科学技术》，北京：中央文献出版社，2001年，第56页。
② 《习近平关于科技创新论述摘编》，北京：中央文献出版社，2016年，第35页。
③ 《习近平关于科技创新论述摘编》，北京：中央文献出版社，2016年，第35页。
④ 《习近平关于科技创新论述摘编》，北京：中央文献出版社，2016年，第36页。
⑤ 《习近平关于科技创新论述摘编》，北京：中央文献出版社，2016年，第35页。
⑥ 科技部：《中国科技发展70年》，北京：科学技术文献出版社，2019年，附录1。

展的有效融合提供体制机制的保障。科技救国和科技立国时期，我国科技体制处于高度集中的计划体制下。科技富国时期，随着计划经济体制的松动，科技体制改革也呈现出促进资金、人才等要素有序流动，引入多种所有制的科技机构和推动科技成果商品化的特征。1985年，《中共中央关于科学技术体制改革的决定》提出了科技体制改革的要求，推动国家各部门的"政研"职责分开，扩大研究机构自主权，鼓励科学研究与生产相结合，强化企业的技术吸收与开发能力，改革科研人员管理制度，促进人才合理流动等。1988年，颁布了《关于深化科技体制改革若干问题的决定》，支持集体、个体等不同所有制形式的科技机构的发展，引入竞争，促进科技与经济形成休戚相关的依存关系，同时开拓技术市场，树立"技术成果商品化"的观念。1996年，继我国1992年起全面建设社会主义市场经济体系后，改革的方向集中于推动市场机制在科技资源配置和科技运行方式中发挥基础作用。到了科技强国阶段，习近平指出，科技体制"改革的目标只有一个，那就是要进一步打通科技和社会经济发展之间的通道"①。"关键是要处理好政府和市场的关系。"②为此，要加强统筹协调，促进协同创新，"着力构建以企业为主体、市场为导向、产学研相结合的技术创新体系"③。

可见，辩证认识不同历史阶段科技发展与社会经济发展的关系，为坚持中国特色社会主义制度、形成确保科技事业与社会经济有效融合的制度支撑提供了理论依据。既坚持党的领导，发挥社会主义集中力量办大事的优势，又充分发挥市场在资源配置方面的有效作用，强化科技与经济对接，构建支撑科学技术创新发展的良好环境，是我国科技事业取得历史成就，又抓住机遇进一步发展的制度保障。

参考文献

[1]李哲著：《从"大胆吸收"到"创新驱动"——中国科技政策的演化》，北京：科学技术文献出版社，2019年。

[2]薛澜等著：《中国科技发展与政策(1978—2018)》，北京：社会科学文献出版社，2018年。

[3]杨承训、张新宁：《论马克思主义科技理论的三个高度》，《当代经济研究》2015年第6期。

[4]叶山岭：《毛泽东论科学技术发展》，《高校理论战线》2011年第8期。

[5]朱云河、张太原：《技术革命与超英赶美——毛泽东所理解的技术革命及其发动原因》，《史学月刊》2012年第10期。

[6]梁柱：《毛泽东发展科学技术的若干思想论析》，《中国特色社会主义研究》2012年

① 《习近平关于科技创新论述摘编》，北京：中央文献出版社，2016年，第58页。
② 《习近平关于科技创新论述摘编》，北京：中央文献出版社，2016年，第57页。
③ 《习近平关于科技创新论述摘编》，北京：中央文献出版社，2016年，第55页。

第2期。

[7]张德昭:《邓小平的科学技术发展动力论》,《毛泽东思想研究》1998年第2期。

[8]吴梅江、韩来平:《邓小平对马克思主义科学技术观的时代创新》,《社会主义研究》2000年第1期。

[9]王素莉:《试析邓小平的科学技术发展战略》,《中共党史研究》2014年第6期。

[10]王珉、张跃华:《论江泽民同志的科学技术观》,《毛泽东思想研究》2002年第5期。

[11]廖清胜:《当代中国的马克思主义科技理论——江泽民科技思想论纲》,《探索》2003年第1期。

[12]秦书生:《胡锦涛科学技术思想探析》,《东北大学学报(社会科学版)》2012年第5期。

[13]康乃馨、杨承训:《习近平新时代科技创新思想研究(上)》,《上海经济研究》2018年第8期。

[14]康乃馨、杨承训:《习近平新时代科技创新思想研究(下)》,《上海经济研究》2018年第11期。

[15]李善民、黄灿:《习近平科技经济结合的思想研究》,《学术研究》2018年第6期。

On the Development Sequence of Science and Technology Thought of the Communist Party of China and Its Theoretical Characteristics

Zhang Qinyue

Abstract The Communist Party of China has always been promoting the integration of science and technology with economic and social development. Based on the needs of social development for science and technology in different historical stages, the development sequence of science and technology thought of "saving the country—building the country—enriching the country—strengthening the country" was formed. At the same time, it explores the modernization and sinicization of the basic theory of Marxism, and forms the theoretical innovation sequence as "revolutionary force theory—productive forces element theory—productive forces system theory—social development system power theory" of science and technology. Also, the CPC adheres to the dialectical view of the role of science and technology, the law of the unbalanced development of science and technology, the relationship between science and technology and economic and social development, thus the main success stories of China's scientific and technological development were told, including forming the "people-oriented" core principle of development, adhering to the "independent innovation" of the leap-forward development road and adhering to the system of socialism with Chinese characteristics, and so on.

Key Words The Communist Party of China; Science and Technology Thought; Development Sequence; Theoretical Innovation; Materialist Dialectics

马克思主义分配正义理论中国化的三次飞跃及启示

杨　娟

内容提要　本文认为马克思主义分配正义理论中国化在其发展创新的百年进程中,实现了三次飞跃。这三次飞跃,不仅体现了我们党始终以人民为中心的发展理念,而且彰显了中国特色社会主义制度的优越性,更展示了中国现代性生发的特有轨迹。总结反思社会主义分配正义理论和实践的基本经验,无疑给予我们规划在未来社会主义市场经济发展中更好地实现社会主义分配正义的导向和路径以重要启示。

关键词　马克思主义分配正义理论;中国化;三次飞跃

中图分类号　A811

习近平总书记在十九大报告中指出:"必须始终把人民利益摆在至高无上的地位,让改革发展成果更多更公平惠及全体人民,朝着实现全体人民共同富裕不断迈进。"[①]这就凸显了分配正义这一基本问题以及马克思主义分配正义理论中国化研究在中国特色社会主义政治经济学中所具有的重要意义。在中国共产党百年思想历程中,马克思主义分配正义理论中国化的发展轨迹经历了三次重大历史飞跃:从五四运动到中国共产党成立,是马克思主义分配正义理论在中国传播和发展的发端,而新中国建立之初到社会主义社会建设时期,计划经济体制下按劳分配原则的尝试是第一次重大飞跃;改革开放以来,探索社会主义按劳分配原则的市场化改革实践实现了第二次重大飞跃;进入新时代,建设社会主义按劳分配原则的市场化与人民性相统一的现代经济体系实现了第三次重大飞跃。在两个百年奋斗目标重要交汇时期,梳理马克思主义分配正义理论中国化发展创新的百年进程,总结反思社会主义分配正义理论与实践的基本经验,可以为我们研判中国未来社会经济发展变革趋势提供积极的理论参考坐标,更有助于我们在新时代中国特色社会主义市场经济发展中更好地实现人民至上、公平正义、共同富裕的社会主义分配正义。

作者简介:杨娟,上海工程技术大学马克思主义学院副教授。

①《决胜全面建成小康社会 夺取新时代中国特色社会主义伟大胜利——在中国共产党第十九次全国代表大会上的报告》,北京:人民出版社,2017年,第45页。

一、建立新中国:追求分配正义的初步探索

近代中国社会危机空前深重,马克思主义分配正义理论在俄国的社会主义实践中从理论转变为现实,引起了中国五四运动革命先驱的高度关注,中国共产党成立后,便提出了“消灭资本家私有制,没收机器、土地、厂房和半成品等生产资料”[①]的问题,主张用革命手段打倒资本阶级,铲除资本制度,跟着俄国的共产党一同试验新的生产方法,建立无产阶级专政。[②] 以毛泽东为核心的第一代中央领导集体带领全国人民打败了日本帝国主义,推翻了国民党反动统治,完成了新民主主义革命,建立了中华人民共和国,实现了中国从几千年封建专制政治向人民民主的伟大飞跃。新中国成立后,中国共产党继续带领全国人民完成了社会主义革命,确立社会主义根本制度,完成了中华民族有史以来最为广泛而深刻的社会变革,为当代中国一切发展进步奠定了根本政治前提和制度基础。从新民主主义革命到社会主义过渡时期,中国共产党将马克思主义基本原理同中国具体国情相结合,一方面借鉴苏维埃俄国的成功经验,开始探索社会主义建设的道路,另一方面吸取斯大林模式的失败教训,开始反思社会主义分配正义的实践原则。

(一)理念之基:确立人民本位的价值基础

“每个人的全面而自由的发展”是马克思主义分配正义理论最高的价值追求,从新民主主义革命时期推翻压迫中国人民的“三座大山”到建立起社会主义制度保证人民当家做主,中国共产党人始终高度重视人民群众蕴涵的巨大力量,把全心全意“为人民服务”[③]作为一切工作的出发点。它主要体现在以下几个方面,既有其时代特征,又有其普遍共性。

第一,以最广大人民的根本利益为最高标准,以消除社会两极分化、实现人民共同富裕为根本目标。毛泽东鲜明地提出我们的目标是要使我国成为富强的国家,而这个富是共同的富,这个强是共同的强,大家都有份。[④] 也就是说,工人、农民、知识分子和其他劳动群众都是加入共同富裕的群体,而且还特别表明,包括地主和资本家在内的原来的剥削者经过改造转变为劳动群众后,也要接纳入共同富裕的群体。在新中国工业化初期,集中社会财富极力保障每个群众的基本生活需要,有效避免了大多数国家遭遇的工业化初期社会两极分化、阶级对立的现象,充分展现了社会主义优越性。

第二,致力于肃清封建落后思想残余,打破传统的“三纲五常”并力争还

---

① 《建党以来重要文献选编(1921—1949)》第1册,北京:中央文献出版社,2011年,第1页。

② 《建党以来重要文献选编(1921—1949)》第1册,北京:中央文献出版社,2011年,第475、486、487页。

③ 《毛泽东选集》第3卷,北京:人民出版社,1991年,第1004页。

④ 《毛泽东文集》第6卷,北京:人民出版社,1999年,第495—496页。

"卑贱者以尊严"。毛泽东早年就从事过工人、农民运动，对旧中国工人、农民的悲惨境遇及其根源有比较透彻的了解和同情，他把"政权、族权，神权、夫权"比作压在人民群众头上的四大枷锁，认为人民群众受到不公平的对待，身体上和精神上都受到了严重的摧残，其中妇女所受到的迫害、摧残尤其严重，只有用马克思主义的革命理论武装起来，推翻反动政权，才能为人民谋求合理利益。

第三，从党的性质和宗旨出发，将"和人民群众紧密地联系在一起"①作为党的三大优良作风之一，并标示为中国共产党区别于其他任何政党的显著特征。以毛泽东为代表的中国共产党人在长期斗争中形成了"一切为了群众，一切依靠群众，从群众中来，到群众中去"的群众路线。毛泽东认为领导干部高高在上的态度会损害干群关系、脱离人民群众，一切工作都做不好。他总结了苏联的失败教训就是没有重视人们在生产中的相互关系，贪污腐化、官僚作风严重，干群关系紧张，人与人之间存在比较严重的不平等现象，提出要克服苏联的这种弊端必须从人们在生产过程中的相互关系方面做文章，比如采取包括群众运动、整风、"两参一改三结合"②等措施，推动人们在生产过程中形成自由、平等、协作的关系。

由此可见，新中国成立初期，以毛泽东为核心的党的第一代领导人牢牢把握马克思主义分配正义的价值理念，紧紧守住全心全意为人民服务的人民意识、人民立场，并在此基础上进一步作出人民利益至上、基本人权保障和群众路线等有益探索，为新中国的社会主义事业奠定了以人民为中心的价值底色。

（二）制度之基：奠定分配正义的制度基础

"公有制"和"按劳分配"是马克思主义分配正义理论指导下的制度建构最基本的原则。新中国成立初期，对于脱胎于半殖民地半封建社会、刚刚经过新民主主义革命的国家来说，应该如何建立以公有制和按劳分配为特征的社会主义制度新社会？对此，我们党作出了艰难探索：通过过渡时期对民族资本主义的和平赎买和"三大改造"③，对私有制进行批判与扬弃，社会主义制度逐步建立，确立了实现分配正义的根本制度基础。

第一，中国共产党人在坚持经典马克思主义分配正义理论的同时，从苏联的实践中汲取经验和教训，逐渐形成了从新民主主义过渡到社会主义制度的

① 《毛泽东选集》第3卷，北京：人民出版社1991年，第1094页。

② "两参"即干部参加生产劳动、工人参加企业管理；"一改"即改革企业中不合理的规章制度；"三结合"即在技术改革中实行企业领导干部、技术人员、工人三结合的原则。1960年3月，毛泽东在中共中央批转《鞍山市委关于工业战线上的技术革新和技术革命运动开展情况的报告》的批示中，以苏联经济为鉴戒，对我国的社会主义企业的管理工作做了科学的总结，他把"两参一改三结合"的管理制度称为"鞍钢宪法"，使之与苏联的"马钢宪法"（指以马格尼托哥尔斯克冶金联合工厂经验为代表的苏联一长制管理方法）相对立。

③ 中华人民共和国成立后，由中国共产党领导的对农业、手工业和资本主义工商业、服务行业的社会主义改造。

中国方式。在农业和工商业的社会主义改造基本完成以前,农民在分得的土地上劳动,除了上缴一定的农业税外,其他劳动收入归自己,个体工商业主在上缴必要的营业额税后,其收入归个人或家庭所有,民营企业基本上还是按照生产要素分配劳动收入,国营企业开始实行按劳分配。毛泽东指出:“集体所有制向全民所有制过渡的迟早,取决于生产发展的水平和人民觉悟的水平这些客观存在的形势,而不能听凭人们的主观愿望,想迟就迟,想早就早。”[①]新中国成立初期,他认为在当时社会生产力水平不高、社会经济关系错综复杂的情况下,还不能废除资本主义商品经济,而应对资本主义工商业加以利用、限制、改造,对资本主义企业实行“四马分肥”[②]的赎买方式,建立带有社会主义性质的新型国家资本主义经济。这种过渡方式虽然保留了一小部分资本家的利润,认可多种分配方式存在的合理性,但按劳分配仍是社会主义最重要的分配正义原则,工商业者的劳动主要是为社会主义服务,总体来看,对工人和国家都是有利的。

第二,在“一化三改”“一体两翼”的过渡时期总路线指导下,完成了国家对农业、手工业和资本主义工商业的社会主义改造,建立了社会主义制度。1952年下半年至1956年,新中国仅仅用了4年时间,就完成了对农业、手工业和资本主义工商业的社会主义改造,实现了生产资料私有制转变为社会主义公有制。这意味着我国从此进入社会主义初级阶段,政治上社会主义的根本制度在我国初步建立,人剥削人的制度基础彻底废除;经济上社会主义计划经济体制在我国基本确立,相应的分配方式为由国家集中统一分配收入和财产。但是随着计划经济本身的缺陷逐步暴露出来,加之“无产阶级专政下继续革命”“以阶级斗争为纲”的错误方式过分追求对私有制的铲除和对资产阶级的斗争,建立纯之又纯的社会主义制度,对阶级斗争夸大化、绝对化,造成了严重的失误。

总的来看,新中国成立初期,我们党在坚持马克思主义分配正义的制度建构基本原则基础上,创新性地通过“一化三改”实现国家的社会主义工业化,并逐步实现国家对农业、手工业和资本主义工商业的社会主义改造,确立了公有制和按劳分配原则,最终建立了社会主义制度,为新中国构建社会主义分配正义奠定了根本制度前提和基本制度基础。

(三)实践初探:平等主义理想与现实生产力的局限

“生产力决定生产关系”“生产方式决定分配方式”是马克思主义分配正义理论的实践原则,新中国成立初期,我们党关于生产力与生产关系之间的关系,关于国家、集体与个人三者之间的利益分配关系,以及关于工人与农民的

---

① 《建国以来毛泽东文稿》第七册,北京:中央文献出版社,1992年,第570页。

② “四马分肥”是当时对民族资本主义企业的利润分配形式的形象的说法,指企业利润按国家征收的所得税金、企业公积金、职工福利奖金和资方的股息红利四部分。

关系等方面的论述，都创新性地发展了马克思主义分配正义理论。但是，由于历史条件和个人认识的局限，毛泽东的平等主义理想与现实生产力局限也使分配实践产生了一定的偏差。这主要体现在以下几个方面，给予我们可贵的启示。

第一，关于生产力与生产关系之间的关系，中国共产党人重视生产力的发展和生产关系的调整，但实践中常有走极端的情况发生。就生产力方面来说，毛泽东指出："中国一切政党的政策及其实践在中国人民中所表现的作用的好坏、大小，归根到底，看它对于中国人民的生产力的发展是否有帮助及其帮助之大小，看它是束缚生产力的，还是解放生产力的。"①这就表明，他已经认识到各项政治经济制度和政策的考量必须从解放和发展生产力出发，顺应历史发展的要求。就生产关系方面来说，他认为只有推翻帝国主义、封建主义对中国的统治，废除封建土地所有制生产关系，没收官僚资本，才能让广大工人、农民真正成为生产资料的主人，实现公有制和按劳分配，才能使国家繁荣富强、人民共同富裕。他指出："当着不变更生产关系，生产力就不能发展的时候，生产关系的变更就起着主要的决定作用。"②这些思想都是对马克思主义分配正义理论的开拓与创新，但是在实践中产生了一定的偏差。例如"人民公社"运动和"大跃进"时期，以及晚年的"文化大革命"时期，以生产资料公有的程度作为衡量社会主义制度优越性的标准；夸大"按劳分配""价值规律"的资产阶级性质，过分追求生产资料公有制形式，通过调节人们在生产中的相互关系来推动生产力的发展，追求一种有平均主义倾向的分配模式，严重挫伤了人民群众的生产积极性，人民群众生活水平长期处于贫困状态。这从另一方面证明，分配正义关乎国泰民安，不能忽视人民群众的现实需求，不能忽视现实生产力的发展水平，始终要把人民群众的切身利益放在首位，把握生产力与生产关系的辩证关系。

第二，关于国家、集体和个人三者之间的利益分配关系，中国共产党人作出了正确的阐释，但实践中过于强调国家、集体利益而忽视了个人利益的合理需求。毛泽东指出："在分配问题上，我们必须兼顾国家利益、集体利益和个人利益。"③国家应该统筹兼顾、适当安排三者的利益，对集体经济活动不能管得太多、统得太死，要充分调动集体和个人的主动性、积极性、灵活性。他认为国家、集体和个人三者之间有一致的利益，当三者发生冲突时，应该把国家利益、集体利益放在第一位，个人利益不能置于国家利益之上。但是，在实践中，理论往往脱离了实际，过分强调个人、集体、国家三者的一致性、统一性的一面，忽视了其相对独立性、对立性的一面。人是生产力中最活跃的因素，每个人都

① 《毛泽东选集》第3卷，北京：人民出版社，1991年，第1079页。
② 《毛泽东选集》第1卷，北京：人民出版社，1991年，第325—326页。
③ 《毛泽东文集》第7卷，北京：人民出版社，1999年，第221页。

有自己的利益，有协作的一面，也有竞争的一面，在当时的历史条件下，如果要求所有人不计名利地忘我工作、无私奉献，那是不可能的。从封建落后的小农经济中建立起来的新社会，有奉献精神的品行高洁之士毕竟是少数，绝大多数人还不能达到这样一种道德境界。这深刻表明在分配问题上，只有把公平和效率结合起来，处理好国家、集体和个人三者之间的利益分配关系，才能增强人民的向心力、凝聚力。

第三，鉴于苏联无视农民合理利益而给国民经济造成严重影响，中国共产党人已经认识到应该公平合理地处理好工人与农民的利益关系，但在实践中理论往往与实际脱钩。毛泽东深刻认识到社会主义现代化建设必须依靠工人阶级来迅速建立一个强大的工业国，但同时也要维护农民的合法权益，不能侵害农民利益，必须缩小工农产品剪刀差。同时，他也考虑到大多数工人所做的贡献大，城市的生活成本比农村高，农村人口基数大，劳动生产率相对低，因此，在相当长的一段时间内必然存在城乡二元经济结构问题，严格的户籍管理制度对于维护社会稳定来说，不仅是必要的，而且在当时的历史条件下也具有一定的合理性。计划经济时期，为了加快工业化建设，国家一方面运用行政手段，如通过强制性粮食统购统销和工农产品剪刀差，将农业剩余转化工业积累，另一方面限制农村人口向城市迁移，以维持资本密集型城市大工业的发展，这为社会发展提供了稳定的环境与秩序。但值得警醒的是，随着实践的发展，城乡二元结构体制成为我国经济和社会发展中存在的一个严重障碍，两种不同资源配置制度造成了城乡社会断裂，贫富差距拉大，社会政策与分配正义理念出现背离亟待矫正。

从总体上来说，新中国成立初期马克思主义分配正义理论中国化在开天辟地的社会主义建设实践艰难探索中取得了改天换地的第一次历史性飞跃，也给我们留下了深刻的启示。群众路线的法宝和全心全意为人民服务的宗旨体现了人民至上的价值理念，新中国的诞生和以“公有制”“按劳分配”为特征的社会主义制度的建立为分配正义奠定了根本制度基础，生产方式决定分配方式的实践原则也无疑是正确的，但在一个贫穷落后的国家追求分配正义不能急于求成，走向绝对平等主义的极端，忽视效率空谈公平，离开生产力发展和经济效率谈公平就显得迂阔高远以致可望而不可即。

二、实行改革开放：对分配正义模式的创新

改革开放以来，中国共产党人深入总结苏联模式和新中国成立初期经验教训，在传承马克思主义分配正义理论精髓的基础上，提出了合乎我国国情且

被实践证明切实可行的真知灼见。从“贫穷不是社会主义”[①]的思想启迪到“市场也是资源配置方式”的制度建构,从共同富裕是社会主义本质的重申到明确先富带动后富的实践原则,推动社会主义按劳分配原则的市场化改革实现了翻天覆地的变化,可以说,这一系列远见卓识是马克思主义分配正义理论中国化的第二次历史性飞跃,使分配正义模式在中国特色社会主义改革开放的实践中得以重构。

(一)理念校正:贫穷不是社会主义

改革开放的大幕揭开是从党的十一届三中全会拨乱反正、打破传统的平均主义思想束缚开始的。“贫穷不是社会主义”,增加社会物质财富才谈得上不断改善民生,实现人民共同富裕才是社会主义本质。

第一,打破平均主义思想束缚,扭转“干和不干一个样、干多干少一个样、干好干坏一个样”的不合理分配局面,激发人民群众劳动积极性,提高劳动效率和经济效益。邓小平致力于打破以“大锅饭”的形式贯彻按劳分配制度的平均主义思想束缚,提出“贫穷不是社会主义”以及形象的“黑猫白猫论”[②],激发了社会潜能,顺应了时代的发展趋势,冲击和消解了平均主义的畸形平等观。这个标志性的理论建构改变了过去凡事都要先以意识形态考量、凡事都要先从政治着眼、凡事都要先问问教条的思维习惯,警醒人们想问题办事情一切要从实际出发,而不是从条条框框出发;一切要从有利于发展社会生产力、增强国家综合国力、提高人民生活水平的实际出发。

第二,明确分配正义的价值评价标准,提出“各项工作都要有助于建设有中国特色的社会主义,都要以是否有助于人民的富裕幸福,是否有助于国家的兴旺发达,作为衡量做得对或不对的标准”[③],把握好生产力与生产关系的辩证关系,协调好个人和集体、局部和整体、暂时和长远的利益关系。邓小平纠正了片面追求生产资料公有制,“以生产资料公有的程度”来衡量社会主义制度优越性的错误观点,指出:“生产关系究竟以什么形式为最好,恐怕要采取这样一种态度,就是哪种形式在哪个地方能够比较容易比较快地恢复和发展农业生产,就采取哪种形式;群众愿意采取哪种形式,就应该采取哪种形式,不合法的使它合法起来。”[④]由此,创造性地提出了以“三个有利于”作为衡量改革

---

① 邓小平语。1987年4月26日,邓小平在接见外宾时指出:“搞社会主义,一定要使生产力发达,贫穷不是社会主义。我们坚持社会主义,要建设对资本主义具有优越性的社会主义,首先必须摆脱贫穷。”这既是对“文革”当中“宁要贫穷的社会主义和共产主义,不要富裕的资本主义”的谬论的批判,又是后来关于社会主义的本质“是解放生产力,发展生产力,消灭剥削,消除两极分化,最终达到共同富裕”这一论断的直观、简洁而又深刻的概括表述。

② 《邓小平文选》第1卷,北京:人民出版社,1994年,第323页。“黑猫白猫论”是邓小平在20世纪60年代提出来的,该理论源自邓小平的一句话:“不管黑猫白猫,能捉老鼠的就是好猫。”具体说来,这句话的意思是:无论是计划经济还是市场经济,都只是一种资源配置手段,与政治制度无关。资本主义可以有计划,社会主义也可以有市场。只要能够发展生产力的,都可以在实践中使用。

③ 《邓小平文选》第3卷,北京:人民出版社,1993年,第175页。

④ 《邓小平文选》第1卷,北京:人民出版社,1994年,第323页。

开放各项方针政策成败的根本标准。

第三，改变“谈富色变”的社会氛围，引领“致富光荣”的财富思想，强调全体人民共同富裕是社会主义的本质规定和奋斗目标，也是我国社会主义的根本原则。邓小平指出：“要让一部分人先富起来，搞平均主义不行”①，目的是以“先富”的示范效应带动“后富”，最终实现“共同富裕”。邓小平曾明确指出：“致富不是罪过。但我们讲的致富不是你们讲的致富。社会主义财富属于人民，社会主义的致富是全民共同致富。”②邓小平所说的“我们的致富”，就是社会主义国家以人民为本的致富，是一条“先富—后富—共富”的逻辑道路，而“你们的致富”指的是以美国为代表的资本主义国家的致富。社会主义生产与资本主义生产的本质区别不在于是否以财富生产为核心，而在于二者在财富生产中“以资本为本”还是“以人民为本”，是“两极分化”还是“共同富裕”，关注“物”的生产还是关注“人”的发展。因此，社会主义的制度优越性不仅体现在相比资本主义更为先进的生产力，更体现在“以人民为本”的财富生产观，使人的全面发展成为社会发展的真正目的，财富生产作为人的全面发展的手段，使发展问题回归到人本身。

总之，中国共产党人坚信“贫穷不是社会主义”，当个人的致富欲望被激活时，社会主义的财富才会涌流，应该尊重人民群众的主体性、创造性，尊重劳动、尊重知识、尊重创造，鼓励他们勤劳致富，保护其合理利益，以人民群众是否高兴、满意作为检验各项工作的一个标准，把群众利益作为一切工作的出发点与归宿。

（二）制度重构：市场也是资源配置方式

改革开放创造性地将市场经济与社会主义相结合，这是对社会主义制度的自我完善和发展，这个过程中不可避免地要应对有关商品经济、资本、市场等理论与现实的困境，探讨关于公有制实现方式和社会主义分配方式的制度重构问题。

第一，党的十一届三中全会的召开，制定了实行改革开放的基本路线，把党和国家的工作重心转移到经济建设上来，打破计划经济体制下的平均主义，为改革撕开一道突破口，市场经济体制的重启发动了中国富起来的引擎。轰轰烈烈的改革首先从农村开始，通过推行农村家庭联产承包责任制，引入差异性原则的激励机制，实行“缴够国家的、留足集体的、剩余都是自己的”分配方式，彻底纠正了平均主义倾向，大大提高了劳动和生产的效率，使农业生产跨上了新台阶，农村居民家庭收入迅速上升。随后，城市分配制度也进行了改革，通过“工效挂钩”“放开搞活”，恢复了企业内部的激励、奖励分配形式，改革

① 《邓小平文选》第3卷，北京：人民出版社，1993年，第52页。

② 《邓小平文选》第3卷，北京：人民出版社，1993年，第171—172页。

了国有企业工资管理体制。进入 20 世纪 80 年代末期，中国经济体制改革在取得巨大成功的同时，也遭遇了许多困难和矛盾。在改革遇到阻力、处于困难的时刻，1992 年邓小平在视察南方时的几次重要讲话，有力地驳斥了反对市场化改革的错误论调。“计划经济不等于社会主义，资本主义也有计划；市场经济不等于资本主义，社会主义也有市场。计划和市场都是经济手段。”①正是邓小平的这段石破天惊之语解除了将计划经济视作社会主义基本特征的思想束缚，开启了社会主义市场经济制度重构的新篇章。

第二，关于公有制的实现方式，中国共产党人已经认识到社会主义初级阶段公有制和多种所有制经济长期并存的事实。邓小平指出，在社会主义初级阶段，必须始终坚持生产资料公有制的主体地位和按劳分配原则，计划和市场都是资源配置的方式，社会主义经济建设都可以用，而相应的分配领域应该以按劳分配为主体、多种分配形式为补充的分配原则。党的十五大进一步提出，在公有制的实现形式上应该解放思想，公有制的实现形式可以多样化，“一切反映社会化生产规律的经营方式和组织形式都可以大胆利用”②，公有制对经济发挥主导作用，是就全国而言，不同地区、不同产业可以有所区别，公有资产的优势不仅体现在数量上，更重要的是体现在质量上、体现在控制力上。非公有制经济是社会主义市场经济的重要组成部分，全民所有制、集体所有制、个人所有制、股份制、外资企业等多种形式，在市场经济中可以发挥各自优势，相互促进、共同发展③，各行业、各地区要根据生产力水平与经济发展的客观需要决定生产资料所有制的形式。不可否认，公有制的主体地位从量的优势到质的提升和控制力的体现，这是一个重要的理论飞跃。

第三，关于社会主义分配方式的制度建构，中国共产党人也已经认识到与现阶段生产方式相应的分配领域存在按劳分配与多种分配形式长期共存的状况。在国民收入的分配形式上必然是与生产资料所有制形式相对应的按劳分配与按生产要素分配相结合的分配方式。党的十五大创新性地运用并丰富发展了关于分配正义的思想：提出把“以按劳分配为主体，其他分配方式为补充”发展为“以按劳分配为主体，多种分配方式并存”。④ 由“补充”发展到“并存”，理清了社会主义初级阶段按劳分配与多种分配方式之间的关系；提出生产要素参与分配，创造性地解决了生产要素在社会主义市场经济条件下参与收入分配的问题。党的十六大以后，党中央致力于构建社会主义和谐社会，强调按劳分配为主体、多种方式并存的合理性，进一步健全劳动、资本、技术、管理等生产要素按贡献参与分配的制度，并第一次把公正作为我国社会主义制度的

① 《邓小平文选》第 3 卷，北京：人民出版社，1993 年，第 373 页。
② 《江泽民文选》第 2 卷，北京：人民出版社，2006 年，第 20 页。
③ 《江泽民文选》第 3 卷，北京：人民出版社，2006 年，第 547—549 页。
④ 《江泽民文选》第 3 卷，北京：人民出版社，2006 年，第 550 页。

本质明确地提了出来，强调公平正义不仅是一种道德追求，更是一种经济关系，特别是体现为一种分配关系，明确要建立“以权利公平、机会公平、规则公平、分配公平为主要内容的社会公平保障体系”[①]，这是对马克思主义分配正义理论的重要创新与发展。

总之，中国共产党人创造性地将社会主义制度与市场经济体制相结合，在公有制的多种实现方式、公有制与非公有制的并存关系以及相应的按劳分配与按要素分配的统一等方面，为马克思主义分配正义理论指导下的制度构建写下了具有中国特色的重要一笔。

(三)实践创新：逐步实现共同富裕

实现全体人民的共同富裕是一个长期发展逐步实现的过程。在改革开放大力发展社会经济的进程中理顺效率和公平之间的关系，既要引入非均衡的竞争发展，又要防止社会贫富差距扩大，这就成为这一时期分配正义实践的创新突破口。

第一，社会主义市场经济体制发展的目标是为了逐步实现“共同富裕”[②]，使人民普遍获得改革发展红利、实现财富共享，这是一个长期发展的过程。共同富裕就是社会全体成员通过诚实劳动和合法经营等方式，达到丰衣足食的生活状态。共同富裕的内涵包括以下几个方面：一是共同富裕是物质生活和精神生活的全面富裕；二是共同富裕是部分到整体的逐步富裕；三是共同富裕是从低层次到高层次的过程富裕；四是共同富裕是人民大众最终达到富裕，但绝不是“同时富裕、同步富裕、同等富裕”，具体路径是允许一部分人一部分地区先富起来，先富的帮助后富的，从而逐步实现共同富裕。

第二，自改革开放以来，我们党积极回应实践中的现实问题，不断深化对公平与效率关系的认识，调整分配正义的实践方向。自邓小平提出社会主义也可以利用通过价格机制优化资源配置的市场来提高生产效率之后，1993年中央在确立社会主义市场经济体制的文件中提出了“效率优先，兼顾公平”的分配原则，党的十六大进一步提出“初次分配注重效率、再分配注重公平”，有效地推动了市场经济体制的发展和完善。但市场主体在竞争中会产生优胜劣汰、两极分化，另外，由于市场机制不完善、各地经济发展水平不平衡等因素，也有可能造成不同单位、不同地区、不同职业间缺乏平等竞争的规则和环境，导致劳酬不相称。我们党逐渐认识到要注重公平在初次分配中的地位，反对以GDP作为评价经济活动的唯一标准，坚持“按劳分配为主体、多种方式并存”的基础上“公平与效率有机结合”，创新社会主义分配形式的同时要严控社会贫富差距。此后，党的十七大报告强调“发展成果人民共享”，再次指出：“合

---

① 胡锦涛：《在省部级主要领导干部提高构建社会主义和谐社会能力专题研讨班上的讲话》，北京：人民出版社，2005年，第21页。

② 《邓小平文选》第3卷，北京：人民出版社，1993年，第373—374页。

理的收入分配制度是社会公平的重要体现。……初次分配和再分配都要处理好效率和公平的关系,再分配更加注重公平。逐步提高居民收入在国民收入分配中的比重,提高劳动报酬在初次分配中的比重。”①这实质是纠正了在此之前我国初次分配中过分强调效率,结果却损害了公平致使贫富差距拉大的情况。从十六大提出的“初次分配注重效率、再分配注重公平”,到十七大提出“初次分配和再分配都要处理好效率和公平的关系”,表明党对个人收入分配中的公平和效率之间的关系认识日渐深化,体现了分配正义的制度建设是开放的、动态的过程,是在实践中不断发展完善的。

从总体上来说,十一届三中全会以来马克思主义分配正义理论中国化在改革开放的社会主义市场经济实践中实现了第二次历史性飞跃:“社会主义初级阶段”的“三个有利于”标准与“共同富裕”的目标,为我们指明了分配正义的现实要求和未来发展的方向;社会主义公有制实现方式和分配形式的多样化推进了分配正义模式的创新;在分配正义的实践上也走向了“先富”带动“后富”实现“共同富裕”的道路。特别值得警醒的是,在探索社会主义按劳分配原则的市场化改革实践中要时刻警惕走向两极分化的另一个极端,不断在实践中把握效率和公平之间的统一关系,引导和控制资本、市场在社会主义的制度框架下运行,严控社会贫富差距。

三、奋进新时代:中国特色社会主义分配正义建构

中国特色社会主义进入新时代,习近平总书记提出“新发展理念”“国家治理体系和治理能力现代化”“现代化经济体系”等一系列创新思想,为丰富和完善新时代中国特色社会主义分配正义理论提供了新经验和新思路,着力于建立社会主义按劳分配原则的市场化与人民性相统一的现代经济体系,推动中国特色社会主义现代化建设实践的新发展,形成马克思主义分配正义理论中国化的第三次历史性飞跃,正在创造惊天动地的新时代伟业中发挥着重要的引领作用。

(一)理念升华:从共富到共享的新发展理念

新时代中国特色社会主义的分配正义理论坚持马克思主义人民至上的终极价值旨趣,提出坚持以人民为中心的发展思想,“创新、协调、绿色、开放、共享”②的新发展理念正是这一重要价值遵循的创新与发展。五大新发展理念是打开创富通道、保障合理分配的指挥棒、红绿灯,为马克思主义分配正义理

① 胡锦涛:《高举中国特色社会主义伟大旗帜 为夺取全面建设小康社会新胜利而奋斗——在中国共产党第十七次全国代表大会上的报告》,北京:人民出版社,2007年,第38—39页。

② 习近平:《新时代中国特色社会主义思想学习纲要》,北京:学习出版社、人民出版社,2019年,第109页。

论注入了新时代价值元素。

第一，当代中国的发展坚持以人民为中心，为人民而发展，发展成果由人民共享，五大新发展理念是这一核心主旨的进一步展开，分别从发展动力、发展内容、发展着力点等方面具体深化了以人民为中心的发展观。以人民为中心的发展思想始终保持与时俱进，根据实践和时代的变化不断充实和丰富自身的内容，以适应人民群众日益增长的各类需要，着力解决现实发展中人民关切的突出矛盾，着眼于消除中长期发展中影响人民利益的多种障碍，长短结合、点面兼顾、远近统筹，切实保证以人民为中心的发展观的真正落实，"让人民群众有更多获得感、幸福感、安全感"①。共享理念的提出，更是在完整的意义上界定了人民群众的双重身份：既是投身发展的参与者、行动者、建设者，也是发展成果的享有者、获得者、受益者。② 概而言之，以人民为中心的发展观，是新时代中国特色社会主义分配正义理论的根本立场和价值旨归。

第二，新发展理念作为以人民为中心这一核心价值理念的进一步展开，其中注重解决社会公平正义问题的一大创新就在于提出以共享发展推动共同富裕。习近平总书记鲜明指出："共享发展注重的是解决社会公平正义问题。"③共享发展意味着，既不是"共"而不"富"的共同贫穷，也不是"富"而不"共"的利益格局失衡，而是共富共享发展红利的理念。共享发展包括全民共享、全面共享、共建共享、渐进共享这四个相互联系、相互贯通、辩证统一的方面，要求保持个人发展与社会发展的同步性，正确认识中国特色社会主义发展过程中暂时的贫富差距、分配不均，走出一条符合人类的认识规律、遵循社会的发展规律、符合我国国情的可行道路。

第三，把"共享发展"与"共同富裕"的社会主义本质联系起来，把中国人的共享观念与共同富裕的中国梦相契合。习近平指出，"公平正义是中国特色社会主义的内在要求"，"共同富裕是中国特色社会主义的根本原则"④，"我们必须坚持发展为了人民、发展依靠人民、发展成果由人民共享，做出更有效的制度安排，使全体人民朝着共同富裕方向稳步前进，绝不能出现'富者累巨万，而贫者食糟糠'的现象"⑤。一方面，充分调动人民群众的积极性、主动性、创造性，举全国之力，推进中国特色社会主义事业，不断把"蛋糕"做大；另一方面，把不断做大的"蛋糕"分好，让社会主义制度的优越性得到更充分的体现。较之前一发展阶段，从共富到共享的升华，新时代马克思主义分配正义理论中国化有两个显著特点：一是把共享理念上升到社会主义本质的战略高度加以思考，从经济发展、民主政治、思想文化、社会事业、生态文明的发展成果等各方

① 《习近平谈治国理政》第3卷，北京：外文出版社，2020年，第346页。
② 刘靖北等：《新时期治国理政战略思想研究》，上海：上海人民出版社，2017年，第3页。
③ 习近平：《在党的十八届五中全会第二次全体会议上的讲话》，《求是》2016年第1期。
④ 《习近平谈治国理政》，北京：外文出版社，2014年，第13页。
⑤ 《习近平谈治国理政》第2卷，北京：外文出版社，2017年，第200页。

面让人民群众有更多获得感;二是将个人对美好生活的向往、致富的愿望同中华民族伟大复兴中国梦联系起来,达成理念共识,凝心聚力。

由此可见,共富到共享的理念升华,体现了马克思主义人民至上的价值旨趣,印证了马克思主义政党人民立场、人民取向的根本宗旨;作为这一主旨的展开,新发展观进一步科学地回答了新的历史条件下,我们究竟为谁发展、靠谁发展、发展成果由谁享有的根本问题,这一发展思想与我们党历来关于分配正义问题的价值取向一脉相承,同时又根据时代和实践的变化做出了与时俱进的深化,使思想认识和实际行动统一到了以新发展理念引领发展上。

(二)制度创新:推进国家治理体系和治理能力现代化

新时代中国特色社会主义的分配正义理论坚持"以人民为中心"的价值理念,不仅是一种发展思想,一种政治要求,更是实践中将理念转化为更加完备的制度设计,更加严谨的体制安排,更加具体的公共政策,更加扎实的工作举措,融合到治国理政的各个方面、各个环节,实现国家治理体系和治理能力现代化,形成坚持和发展中国特色社会主义的新格局。

第一,实现新时代中国特色社会主义的分配正义,理念是先导,制度是前提,中国特色社会主义制度是严密完整的科学制度体系。党的十九届四中全会通过的《中共中央关于坚持和完善中国特色社会主义制度、推进国家治理体系和治理能力现代化若干重大问题的决定》指出:"中国特色社会主义制度是党和人民在长期实践探索中形成的科学制度体系,我国国家治理一切工作和活动都依照中国特色社会主义制度展开,我国国家治理体系和治理能力是中国特色社会主义制度及其执行能力的集中体现。"①中国特色社会主义制度的性质决定了分配正义的制度建设"坚持和巩固什么、完善和发展什么"②。中国特色社会主义制度是一个严密完整的科学制度体系,起四梁八柱作用的是根本制度、基本制度、重要制度,其中具有统领地位的是党的领导制度。真正执行和落实了各项制度,中国特色社会主义的分配正义就有了坚实可靠的制度保障。进入新时代,坚定中国特色社会主义制度自信,毫不动摇坚持和巩固中国特色社会主义制度,为实现"两个一百年"奋斗目标、实现中华民族伟大复兴的中国梦提供制度保障。

第二,进入新时代后,与时俱进完善和发展中国特色社会主义制度和国家治理体系是当下的现实目标,我们党对非公有制和相应的多种分配方式的地位和作用也有进一步的明确和制度安排。党的十九大报告指出,"必须坚持和完善我国社会主义基本经济制度和分配制度,毫不动摇巩固和发展公有制经

① 《中共中央关于坚持和完善中国特色社会主义制度 推进国家治理体系和治理能力现代化若干重大问题的决定》,《人民日报》2019 年 11 月 6 日。

② 十九届四中全会审议通过的《中共中央关于坚持和完善中国特色社会主义制度、推进国家治理体系和治理能力现代化若干重大问题的决定》,指出我国国家制度和国家治理体系具有多方面的显著优势,主要是坚持党的集中统一领导,坚持党的科学理论等"十三个坚持"。

济，毫不动摇鼓励、支持、引导非公有制经济发展，使市场在资源配置中起决定性作用，更好发挥政府作用”[①]。这里的“鼓励、支持、引导”非公有制经济发展充分说明非公有制经济和公有制经济一样，都是社会主义市场经济的重要组成部分，都是经济社会发展的重要基础。改革开放的实践也有力地证明，非公有制经济已经成为我国经济社会发展不可或缺的生力军和重要依靠。长期以来，公有制为主体、多种所有制经济共同发展已是我国的一项基本经济制度，十九届四中全会的一大创新，就是在此基础上，把按劳分配为主体、多种分配方式并存、社会主义市场经济体制上升为基本经济制度。这三项制度，都是社会主义基本经济制度，三者相互联系、相互支撑、相互促进。这一重大创新，标志着我国社会主义经济制度更加成熟、更加定型，对于更好发挥社会主义制度优越性，解放和发展社会生产力，推动经济高质量发展具有重要的指导意义。

第三，新时代中国特色社会主义分配正义要求加快完善社会主义市场经济体制，严格遵守和执行中国特色社会主义各项制度，使资本、市场等现代性要素在中国特色社会主义的制度框架下有效运行。一是深化国有企业改革，完善中国特色现代企业制度以增强在市场竞争中国有经济的竞争力、创新力、控制力、影响力、抗风险能力，做强做优做大国有资本[②]，其本质就是不断厚植中国特色社会主义物质基础和政治基础，这是我们完善制度的目的所在。二是深化商事制度改革，打破行政垄断，防止市场垄断，加快要素价格市场化改革，放宽服务业准入限制，完善市场监管体制。三是深化投融资体制改革，发挥投资对优化供给结构的关键性作用。四是深化金融体制改革，增强金融服务实体经济能力，提高直接融资比重，促进多层次资本市场健康发展。

概而言之，进入新时代，中国共产党人立足于世情、国情、党情、民情创造性地将按劳分配为主体、多种分配方式并存、社会主义市场经济体制上升为基本经济制度，并致力于国家治理体系和治理能力现代化，创新马克思主义分配正义的制度构建，为新时代中国特色社会主义分配正义的制度建设提供了理论基础与实践指引。

(三)实践突破:建设现代化经济体系

进入新时代，要实现分配正义、解决发展不平衡不充分的问题，仍然要靠改革开放，自觉把握世界历史进程中我国发展新的历史方位，主动融入世界现代化进程，引领全球化发展，贯彻新发展理念，建设现代化经济体系。

第一，新时代推进中国特色社会主义分配正义的关键突破点还在于现代化经济体系的构建。发展是解决我国所有问题的关键，国家要发展，经济体系

---

① 习近平:《决胜全面建成小康社会 夺取新时代中国特色社会主义伟大胜利——在中国共产党第十九次全国代表大会上的报告》，北京:人民出版社，2017年，第21页。

② 《中共中央关于坚持和完善中国特色社会主义制度 推进国家治理体系和治理能力现代化若干重大问题的决定》，《人民日报》2019年11月6日。

必须完善,只有形成现代化经济体系,才能更好顺应现代化发展潮流和赢得国际竞争主动,也才能为其他领域现代化提供有力支撑,为推进中国特色社会主义分配正义打下坚实基础。现代化经济体系是由社会经济活动各个环节、各个层面、各个领域的相互关系和内在联系构成的一个有机整体,包括创新引领、协同发展的产业体系,统一开放、竞争有序的市场体系,体现效率、促进公平的收入分配体系,彰显优势、协调联动的城乡区域发展体系,资源节约、环境友好的绿色发展体系,多元平衡、安全高效的全面开放体系,充分发挥市场作用、更好发挥政府作用的经济体制。

第二,现代化经济体系的构建,需要扎实管用的政策举措和行动。具体而言,一是大力发展实体经济,牢牢夯实现代化经济体系的基础;二是加快实施创新驱动发展战略,强化现代化经济体系的战略支撑;三是积极推进城乡区域协调发展,优化现代化经济体系空间布局;四是推进更高水平的开放,提高现代化经济体系的国际竞争力;五是要深化经济体制改革,完善现代化经济体系的制度保障。

第三,构建现代经济体系必然要求依靠改革实现高质量发展,形成微观有效、企业有活力、宏观调控有动能的"三有"体制。党的十九大报告指出:"着力构建市场机制有效、微观主体有活力、宏观调控有度的经济体制,不断增强我国经济创新力和竞争力。"①这不仅是构建现代经济体系的必然要求,还蕴含了市场、微观主体和政府调控之间的科学联系:一是市场机制有效,要形成更有效市场;二是微观主体有活力,要推进生产要素市场化改革和产权制度的完善;三是宏观调控有度,要形成更有为政府。如果没有"三有"体制,高质量的发展是不可能实现的。

总而言之,回顾马克思主义分配正义理论中国化发展轨迹经历的三次重大历史飞跃,我们可以看到随着计划经济时代的落幕,改革开放迎来了中国市场经济的春天,新时代中国特色社会主义将继续深化改革、扩大开放、向着现代化强国迈进,从"站起来"到"富起来"再到"强起来",这是一条既符合中国国情民情世情又可持续发展的辩证发展之路,完整地展示了中国现代性生发的特有轨迹,这是其一。其二,每一次重大飞跃都牢牢把握住马克思主义活的灵魂,具体问题具体分析,实事求是,与时俱进,将马克思主义分配正义理论与中国的社会主义发展现实紧密结合,因而做出符合时代精神的实践选择,"理念—制度—实践"实现了动态的有机统一。其三,人民至上、公平正义、共同富裕的新时代中国特色社会主义分配正义是马克思主义分配正义理论中国化的新成果,不仅鲜明地体现了我们党始终以人民为中心的发展理念,而且清晰地

① 习近平:《决胜全面建成小康社会 夺取新时代中国特色社会主义伟大胜利——在中国共产党第十九次全国代表大会上的报告》,北京:人民出版社,2017年,第30页。

彰显了中国特色社会主义制度的优越性。

Three Leaps and Enlightenment of the Sinicization of Marxist Theory of Distributive Justice

Yang Juan

Abstract Reviewing the century-long process of the development and innovation of Marxist distributive justice theory in China, we have experienced three important historical leaps: From the founding of New China to the period of socialist society construction, the first great leap was the attempt of the principle of distribution according to work under the planned economy system; since the reform and opening up, the market-oriented reform to explore the socialist principle of distribution according to work has achieved a second major leap; entering the new era, the third significant leap has been made in building a modern economic system featuring the socialist principle of distribution according to work based on marketization and the unity of the people's interest. These three leaps forward not only reflect the Party's people-centered development philosophy, but also demonstrate the superiority of the socialist system with Chinese characteristics, and manifest the unique trajectory of China's development of modernity. Summarizing and reflecting on the basic experience of the theory and practice of socialist distributive justice undoubtedly gives us important enlightenment to plan the orientation and path of realizing socialist distributive justice better in the development of socialist market economy in the future.

Key Words Marxist Theory of Distributive Justice; Sinicization; Three Leaps

新自由主义与经济金融化的逻辑

鲁保林　冯鑫晨　邬嘉晟

内容提要　经济金融化与新自由主义的兴起,是当代资本主义最突出的特征。金融化转型固然依赖新自由主义所创造的舆论环境和制度条件,但是新自由主义的兴起并非起因于金融集团的"复仇"。尽管新自由主义改革方案致力于恢复资产阶级的整体利益,但在新自由主义时期,产业资本的地位趋于衰落,而金融资本的地位不断提升。2008 年爆发的全球金融危机充分暴露了放任金融自由发展的缺陷,但挽救危机的手段仍然是增发货币。经济金融化趋势难以逆转主要是因为:金融集团的政治影响力举足轻重、新自由主义观念根深蒂固以及对金融主导型增长模式的路径依赖。

关键词　金融化;新自由主义;金融资本

中图分类号　F038.1

一、新自由主义与经济金融化的相互关系:三种论说

经济金融化与新自由主义的兴起,是当代资本主义最突出的特征。前者描述了在金融自由化浪潮的裹挟下,资本主义经济活动的重心从生产转向金融、资本积累越来越脱离实物生产的怪象。后者发轫于具有"市场原教旨主义"倾向的新古典自由主义经济学,尊崇个人主义,奉自由市场和私有财产制度为圭臬,把"资本主义市场经济看作最终的、合乎自然的、自由的经济秩序"①。新自由主义的政策纲领是市场化、私有化、经济自由化和福利个人化,华盛顿共识为其典型范本。关于新自由主义和经济金融化的相互关系,主要有三种论说。

作者简介:鲁保林,福建师范大学经济学院教授、博士生导师;冯鑫晨,贵州财经大学公共管理学院硕士研究生;邬嘉晟,中共中央党校(国家行政学院)经济学部博士研究生。

基金项目:本文系国家社科基金青年项目"马克思'平均利润率趋向下降规律'百年论争研究"(17CKS010)的阶段性成果。

① 程恩富:《新自由主义经济思潮与社会主义——日本东京大学伊藤诚教授访谈》,《国外理论动态》2005 年第 11 期。

第一种论说,垄断金融资本的崛起决定了新自由主义的产生。每月评论学派把新自由主义界定为服务于垄断金融资本的意识形态,认为新自由主义全球化的本质就是金融化垄断资本在全球的扩张(福斯特,2007)。杜梅尼尔、列维(2005)认为,新自由主义时期的主要特征是金融资本霸权的复兴。国内学者普遍认为,金融集团在新自由主义的兴起上"功不可没"。臧秀玲、杨帆(2014)认为,发达国家实行新自由主义改革的主要目的就是给长期受到压制的金融资本松绑。朱安东等(2014)认为,以金融资本为首的国际垄断资本选择了新自由主义,并推动其兴起并向全球传播。何秉孟(2016)认为,20世纪80年代初,代表金融垄断资本利益的共和党人里根执掌白宫,并将新自由主义捧上了主流经济学宝座,加快了金融自由化立法的步伐。武海宝(2020)称,在应对滞胀危机过程中,金融集团领导了一场为确立新自由主义秩序而进行的斗争。把新自由主义的兴起视为金融集团的"复仇",这种观点的缺陷在于缺乏证据来表明金融资本在20世纪70年代对政策议程具有更强的影响力。迪米萃斯·P.索提罗波罗斯(2011)指出,货币资本和职能资本是一体的,它们之间的分歧不是根本性的,新自由主义和金融化是它们二者共谋的产物。

第二种论说,新自由主义的重构导致了经济金融化。大卫·科茨(2011)认为,并不是金融部门的影响力导致了自由主义的重建,而是新自由主义的重构引发了经济金融化。因为"新自由主义不仅代表金融资本的利益,而且还代表在国家调控的社会积累结构的危机时期和特殊历史条件下变得相对统一的整个资产阶级的利益。"①唐纳德·托马斯科维奇—迪维、林庚厚(2015)认为,如果新自由主义是一种摆脱国家监管的政策和学术运动,那么金融化可能就是它最基础的产品。科茨的论断正确地判别了新自由主义的阶级属性,但并未解释新自由主义重构最终表现为金融资本的崛起的原因。

第三种论说,新自由主义和经济金融化并无紧密联系。肖斌(2013)认为二者只是耦合出现在一个时期,并没有直接的引起和被引起关系。张晨、马慎萧(2014)把它们看作是两个独立的阶段。如果否认新自由主义与经济金融化存在某种关联,那么就很难解释为何"在新自由主义泛滥时期,几乎所有的西方市场经济模式国家都出现了经济金融化"②。

本文将在第二部分说明新自由主义运动的内外根源,以回应第一种论说。需要指出的是,发展中国家的新自由主义和金融自由化进程,不仅晚于发达国家,而且明显受到后者及其主导的国际金融组织的诱导和胁迫。第三部分以美国为例说明金融自由化是新自由主义改革的重要组成,以回应第三种论说。第四部分讨论新自由主义重构的结果表现为金融资本的胜利的原因,以补充

① 大卫·科茨:《金融化与新自由主义》,孙来斌、李轶译,《国外理论动态》2011年第11期。
② 李文:《新自由主义的经济"成绩单"》,《求是》2014年第16期。

第二种论说。第五部分讨论2008年金融危机爆发之后经济金融化趋势仍然难以逆转的具体根源。

二、新自由主义兴起并非源于金融集团的复仇

20世纪80年代以来,以减税(特别是降低资本税率)、私有化、放松管制、削减社会福利、推动自由贸易为主要内容的新自由主义改革席卷全球。经济金融化转型固然依赖新自由主义所创造的舆论环境和制度条件,但是新自由主义的兴起并非起因于金融集团的"复仇"。

首先,经济金融化的兴盛在时间上晚于新自由主义议程的启动。经济金融化扩张必须以取消或者放松金融管制为前提,但是放松管制与凯恩斯国家干预主义是相悖的。"二战"之后,凯恩斯主义如日中天,处于下风的新自由主义者组建了一个由企业家、基金会、记者、政治家、政策顾问和学者组成的跨大西洋网络,借助学术论战、智库建设和媒体宣传,有组织有策略地推动新自由主义的传播和扩展(琼斯,2017)。20世纪70年代初,一连串的事件相互叠加,如布雷顿森林货币体系崩溃、两次石油危机、价格—收入政策失败,让资本主义世界陷入长达十年之久的"滞胀"漩涡。货币主义和供给学派把"滞胀"归因于国家干预主义和福利国家政策。20世纪70年代中后期,凯恩斯主义已经失去了昔日的光彩。随着哈耶克和弗里德曼分别在1974年和1976年被授予诺贝尔经济学奖,从属于新自由主义范畴的宏观经济理论与政策实践开始在学界、政策制定部门逐渐成为替代凯恩斯主义的主流意识形态(王彬,2017)。哈耶克和弗里德曼的著作给决策者打开了新的想象空间,新自由主义方案一度被认为是能够恢复经济活力的不二选择。当信奉新自由主义的撒切尔和里根掌握政权时,金融领域的自由化改革也被提上重要议程。之后的政策实践表明,一旦放松了金融管制,金融自由化的脚步就会越来越快,经济金融化必然会如影随形。

其次,当时的金融资本羽翼未丰,无法主导新自由主义方案的制定。新自由主义方案是否从一开始就是一项旨在恢复金融资本的阶级权力或者其统治地位的计划,取决于金融集团在当时是否有足够的权力来影响政治决策。考察当时的社会经济结构,不难发现,金融资本在新自由主义改革初期的力量并不强大,从福布斯全美富豪400强榜单可见一斑,它的财富组成反映了资产阶级的总体方向。1982年,石油和天然气部门是福布斯400强的主要财富来源,占比高达22.8%,制造业以15.3%的比重排名第二,而金融只占9%,制造业的比重超过金融6个百分点(福斯特、霍尔曼,2010)。也有其他证据表明:20世纪80年代,华尔街在华盛顿的影响力还不够大。例如,民主党曾经阻止国会通过放松管制的立法(约翰逊、郭庚信,2010)。我们认为,20世纪70

年代的“滞胀”危机长达十年之久，席卷整个资本主义世界。新自由主义方案的初衷是致力于恢复精英阶层的权力和财富，因而得到了非金融部门和金融部门精英的共同推动和拥护。社会经济政策的自由主义转向符合资产阶级的总体利益，并没有更多地反映金融资本集团的利益，经济金融化的出现是金融自由化逐步展开的结果，但它并非是实施新自由主义方案的初衷。

最后，新自由主义的全球推广具有相当程度的强制性和渗透性。“二战”之后，一部分政治上走上独立的发展中国家，为实现经济赶超而纷纷采取了进口替代的工业化发展战略。与此种战略相配套，政府直接控制了国有金融体系并实施金融管制，如低汇率、低利率、信贷配给制度等。到了20世纪70年代，它们大多面临着原有积累模式难以维系的困境。在美国的干预下，智利成了新自由主义的第一个试验场。1973—1975年间，智利皮诺切特政府启动了价格自由化、金融自由化、贸易自由化和国有企业私有化等新自由主义性质的改革举措，这些改革来自于“芝加哥男孩”的指导。阿根廷、巴西、乌拉圭等国也推行了利率和汇率的自由化和市场化、国际贸易和国际资本流动的自由化等改革举措（王曙光，2003）。彼时，发展中国家的经济改革明显受到了美国及其主导的国际经济组织的诱导和胁迫。到了20世纪90年代，随着经互会和华约解散，苏联东欧国家纷纷改弦更张，向资本主义市场经济模式转型。新自由主义的扩展把传统帝国主义时代直接的殖民主义统治转变为霸权意识形态驱使下的资本化进程，其目标是把所有的后发国家和地区都拖入国际垄断金融资本的循环增殖系统，实现资本剥削的全球化，正如哈曼所言，“新自由主义是全球阶级关系整体改变的结果，而不主要是金融资本和产业资本之间力量平衡改变的结果”①。

三、金融自由化是新自由主义改革方案的既有内容

严格的监管是一道遏止金融资本作祟、让其老老实实服务于实体经济的“紧箍咒”。美国金融业的大规模去管制化始于20世纪80年代，在“效率与竞争”理念的指引下，大萧条之后形成的金融监管架构一步步被拆除，最终变得支离破碎。

一是分阶段取消利率限制。里根政府于1980年颁布的《存款机构解除管制与货币控制法案》，决定分阶段取消定期存款和储蓄存款利率上限，即所谓的Q条例，目的是促进商业银行、储蓄贷款协会与货币市场共同基金竞争。1982年出台的《加恩—圣杰曼储蓄机构法》扩大了先前对存款利率的放松管制，增加了储蓄机构的贷款和投资种类，扩大了储蓄与贷款协会在抵押贷款市

① 克里斯·哈曼：《新自由主义与金融资本》，刘振译，《国外理论动态》2006年第4期。

场的经营范围。根据这一法案，储蓄机构可从事商业贷款，但占比不能超过资产的 10%，也可与货币市场共同基金直接竞争(Sherman，2009)。

二是逐步放开银行跨区域经营限制。银行跨州设立分行从 20 世纪 80 年代起逐步放开，到了 1994 年，《里格—尼尔银行跨州经营与跨州设立分行效率法》颁布，彻底解除银行经营地域范围的限制。该法案允许银行跨州设立分支机构并开展业务，银行控股公司可以在任何州收购银行，从而促进了银行业的并购重组。

三是逐步放开分业经营，直至废除。《格拉斯—斯蒂格尔法案》第 20 条禁止商业银行主要从事证券业务，但允许有不超过 5% 的收入来自此项业务。1986 年 12 月，美联储对该条法案进行重新解释，允许商业银行承担少量的承销业务，只要不构成收入的主要部分。1987 年春，美联储董事会以 3∶2 通过放松《格拉斯—斯蒂格尔法案》管制的决定。该年 3 月，美国联邦储备委员会批准大通曼哈顿银行承销商业票据的申请。1989 年 1 月，美国联邦储备委员会批准 J. P. 摩根、大通曼哈顿等四大商业银行可以从事除市政证券和商业票据之外的债券和股票业务。1990 年，J. P. 摩根成为第一家允许承销股票的商业银行，只要该项业务的收入不超过 10%。到了 1996 年，美联储又颁布裁决，“把银行控股公司的非银行子公司从事证券承销和交易业务的收入占比上限提高至总收入的 25%”①。1998 年，花旗集团与旅行者集团合并，前者的商业银行业务与后者的证券及保险业务实现一体化经营，混业经营成为既成事实。当时，美联储依据《银行控股公司法案》的一个技术豁免条款批准了此起兼并。1999 年《金融服务现代化法案》颁布，允许银行、证券、保险相互跨行业经营，彻底废除实行了近七十年的分业经营制度，为金融巨无霸的形成打开了方便之门。这些金融集团后来纷纷从事购买、证券化、销售和交易抵押贷款以及住房抵押贷款支持证券业务(约翰逊、郭庚信，2010)。该法案还促进了影子银行系统的快速发展，该系统包括投资银行、对冲基金、货币市场基金和其他非银行金融公司，它们通过资产支持证券和信用违约互换等将资金从投资者转移到公司(Campbell，2015)。

四是逐步放松证券和金融衍生品监管。1996 年颁布的《全国性证券市场促进法》，以降低证券交易和发行费用、提高证券市场效率与竞争力为名，放松证券发行与交易监管。2000 年颁布的《商品期货现代化法》，免除了商品期货交易委员会对诸如信用违约互换 CDS 等大多数场外金融衍生品合约的监管和规范。当时的监管部门认为投资者有能力通过市场获取金融机构的有效交易信息(杨松、张永亮，2012)。克林顿后来承认签署该法案是一个严重错误

① PBS Frontline："The Long Demise of Glass-Steagall"，https://www.pbs.org/wgbh/pages/frontline/shows/wallstreet/weill/demise.html. May 8，2003.

(Campbell,2015)。2004年,美国证券交易委员会又进一步裁定五大投资银行可以自我监管,它们只需自愿同意美国证券交易委员会对其资本化、流动性和杠杆头寸的监督。事实证明,自愿监管根本不起任何作用,因为投资银行可以选择自愿加入或退出监管(Campbell,2015)。此外,政府还允许信用评级机构自我监管。

正是由于政府解除了金融活动的"紧箍咒",被迫蛰伏的金融投机才能死灰复燃,金融资本借助全球化的动力无限扩张,以至于经济金融化虚拟化积重难返。历史地看,无论是发展中国家还是发达国家,金融自由化并非独立于新自由主义运动,前者是后者的重要构成。有学者认为,美国金融化的发生大大晚于新自由主义方案的实施,而且金融化所需要的制度性条件并非是由新自由主义方案所直接创造的,其理由是金融业的去管制化进程主要发生在20世纪90年代,而新自由主义方案的去管制开始于20世纪70年代末。后者不仅在时间上大大早于前者,而且其内容也与前者没有直接联系(张晨、马慎萧,2014)。我们认为,这一判断与事实不符。第一,以美国为例,金融业的大规模去管制化进程开始于80年代,从解除利率管制到允许金融混业经营经历了20多年的博弈。托马斯·菲利彭和爱立尔·瑞谢夫的研究表明,到20世纪90年代末,政府对银行的监管限制已经低于新政前的水平(哈克、皮尔森,2015)。第二,对金融化的经验测度表明,美国经济金融化快速增长阶段始于20世纪70代中后期,并一直持续到20世纪90年代初。1991年后,美国经济金融化开始呈现波动上升态势(见图1)。

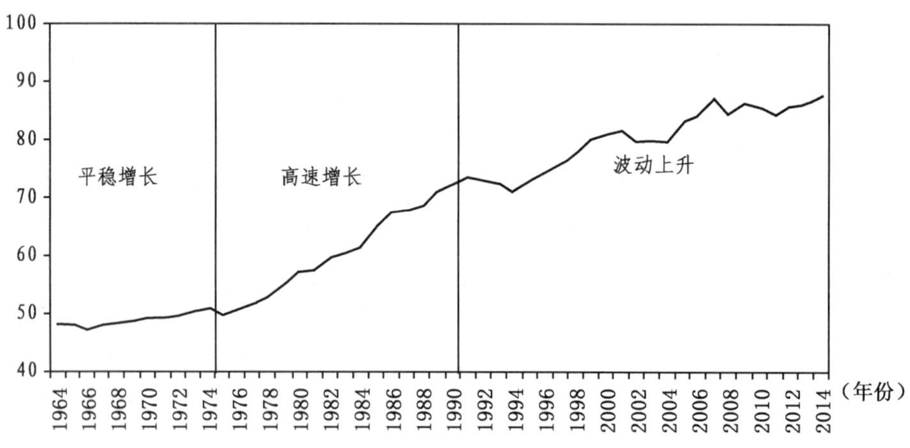

图1 美国经济金融化走势[①]

① 裴祥宇:《美国经济金融化测度研究》,《商业研究》2017年第1期。

四、金融资本取得胜利的原因

既然新自由主义方案致力于恢复资产阶级的整体利益，为什么在其泛滥时期产业资本趋向衰落，而金融资本的地位却不断提升呢？原因如下：

第一，金融化是国际金融垄断资本发展壮大的必然结果。马克思曾指出："一切资本主义生产方式的国家，都周期地患一种狂想病，企图不用生产过程作中介而赚到钱。"①列宁更是鲜明地揭示了金融资本的特性：机动灵活、构造复杂、脱离生产、高度集中、"主宰"世界（列宁，2009）。金融资本周转速度更快，可以在短时间实现最大收益。换句话说，金融资本的活动形式更加符合资本的本质。资本主义金融化冲动在大萧条之后一度受到各种制度性条件的严格约束，金融支持实体经济发展，这一职能在战后三十多年时间里得到了有效履行。据统计，在《格拉斯—斯蒂格尔法案》颁布之后的半个世纪里，美国银行业的破产率是历史上最低的（约翰逊、郭庚信，2010）。20 世纪 80 年代以来，随着金融管制的放松，金融部门持续膨胀。到了 90 年代，金融产品的规模和种类经历了爆炸性增长。金融资本不仅谋求在一国之内的霸权地位，而且也把触角延伸到全球，谋求全球性的垄断权力。金融资本全球扩展的结果是形成了在国际上同样占垄断优势的国际金融垄断资本。据 2008 年《福布斯》全球上市公司 2 000 强排行榜的数据，金融公司和金融服务公司占所有公司资本资产的 75.96%（福克斯，2016），可见为数不多的金融巨头几乎已经掌控了全球经济的大动脉。

第二，生产全球化支撑了经济金融化。经济全球化重构了资本主义的世界积累体系，这一体系的运转依赖于具有等级结构的、不平衡的"中心—外围"分工体系，位于中心的是金融主导型国家，处于外围的是生产主导型国家。从历史角度看，外围国家的工业化与中心国家的金融化有机联系且相互强化。20 世纪 60、70 年代，创新不足、成本上升以及来自德国和日本的竞争加剧，导致美国制造业的竞争力不断丧失，生产外包带动对外直接投资增加，制造业越来越多地转移到新兴市场国家。前者聚焦于发展以金融为核心的高端服务业、高科技产业和军工产业，越来越远离物质生产，后者利用要素成本低廉的比较优势，大力发展加工制造业。生产外包与金融化不仅相互依赖而且相互强化。从企业治理来看，通过外包非核心业务，跨国公司不仅缩减了国内投资，而且满足了股东对股东价值改善的需求（Milberg，2008）。从美国自身来看，生产全球化进一步刺激了经济的金融化：一是美国跨国公司将生产外包产生的巨额盈利重新投资于金融业务；二是出口导向型国家把贸易盈余用于购

① 《马克思恩格斯文集》第 6 卷，北京：人民出版社，2009 年，第 67—68 页。

买美国国债，刺激了美国的消费、信贷扩张和资产价格膨胀（伊万诺娃，2014）。随着工业品贸易赤字的不断扩大，金融证券成了美国最有吸引力的出口商品（约翰逊、郭庚信，2010）。

第三，新自由主义改革加剧了社会再生产的金融化。新自由主义改革造成了经济结构的严重失衡，加剧了社会再生产各个环节、各个层面、各个领域的经济金融化。其一，新自由主义改革推动债务攀升，而债务是金融的生命之源和金融创新的“发酵剂”。在美国，一方面，大规模减税和持续攀升的军费等支出，让政府陷入入不敷出的境地。据统计，美国的债务高达20多万亿美元，其中70%为公共债务，并且这一指标还在不断上升。债务是金融的生命之源，债务和信贷水平的提高增加了金融体系的不稳定性。另一方面，在新自由主义改革过程中，社会福利被大幅削减，低收入家庭不得不依靠负债维系高昂的生活开支，这导致了债务消费和个人收入金融化的勃兴。1973—2005年，抵押债务占美国国内生产总值的比重从48.7%上升到97.5%，家庭债务从45.2%上升到94%（帕利，2010）。美国各种所谓的“金融创新产品”大多由政府债务、公司债务以及消费者的消费抵押债务等包装而成。其二，财富分化加剧，助推金融投机。新自由主义改革导致大量财富集中在富裕群体手中，其规模超过了生产性投资，过剩资本涌进资本市场，从而导致金融投机横行。其三，公共服务职能私有化，也推动了金融化的发展。公共设施及服务有政府担保的稳定收入流，与金融资产相似（崔学东，2018）。

五、经济金融化趋势难以逆转的根源

2008年爆发的全球金融危机充分暴露了新自由主义秩序下放任金融自由发展的本质性缺陷。美国金融危机调查委员会认为，三十多年的放松管制和依赖金融机构自我管理的观念，最终解除了本来可以避免这次灾难的关键性防护措施（美国金融危机调查委员会，2013）。2010年，时任美国总统奥巴马签署了《多德—弗兰克法案》，旨在强化美联储的监管职能。但是，过了十年之后，美国又通过了《金融选择法案》和《经济增长、监管放松与消费者保护法案》，废除了《多德—弗兰克法案》的部分条款（马慎萧、兰楠，2021）。新冠疫情爆发后，美联储启动“无上限”量化宽松政策，修复经济的主要手段仍然是向金融机构输血，刺激资本市场反弹。2008年以来，经济金融化的脚步非但没有放缓，反而进一步加速。为什么金融化趋势难以逆转？

第一，金融集团的政治影响力举足轻重。尽管大型金融寡头毒害了全球经济，但是当次贷危机爆发后，大银行几乎都得到了政府的救助，理由是这些金融机构“太大而不能倒”。金融巨头不仅没有承担责任，反而将债务和风险转移给了政府，由全体纳税人来埋单。事实上，华尔街金融寡头已经与华盛顿精英形成了共谋。其一，财力雄厚的华尔街财团是政府的“金主”。据称，参议院银行委员会 22 位成员中有 19 人在 2009 年接受了华尔街的捐赠。每一位在 2010 年再次当选的候选人都至少获得了 18 万美元的捐助。美国银行的首席说客托尼·波德斯塔和高盛的首席说客史蒂夫·埃尔门多夫在 2009 年曾六次到访白宫。华尔街为奥巴马的竞选活动捐助了 1 490 万美元，仅高盛就捐助了 100 万美元(Foster 和 Holleman，2010)。其二，金融寡头利用“华尔街—华盛顿旋转门机制”参与政治事务。华尔街投资银行家与他们的代理人在白宫及财政部担任要职，该机制不仅加强了政府与金融部门的联系和交流，而且巩固了政治精英和金融精英的利益勾连。特别是如果一个政府官员希望在离任后能到金融部门谋求高薪酬职位时，他更不可能去积极推动破釜沉舟式的改革，比如拆分享有特权的大银行(约翰逊、郭庚信，2010)。此外，华尔街财阀还会调动游说“部队”去阻止不符合他们利益的金融改革，政府既无力也不愿与他们对抗。因此绝大部分的金融监管政策，几乎都是隔靴搔痒，不会从根本上动摇华尔街金融财阀的利益。

第二，新自由主义观念根深蒂固。四十余年的新自由主义实践已经成功地将新自由主义意识形态植入了人们的潜意识，并演化为一种固化的、不容怀疑的思维方式和行为方式，对自由金融市场的信念成了普遍的信条(约翰逊、郭庚信，2010)。新自由主义观就像一层层厚厚的松脂，包裹于其中的政府官员和主流经济学家已经无法自拔。前者在制定政策时仍然抱守残缺，信赖市场的自我监管，后者仍然囿于过去的思维定式和僵化结构，笃信不受任何干预的价格机制是实现人类福祉的最佳手段。可以说，新自由主义经济学已经演化为一套完整的维护金融垄断资本统治的意识形态。新自由主义理论“将坐取利息或分红视为一种对生产的激励和有价值的社会行为，这不仅掩盖了金融垄断资本的不劳而获，而且也为经济权力日益集中在金融垄断资本手中提供了合法的根据”[①]。由于几十年的新自由主义改革已经改变了整个社会的经济结构，并且这一结构已经成型，因此，寄生其中的新自由主义才能历经批判而不死。

第三，对金融主导型增长模式的路径依赖。美国战后黄金时代经济稳定快速发展的三个支柱是生产型大企业、大工会和大政府。生产型大企业采取福特制生产模式，承载就业和技术创新，形成了技术创新、劳动生产率提高和就业增加的良性循环。大工会下的集体工资谈判制度增强了劳动者的谈判实力，使得工资和社会福利不会严重滞后于生产率增长。大政府下的福利国家制度为居民提供公共医疗和教育、城镇住房保障和相应的公共设施服务，促进了收入的均等化。此外，政府还以各种方式为私人资本投资和技术研发提供

① 贾根良:《新自由主义、美元霸权与应对国际金融危机的长期战略》,《天津市财贸管理干部学院学报》2009 年第 4 期。

激励,有效推动了全社会的技术进步和固定资产投资增长。然而,新自由主义的反向操作如限制政府干预、打击工会、放松金融管制、为资本减税等,有利于大资本,破坏了黄金发展时代的三大支柱。限制政府干预等于捆住了政府的手脚,削弱了政府的公共服务和再分配职能,一部分原本由政府直接承担的公共服务交由市场来提供。放松金融管制导致企业和居民不得不屈从于金融系统的运作逻辑,非金融企业的利润赚取也越来越多地转向短期金融投机,资本积累日益依赖金融渠道。科技公司用于提振股价的资金远远超过研发资金,债务驱动的投机超过了生产性借贷,而那些需要长期投入的生产性投资却活力不再。工会力量的削弱致使工资与生产力增长严重脱节,不平等再度回升到20世纪初的高点。收入分化与生产性投资不足相互作用、相互叠加,进一步制约了有效需求的增长空间。在此背景下,信贷扩张、投机性投资和资产价格膨胀充当了经济增长的关键力量。在资产价格飙升造就的虚拟经济盛宴中,企业和居民均享受了虚拟财富"过山车"式膨胀的狂欢,杠杆投资和债务消费被推向一波又一波高潮。

此外,金融资本相对于职能资本的优势地位,意味着那些拥有金融资产的食利者和金融寡头能够依靠股息红利为生,而少数金融"实力"雄厚的国家也可以通过构筑等级化的金融体系掠夺其他国家。发展中国家金融实力总体比较弱小,位于"金融食物链"的最低端,是现行不公正的国际金融秩序的受害者。美国享有货币霸权,拥有最发达和最广阔的金融市场、最丰富多样的金融产品,位于"金融食物链"的最顶端,可以坐享金融霸权红利。既然凭借在国际金融体系中的主导地位就能够轻松寡占全球财富,那么推动金融自由化就成了新自由主义治理的应有之义。

参考文献

[1]J. B. Foster, & H. Holleman, The Financial Power Elite. *Monthly Review*, 2010, Vol. 62, No. 1.

[2]Matthew Sherman, *A Short History of Financial Deregulation in the United States*. Center for Economic & Policy Research, 2009.

[3]John L. Campbell, Neoliberalism in crisis: Regulatory Roots of the U. S. Financial Meltdown. In *Markets on Trial: The Economic Sociology of the U. S. Financial Crisis: Part B*. Published online, 2015.

[4]William Milberg, Shifting Sources and Uses of Profits: Sustaining US Financialization with Global Value Chains. *Economy and Society*, 2008, Vol. 37, No. 3.

[5]崔学东:《公共职能的私有化与新自由主义国家治理危机》,《当代世界与社会主义》2018第1期。

[6]丹尼尔·斯特德曼·琼斯:《宇宙的主宰》,贾拥民译,北京:华夏出版社,2017年。

[7]迪米萃斯·P. 索提罗波罗斯:《卡莱茨基与凯恩斯理论体系的困境——兼论国际

金融危机》,张建刚译,《国外理论动态》2011年第8期。

[8]何秉孟:《从近百年美国的三次金融立法看“金融自由化”的历史命运》,《国外社会科学》2016年第1期。

[9]克里斯蒂安·福克斯:《批判的全球化研究:对新帝国主义的经验和理论分析》,赵君夫译,《高校马克思主义理论研究》2016年第1期。

[10]列宁:《列宁专题文集:论资本主义》,北京:人民出版社,2009年。

[11]马慎萧、兰楠:《次贷危机后美国经济金融化趋势是否逆转?》,《政治经济学评论》2021年第2期。

[12]玛丽亚·N. 伊万诺娃:《马克思、明斯基与大衰退》,张雪琴译,《政治经济学报》2014年第1期。

[13]美国金融危机调查委员会:《金融危机调查报告》,王欣红、刘洪峰、肖艳译,北京:社会科学文献出版社,2013年。

[14]热拉尔·迪蒙、多米尼克·莱维:《新自由主义与第二个金融霸权时期》,丁为民、王熙译,《国外理论动态》2005年第10期。

[15]唐纳德·托马斯科维奇—迪维、林庚厚:《收入不平等、经济租金和美国经济的金融化》,刘沆译,《政治经济学报》2015年第2期。

[16]托马斯·I. 帕利:《金融化:涵义和影响》,房广顺、车艳秋、徐明玉译,《国外理论动态》2010年第8期。

[17]王彬:《新自由主义的反思》,《金融博览》2017年第10期。

[18]王曙光:《金融自由化与经济发展》,北京:北京大学出版社,2003年。

[19]武海宝:《国外资本主义金融化研究的视角与问题——以激进政治经济学为中心》,《南京大学学报(哲学·人文科学·社会科学)》2020年第1期。

[20]西蒙·约翰逊、郭庚信:《13个银行家:下一次金融危机的真实图景》,丁莹译,北京:中信出版社,2010年。

[21]肖斌:《金融化进程中的资本主义经济运行透视》,成都:西南财经大学博士论文,2013年。

[22]雅克布·S. 哈克、保罗·皮尔森:《赢者通吃的政治:华盛顿如何使富人更富,对中产阶级却置之不理》,陈方仁译,上海:上海人民出版社、格致出版社,2015年。

[23]杨松、张永亮:《新自由主义、金融危机与金融监管体制之变革》,《法学杂志》2012年第1期。

[24]约翰·B. 福斯特、汉娜·霍尔曼:《美国金融危机与美国金融权力精英》,王轼颖、马睿翔译,《国外理论动态》2010年第12期。

[25]约翰·贝拉米·福斯特:《资本主义的金融化》,王年咏、陈嘉丽译,《国外理论动态》2007年第7期。

[26]臧秀玲、杨帆:《金融垄断资本全球扩张的动因和影响》,《山东大学学报(哲学社会科学版)》2014年第1期。

[27]张晨、马慎萧:《新自由主义与金融化》,《政治经济学评论》2014年第4期。

[28]朱安东、王佳菲、蔡万焕:《新自由主义:救世良方还是经济毒药》,《经济导刊》2014年第11期。

Neoliberalism and the Logic of Financialization of Economy

Lu Baolin Feng Xinchen Wu Jiasheng

Abstract The financialization of economy and the rise of neoliberalism are the most prominent features of contemporary capitalism. It is true that the transformation of financialization depends on the public opinion environment and institutional conditions created by neoliberalism, however, the rise of neoliberalism is not due to the "revenge" of financial groups. Although the neoliberal reform is committed to restoring the overall interests of the bourgeoisie, the power of industrial capital tends to decline while that of financial capital keeps rising in the neoliberal era. The global financial crisis in 2008 fully exposed the essential defect of laissez-faire financial development, but the methods taken to alleviate the crisis were to issue additional currency. The main reasons that the trend of financialization of economy is difficult to reverse are as follows: the political influence of financial groups is tremendous, the concept of neoliberalism is deeply rooted, and the path dependence on the finance-oriented growth model is formed.

Key Words Financialization; Neoliberalism; Financial Capital

发达工业社会批判:马尔库塞"虚假需要"理论的跨学科探析

李 静

内容提要 "虚假需要"这一概念是法兰克福学派的重要代表人物马尔库塞在《单向度的人》一书中提出的。作为发达工业社会填充虚假市场的主要手段,虚假需要的本质在于满足资产阶级对于超额剩余价值的追求。虚假需要是外界强加或植入给人的,不是人的本真需要,与人的幸福没有必然联系。虚假需要通过广告、促销和公关等市场营销手段在全社会广泛传播,给人带来了无尽的精神痛苦,使人进入异化的更高阶段,阻碍了社会的进步。虚假需要的破解之道在于个人对受奴役状态的觉悟、制度更替以及审美革命。

关键词 虚假需要;马尔库塞;发达工业社会;幸福;审美

中图分类号 B089.1

"虚假需要"是法兰克福学派的代表人物马尔库塞在《单向度的人——发达工业社会意识形态研究》一书中提出的。在马尔库塞看来,人的需要可以分为真实需要与虚假需要,虚假需要是"为了特定的社会利益而从外部强加在个人身上的那些需要,使艰辛、侵略、痛苦和非正义永恒化的需要"[①]。虚假需要"取决于个人所无法控制的外力,这些需要的发展和满足是受外界支配的"[②]。虚假需要对现行的社会制度和利益是可取和必要的,是"要求压制的势力占统治地位的社会的产物"[③],并常常表现为社会需要。在发达工业社会,通过"新闻媒介"的灌输力量,社会需要能被成功地移植成个人的需要。[④]因此,现行的大多数需要,诸如娱乐、按广告宣传来处世和消费、爱和恨别人之所爱和所恨,

---

作者简介:李静,中国社会科学院马克思主义研究院博士后。

基金项目:本文系 2020 年度国家社科基金重大项目"改革开放以来中国发展道路的政治经济学理论创新与历史经验研究"(20&ZD052)的阶段性成果。

① 〔美〕赫伯特·马尔库塞:《单向度的人——发达工业社会意识形态研究》,刘继译,上海:上海译文出版社,2008 年,第 6 页。

② 〔美〕赫伯特·马尔库塞:《单向度的人——发达工业社会意识形态研究》,刘继译,上海:上海译文出版社,2008 年,第 6 页。

③ 〔美〕赫伯特·马尔库塞:《单向度的人——发达工业社会意识形态研究》,刘继译,上海:上海译文出版社,2008 年,第 6 页。

④ 〔美〕赫伯特·马尔库塞:《单向度的人——发达工业社会意识形态研究》,刘继译,上海:上海译文出版社,2008 年,第 8 页。

都属于虚假需要。[①] 本文将结合心理学、市场营销学、美学等理论对虚假需要进行深入分析，由此来揭示马尔库塞对发达工业社会的批判。

一、虚假需要发展的历史阶段

从马尔库塞的论述中可以看出虚假需要具有以下特点：第一，虚假需要并不是没有任何真实成分或完全凭空构造出来的需要，而是虚假成分已经占据主导地位的需要，纯粹的虚假需要是不存在的。第二，尽管马尔库塞没有给出区分真实需要与虚假需要的明确标准，但他认为这一问题必须“由一切个人自己来回答”[②]。虚假需要是由外界灌输或强加于人的，不是人内心最为本真的需要，因此即便得到满足，主体的感受却是“不幸之中的欣慰”[③]，甚至是艰辛、痛苦等。由此可以得出一个区分真实需要与虚假需要的标准——看其与人的幸福是否有必然的联系。[④] 真实需要得到满足后，人会感到幸福，而虚假需要的满足却不会给人带来必然意义的幸福。第三，虚假需要是资本主义发展到一定历史阶段的产物，马尔库塞将其称为一种“历史性的需要”[⑤]。为了更好地理解虚假需要的内涵，需要将其置于资本主义发展的整个历史进程中进行考察。

作为封建制度自我否定的产物，资本主义摒弃了自给自足的自然经济，实现了社会化大生产。自产生至今五百余年的发展历程中，资本主义极大地提高了劳动生产率和产品质量，降低了生产成本，给人类社会带来了翻天覆地的巨变。然而，在马克思主义看来，资本主义发展过程中始终存在着“市场的扩张赶不上生产的扩张”[⑥]这一矛盾。也就是说，生产和市场的扩张速度不能实现一致，这是贯穿资本主义发展始终的一对矛盾。因此，从市场扩张的角度可以把资本主义的发展分为三个主要阶段[⑦]：

第一阶段从18世纪60年代至20世纪30年代，这一时期是资本主义生

① 〔美〕赫伯特·马尔库塞：《单向度的人——发达工业社会意识形态研究》，刘继译，上海：上海译文出版社，2008年，第6页。

② 〔美〕赫伯特·马尔库塞：《单向度的人——发达工业社会意识形态研究》，刘继译，上海：上海译文出版社，2008年，第7页。

③ 〔美〕赫伯特·马尔库塞：《单向度的人——发达工业社会意识形态研究》，刘继译，上海：上海译文出版社，2008年，第6页。

④ 兰俏枝、高德步：《基于“虚假需求”理论的当代资本主义批判》，《人民论坛·学术前沿》2018年第6期。

⑤ 〔美〕赫伯特·马尔库塞：《单向度的人——发达工业社会意识形态研究》，刘继译，上海：上海译文出版社，2008年，第6页。

⑥ 《马克思恩格斯选集》第3卷，北京：人民出版社，2012年，第806页。

⑦ 兰俏枝、高德步：《基于“虚假需求”理论的当代资本主义批判》，《人民论坛·学术前沿》2018年第6期；兰俏枝、高德步：《马克思主义市场扩张视角下的资本主义发展阶段——资本主义历史分期的一种新尝试》，《湖南大学学报(社会科学版)》2018年第3期；杨丽丽：《马克思主义生产和市场矛盾视角下的资本主义发展阶段新论》，《高校马克思主义理论研究》2020年第2期。

产与现实市场扩张矛盾主导的阶段。该阶段的初期是资本主义的上升时期，社会对商品的需求大于供给，资本主义表现出极强的进步性。正如马克思所言，“资产阶级在它的不到一百年的阶级统治中所创造的生产力，比过去一切世代创造的全部生产力还要多、还要大”①。当第一个行业的总生产能力超过市场总容量的时候，就进入抢夺市场阶段。由于市场经济存在盲目性、自发性、滞后性等弊端，在这一阶段中经济危机总是周期性地发生。

第二阶段从20世纪30年代至20世纪70年代，这一阶段是资本主义生产与未来市场扩张矛盾主导的阶段。在这一时期，资本主义世界遭遇了1929—1933年的经济危机。在大萧条之下，凯恩斯主义应运而生。在《就业、利息和货币通论》一书中，凯恩斯主张国家采用扩张性的经济政策，强调政府干预经济的必要性，提出通过生产或开拓未来市场来克服生产过剩和失业等思想。② 在凯恩斯主义的指导下，“二战”后资本主义世界经历了二十多年的繁荣发展。然而，凯恩斯经济政策的实质是寅吃卯粮，虽能够缓解资本主义的基本矛盾，但无法从根本上消除资本主义的痼疾。当未来几年或几十年的市场被全部占领以后，资本主义仍会爆发生产过剩的危机。

第三阶段从20世纪70年代以来至今，这一阶段是资本主义生产与虚假市场扩张矛盾主导的阶段，这是发达工业社会的主要特征之一。值得注意的是，虚假市场早已有之，但在70年代以前并不占据主导地位。虚假市场是在虚假需要的基础上构建出来的，其本质在于满足资产阶级对于超额剩余价值的追求。这一时期现实市场、未来市场和虚假市场并存，三者一起构成了资本主义社会GDP的高速增长。借助于技术的进步和宣传手段的多样化，这一阶段中虚假需要在全社会畅行其道，人们对于幸福的体验被扭曲，进而陷入了无尽的精神痛苦之中，并引发了一系列社会问题。

从总体上看，虚假市场的发展经历了初始阶段、扩张阶段和严重阶段。由于各个国家经济发展水平不同，虚假市场形成的时间也有差异，本文仅以美国为例进行说明。从19世纪末期至20世纪30年代是美国虚假市场发展的初始阶段。1776年建国后的很长一段时间中，美国深受清教文化影响，崇尚勤俭节约，反对铺张浪费，虚假需要几乎没有存在的空间。1894年，美国工业产值跃居世界首位，飞速发展的经济极大地冲击着传统的节俭文化。在这一时期美国实现了大规模批量化生产，从而极大地丰富了物质商品的种类，并降低了商品的生产成本和价格。与此同时，分期付款这一信贷消费方式开始盛行，普通消费者可以借此购买其想要的商品。长此以往，享乐主义逐渐被人们接

---

① 《马克思恩格斯选集》第1卷，北京：人民出版社，2012年，第405页。

② 〔英〕约翰·梅纳德·凯恩斯：《就业、利息和货币通论》，陆梦龙译，北京：中国社会科学出版社，2009年。

受，美国社会开始向消费文化转型。[①] 借助于广告和电影等传播媒介，当时的普通民众对于奢侈品的虚假需要逐渐增多，虚假市场初步形成，这一阶段一直持续到20世纪30年代经济大萧条时期。

从20世纪30年代经济大萧条过后至20世纪70年代是美国虚假市场的扩张阶段。大萧条期间，美国积压了大量商品，急需扩大销量。在此背景下，美国信用消费在大萧条过后达到了第一个高峰，并持续到第二次世界大战爆发。"二战"期间，美国信用消费出现了短暂衰退。[②] 战争结束后，美国成为资本主义世界头号强国，经济迅猛发展，消费信贷在规模上和速度上都比战前有了更大的发展。50年代，信用卡开始出现；60年代，随着"婴儿潮"的出现，美国消费信贷呈现巨大发展之势。在消费信贷便利化的同时，广播、彩色电视、电影、录像等大众传媒技术也有了更大的发展。在这一背景下，虚假需要被更多地制造出来，虚假市场呈现扩张之势。

从20世纪70年代至今是虚假市场发展的严重阶段。20世纪70年代，西方主要资本主义国家普遍出现了"滞胀"现象，这使凯恩斯主义受到质疑，新自由主义悄然兴起。新自由主义主张"唯市场化""唯自由化""唯私有化"和"唯个人化"，其影响逐渐遍及经济、政治、文化、社会生活等领域。新自由主义促使美国金融业飞速发展，消费信贷也极度膨胀。90年代，信用卡取代了现金和支票。20世纪末期，强烈的消费欲望渗透到了美国社会的各个阶层[③]，越来越多的美国人把琳琅满目的消费品看作生活必需品。借助于多样化和便利化的消费信贷，许多人接受了"我买故我在"的理念，过上了过度消费的生活。然而，这样的生活却在"前所未有的富裕中保留着痛苦"[④]。在这一时期，虚假需要泛滥成灾，虚假市场进入前所未有的严重阶段，人们生活的直观感受便是"有物质没幸福"。

二、虚假需要的心理机制

"幸福与否"是检验真实需要与虚假需要的试金石。虚假需要与人的幸福没有必然联系，即使拥有了也不一定幸福，甚至还是精神痛苦的来源，只有真实需要才能决定人的幸福。

所谓幸福，是指人们在物质生活和精神生活中，由于实现了自己的理想和目标而引起的精神的满足，表现为对个人境遇的称心如意而感到心情舒畅。

---

① 郭立珍：《20世纪初期美国消费文化转型考察》，《北方论丛》2010年第1期。

② 郭畅：《美国二战后消费信贷的发展和原因》，《商业研究》2000年第11期。

③ 〔美〕朱丽叶·斯格尔：《过度消费的美国人》，尹雪姣、张丽、李敏译，重庆：重庆大学出版社，2010年，第55页。

④ 〔美〕赫伯特·马尔库塞：《单向度的人——发达工业社会意识形态研究》，刘继译，上海：上海译文出版社，2008年，导言第4页。

幸福是人在心理能量释放时产生的一种感受。心理能量亦称"心理能",属于分析心理学术语。分析心理学家认为人的整个有机体是一个能量系统,除了生理过程中存在的机械能、电能和热能之外,还存在着发源于心理过程的心理能,它同样服从能量转化和守恒定律。心理能量的物质基础是神经递质。"已发现神经递质存在于脑、脊髓、外周神经,甚至某些腺体中。并已发现脑中存在着30种以上的神经递质"[①],其中包括肾上腺素、去甲肾上腺素、乙酰胆碱、多巴胺等化学物质。这些神经递质从一个神经元到另一个神经元的过程中,就会产生电位差,也就是电过程。这种在神经元之间的电化学反应,就是人的各种心理活动。一个正常人每天吃饭、睡觉等活动会自发积累心理能量。心理能量积累到一定程度后要释放,这就如同一个水库的水到达一定的水位就要释放一样,由此便构成人的各种心理活动和行为的原始动力。心理能量在释放的过程中会给人带来不同程度的幸福感;相反,如果心理能量积累过多而又不能有适当的条件释放,就会产生精神痛苦甚至心理问题。

在心理学发展史上,弗洛伊德(Sigmund Freud)首次将人的心理划分为无意识(潜意识)、前意识和意识这三个层次,由此开启了人类科学认识复杂心理现象的历史。后世心理学家在弗洛伊德理论的基础上不断进行完善和发展,并取得了丰富的成果。厦门大学杨春时教授将人的心理划分为无意识、非自觉意识和自觉意识三个层次,其中无意识是深层结构,非自觉意识是中层结构,自觉意识是表层结构。[②] 与此对应,人的认识水平也被划分为感性阶段、知性阶段和理性阶段(超越性阶段)。在不同的心理层次和认识水平下,人的心理表现出不同的特征。

表1　现实意识系统的结构模型

认知水平 / 心理层次	感性	知性	理性(超越性)
自觉意识	表象	概念	范畴
非自觉意识	意象 (直观联想/情绪欲望)	意象 (直觉想象/情感意志)	意象 (审美意识)
无意识	原始意象 (原始欲望/原始逻辑)		

资料来源:杨春时:《美学》,北京:高等教育出版社,2004年,第107页。引用时做了部分改动。

从心理层次的角度来看,幸福发生在人的无意识和非自觉意识层次。具体而言,无意识在人类心理进化过程中最早产生,没有明显的意识水平分化,

① 孟昭兰:《普通心理学》,北京:北京大学出版社,1994年,第41页。
② 杨春时:《美学》,北京:高等教育出版社,2004年,第101页。

无意识中的原始欲望,如食、性、睡等本能需要的满足可以让人产生极大的快感①,这构成了人类幸福感的重要来源。非自觉意识是人类心理活动的控制中心,从认知水平来看,人的情绪欲望发生在非自觉意识的感性阶段,人的情感意志发生在非自觉意识的知性阶段,人的审美意识发生在非自觉意识的理性阶段。情绪、情感和审美是通过人的需要与客观事物的关系来表现的。只有那些与人的需要有关的事物,才能引起人的情感变化。情绪具有较大的"情景性、激动性和短暂性"②,因此常用情绪来表达狂热的欣喜、强烈的愤怒或持续的忧郁等感受。情感具有"较大的稳定性和深刻性"③,因此常被用来表达高尚的道德情操、精湛的艺术感受之类的体验。审美意识是非自觉意识的最高形式,具备"意象性、非逻辑性、情感性"④等特征,审美意识是对生存意义的直接体验,是普遍的自由意识。

自觉意识层次没有幸福感可言。自觉意识在感性、知性和理性阶段的认知分别是表象、概念和范畴,这是人的形式逻辑经过抽象思维得到的结果,与幸福无关。自觉意识的主要特征是理性,它往往以说"不"(否定)的形式来呈现。自觉意识以束缚人的情感为前提,它的发生只是为了弥补非自觉意识在认知和判断方面的不足,同时避免感情用事。一个人自觉意识使用越多,理性越强,就越容易积累心理能量。心理能量积累得越多,人感受就越痛苦。

人对幸福有不同的体验。具体来说,幸福的体验由低到高可以细分为舒服、惬意、愉悦、自豪、崇高、美感等。无意识中的幸福感主要包括舒服和惬意。舒服是人和动物都具备的一种感受,属于生理层次的幸福,如:品尝美酒佳肴,通常会让人感到很舒服。惬意是因(生理或心理)意愿得到满足而轻松畅快,因而是一种生理—心理性的感受,如:初夏的傍晚在雨后的花园中散步,这种身心感受便是惬意。非自觉意识层次中的幸福感包括愉悦、自豪、崇高和美感⑤。从人的心理层次以及不同的幸福体验划分可以看出,无意识中的幸福体验与物质条件的联系较为紧密,而非自觉意识中的幸福体验与物质条件并没有必然的联系。也就是说,客观物质条件是幸福的弱必要条件(即可以被替代或弱化的条件)。物质条件好,并不意味着人一定活得幸福;物质条件差,也并不意味着人一定活得痛苦。较高水平的幸福感往往是在为他人、为社会的奉献中体会到的。

在发达工业社会中,人们常把客观条件(物质资料)的获得当作幸福。

---

① 快感是一种感官上的快适和生理上的舒畅感受。快感与人们常说的美感不同,它是对象引起的一种生理反应。这种生理快感与个体的生理需要、物质欲求直接联系在一起。

② 曹日昌:《普通心理学》(合订本),北京:人民教育出版社,2012年,第371页。

③ 曹日昌:《普通心理学》(合订本),北京:人民教育出版社,2012年,第371页。

④ 杨春时:《美学》,北京:高等教育出版社,2004年,第108页。

⑤ 美感是由审美而获得的感受和体验,其主要特征是精神的愉悦和赏心悦目。

这些条件得不到时会痛苦，得到了也不会获得必然的幸福，甚至可能是痛苦的源泉，因为这些所谓的幸福是自觉意识分析论证的结果，而不是非自觉意识中的真实感受。例如，许多美国人深信幸福生活必须要拥有郊区独栋住宅、带游泳池的度假公寓、豪华的私家车、名牌服装、收入不菲的工作等。然而，他们却不怎么认同幸福生活必须拥有美好的婚姻、生几个小孩子、找一份有意思的工作，或者做一个造福人民、造福社会的人。事实上，前者主要是社会灌输给大众的关于幸福的标准，即使具备这些条件也不见得幸福，甚至还可能是痛苦的诱因；而后者却是非自觉意识中的真实感受，高水平的幸福主要是由后者决定的。用自觉意识中的幸福概念或标准去替代非自觉意识中的幸福体验，这便是虚假需要产生的心理机制，这种思维方式也被称之为“工具理性”。

在马尔库塞看来，发达工业社会通过潜化（introjection，即“自动重复社会所施加的外部控制并使之永恒化”）和模仿（mimesis，即“个人同他的社会，进而同整个社会所达到的直接的一致化”）等手段，使个人同他的社会实现“直接的、自动的一致化过程”[①]。在工具理性思维的指引下，“人们似乎是为了商品而生活。小轿车、高清晰度的传真装置、错层式家庭住宅以及厨房设备成了人们生活的灵魂”[②]。更有甚者，“对于晚期资本主义来说……一再唤起新的需要，使人们去购买最新的商品，并使人们相信他们实际上需要这些商品，相信这些商品能满足他们的需要，结果是使人们完全屈从于商品世界的拜物教，并以此方式甚至在人们的需要中再生产着资本主义制度”[③]。面对这种工具理性的思维方式，马尔库塞指出，只要人们仍旧处于“不能自治的状态”，只要人们“接受灌输和操纵”[④]，人们就很难区分真实需要与虚假需要。

三、虚假需要的传播路径

虚假需要是被人为制造出来的，之所以能在全社会普遍流行，市场营销在其中发挥了不可替代的作用。具体而言，通过使用一系列营销战略以及营销组合，人在不知不觉中购买了许多非本真需要的商品，并用这些有形的实实在在的商品来向外界证明自己很幸福。

市场营销是一种企业职能，通过识别顾客的需要和欲望，确定企业和所能

---

① 〔美〕赫伯特·马尔库塞：《单向度的人——发达工业社会意识形态研究》，刘继译，上海：上海译文出版社，2008 年，第 9—10 页。

② 〔美〕赫伯特·马尔库塞：《单向度的人——发达工业社会意识形态研究》，刘继译，上海：上海译文出版社，2008 年，第 9 页。

③ Herbert Marcuse, Karl Popper, *Revolution or Reform? A Confrontation*. New Brunswick: Transaction Publishers, 1985, p. 67.

④ 〔美〕赫伯特·马尔库塞：《单向度的人——发达工业社会意识形态研究》，刘继译，上海：上海译文出版社，2008 年，第 7 页。

提供最佳服务的目标市场,并且设计适当的产品、服务和项目以满足这些市场的需求。市场营销的背后是一个庞大的人员网,以及为获得顾客的“钞票和注意”[①]而进行的大量活动。通过有效地进行市场细分、产品组合、新产品开发、产品定价、销售管理、营销传播战略整合等一系列途径,企业成功地将生产出来的产品销售出去。虚假需要主要发生在消费品而非工业品领域。在市场营销中,销售消费品的常用手段包括:广告、促销和公共关系。[②] 这些手段对人的心理有哪些影响?如何引导人购买非本真需要的商品?下面将结合心理学理论进行具体的分析。

并非所有广告都属于营销,但在发达工业社会中,广告却是制造虚假需要的最主要、最常用的手段。广告扮演的社会角色是“向购买者通报市场情况”[③],广告的目标主要是为了宣传、劝说或提醒,其实质在于让消费者以某种特定的方式对产品做出反应。一个广告是否有效,取决于该广告能否向顾客传递出有效的广告信息。广告信息不仅依赖于所说的内容,还取决于表达的方式。因此,一个好的广告必须考虑到传递风格、语调、措辞及格式等因素。[④]广告有助于商家间接推销商品,因而可以引发快速销售,也可以为某个产品建立一个长期的形象,而这首先是通过媒体来实现的。登载广告的媒体主要包括:报纸、电视、电影、互联网、智能手机、直邮、广播、杂志、户外广告等。每种媒体的侧重点不同,宣传效果也会有所差别。总的来说,广告通过图像、人物、语言、文字、声音等作用于人的视觉和听觉,由此在人的非自觉意识中形成相应的意象,并促使人对所宣传的产品产生情绪欲望。也就是说,通过营造氛围、构造幻境、片面展示、采取特殊感召手段等方式,广告会赋予商品特殊的符号意义,并让人在大脑中形成关于所宣传的商品的虚假而美好的意象,进而诱发人的购买欲望,促使人实施购买行为。例如,汽车广告中常出现成功人士开着豪华汽车在马路上飞驰而过的画面,很多人在广告宣传攻势下不禁产生这样一种感觉:自己若购买同款商品,也会享受到广告中那种成功感、潇洒感和幸福感。然而,真正买到车后面临的现状却是堵车、停车位难找、油价上涨、车辆剐蹭等问题,很多人还得按揭还车贷。广告宣传中开豪车时那种风驰电掣般的感觉在现实生活中很少能体会到,很多人反倒因买豪车带来的一系列问题而感到烦恼。

在互联网和移动终端高速发展的时代,商品的品牌具有前所未有的重要

---

① 〔美〕菲利普·科特勒、加里·阿姆斯特朗:《市场营销》,俞利军译,北京:华夏出版社,2003年,第6页。

② 〔美〕菲利普·科特勒、加里·阿姆斯特朗:《市场营销》,俞利军译,北京:华夏出版社,2003年,第297页。

③ 〔美〕马克斯·霍克海默、西奥多·阿道尔诺:《启蒙辩证法》,渠敬东、曹卫东译,上海:上海人民出版社,2006年,第147页。

④ 〔美〕菲利普·科特勒、加里·阿姆斯特朗:《市场营销》,俞利军译,北京:华夏出版社,2003年,第311页。

意义,“一切没有贴上广告标签的东西,都会在经济上受到人们的怀疑”①。品牌具有较高的可见性,象征着社会等级差异和消费者身份及品味差异,“物质商品的象征意义一旦形成就不大容易改变”②。正因为如此,在发达工业社会中,人们对于品牌,尤其是名牌有着强烈的追求。在广告的宣传下,这种追求反过来会加剧虚假需要在全社会的扩张。例如在美国,凯迪拉克轿车被定义为“同类中最为出色、最具声望的事物”,被一向以追求极致尊贵著称的伦敦皇家汽车俱乐部冠以“世界标准”的美誉。在品牌效应和广告宣传的共同作用下,一些人在购车时宁可背负高昂的贷款也首选凯迪拉克高级轿车。然而,从根本上说,人们购车首先是为了满足代步工具这一真实需要,市场上有许多性价比更高的汽车品牌可供选择,贷款购买凯迪拉克轿车很大程度上是外界灌输的一种虚假需要。

随着科学技术的飞速进步,虚假需要在更大范围内被制造出来,形式上也更加花样繁多。具体来说可以包括:一系列人为创立的购物狂欢节、互联网和移动终端设备上各种应用程序24小时不间断的广告推送、“网红”在线直播带货以及影视剧中的软性广告植入等。扑面而来甚至是定向精准推送的各类广告使人更加难以区分虚假需要和内心真实需要。当人在非自觉意识中接受了广告的宣传后,便会逐渐沉浸在商品世界中,丧失批判和否定精神,并在不知不觉中按照社会的宣传行事,购买许多并非本真需要的产品。正由于此,马尔库塞才强调“产品起着思想灌输和操纵的作用,它们引起一种虚假的难以看出其为谬误的意识”③。琳琅满目的商品构成了一种比以前好得多的生活方式,但这种生活方式“阻碍着质的变化”,由此便出现了一种“单向度的思想和行为模式,在这一模式中,凡是其内容超越了已确立的话语和行为领域的观念、愿望和目标,不是受到排斥就是沦入已确立的话语和行为领域”④。

促销是制造虚假需要的另一个手段。促销指短期的宣传行为,目的是鼓励购买的积极性,或宣传一件产品、提供一种服务。在商业发展的早期阶段便产生了促销的思想,在资本主义发展到第三阶段后这种手段被大规模地应用。当前主要的消费者促销手段包括样品、赠券、现金偿还、价格包装(如一揽子折价)、奖励、特殊广告等。⑤ 从根本上说,促销利用了“贪图便宜”的心理,通过

① 〔美〕马克斯·霍克海默、西奥多·阿道尔诺:《启蒙辩证法》,渠敬东、曹卫东译,上海:上海人民出版社,2006年,第147页。

② 〔美〕朱丽叶·斯格尔:《过度消费的美国人》,尹雪姣、张丽、李敏译,重庆:重庆大学出版社,2010年,第59页。

③ 〔美〕赫伯特·马尔库塞:《单向度的人——发达工业社会意识形态研究》,刘继译,上海:上海译文出版社,2008年,第11页。

④ 〔美〕赫伯特·马尔库塞:《单向度的人——发达工业社会意识形态研究》,刘继译,上海:上海译文出版社,2008年,第11页。

⑤ 〔美〕菲利普·科特勒、加里·阿姆斯特朗:《市场营销》,俞利军译,北京:华夏出版社,2003年,第319页。

各种手段给人提出了"现在就买"[①]的理由,由此给人构造了一种"自己赚了"的虚假感觉。通过促销购买商品的过程也是心理能量释放的过程,人在这个过程中会有一定程度的幸福感。事实上,即使是促销商品也遵循商品定价的基本要求,即商品价格的下限是由成本决定的,而上限则是由市场和需求决定的。促销商品的价格只是在价格的下限和上限之间做了某些调整,以此来诱导消费者购买更多非本真需要的商品。

公共关系在虚假需要的构造上也发挥了一定的作用。公共关系即通过获得有利的公众宣传而与公司的不同客户建立良好的关系,建立良好的"公司形象",对付或消除不利的谣言、传闻或事件。[②] 通过新闻故事、特写及活动等,公共关系显得比广告更加可信。常用的公关工具包括新闻、演说和特别活动,如新闻发布会、焰火展示、多媒体展示、展览会等。[③] 在发达工业社会中,公关在企业发展和产品销售中起到了越来越重要的作用。

随着科学技术的不断发展,虚假需要通过更多途径并以更加巧妙的方式深入人们的日常生活中,人们对此已经习以为常,丧失了批判能力,甚至"如果没有一切广告、没有一切灌输性的新闻媒介和娱乐媒介,就将使人陷入创伤性的空虚之中"[④]。然而,虚假需要如同喝盐水止渴,非但不能满足人的本真需要,反而会让人越陷越深,痛苦越来越多。面对虚假需要,人要在幸福这一标准的指引下以更加审慎的态度对其进行甄别。

四、虚假需要的危害与解决之道

虚假需要的盛行会给人类带来很多严重的后果,甚至阻碍社会的前进和发展。概括起来,虚假需要的危害主要体现在以下几个方面:

第一,虚假需要会给人带来无尽的精神痛苦。从心理层次来看,社会通过各类新闻媒体宣传许多关于幸福的标准,如幸福就是要拥有别墅、豪车、金钱等,这些外在的抽象标准直接作用于人的自觉意识,人经过理性分析后接受这些标准,进而在这些标准的指引下购买并非自己本真需要的商品,甚至还用自觉意识中的这些标准来判断自己是否幸福。然而,由于幸福只能在无意识和非自觉意识中感受到,受操纵的自觉意识认为是幸福的东西在非自觉意识中

① 〔美〕菲利普·科特勒、加里·阿姆斯特朗:《市场营销》,俞利军译,北京:华夏出版社,2003年,第317页。

② 〔美〕菲利普·科特勒、加里·阿姆斯特朗:《市场营销》,俞利军译,北京:华夏出版社,2003年,第323页。

③ 〔美〕菲利普·科特勒、加里·阿姆斯特朗:《市场营销》,俞利军译,北京:华夏出版社,2003年,第323—324页。

④ 〔美〕赫伯特·马尔库塞:《单向度的人——发达工业社会意识形态研究》,刘继译,上海:上海译文出版社,2008年,第194页。

可能会觉得痛苦不堪，虚假需要引发的精神痛苦便由此产生。

精神痛苦往往与精神疾患相联系。精神疾患多种多样，表现可能各不相同，它们的一般特点包括异常的思维、观点、情绪、行为以及与他人的关系。精神疾患主要包括抑郁症、双相情感障碍、精神分裂症和其他精神病。抑郁症是一种常见的精神疾患，也是世界范围内造成精神障碍的主要原因之一，全球各年龄层共有约 3.5 亿人患有抑郁症。① 此外，全世界有约 4 500 万人受双相情感障碍影响，超过 2 000 万人受精神分裂症影响。② 除了精神疾患之外，许多人在精神痛苦难以忍受之时会选择自杀。据世界卫生组织统计，全球每年约有 80 万人死于自杀，每 40 秒有 1 人自杀身亡，自杀未遂则是自杀死亡的 25 倍。从总体上看高收入国家的自杀率最高，为每 10 万人 11.5 例。③ 这一数据从侧面表明发达工业社会的人们面临更加严重的精神痛苦，而这同虚假需要的盛行有一定关系。

第二，虚假需要盛行会使人进入“异化的更高阶段”④。异化是“客体与主体的一种对立状态，即主体在实践活动中产生的客体，脱离了主体变成一种外在的异己力量，反过来又控制、支配和统治主体”⑤。马克思在《1844 年经济学哲学手稿》中从劳动是人的自由自觉的“类”本质这一前提出发，提出了“异化劳动”的概念。在马克思看来，劳动应该是劳动主体主动创造对象以实现自身的活动，应该体现着劳动主体的本质，但在私有制条件下，劳动却变成了一种不依赖于劳动主体并反过来支配和奴役其自身的活动，因而劳动具有了异化的性质。异化劳动主要表现为：劳动成果与劳动相异化；劳动本身与劳动者相异化；劳动者同他的类本质相异化；人与人相异化。⑥

马克思关于异化的思想对于后世研究者产生了重要的影响。在发达工业社会中，人面临的异化程度比马克思所揭示的更严重，这是因为在这样的社会中个体已经不再具有否定精神，并认为“自己同强加于他们身上的存在相一致并从中得到自己的发展和满足”⑦。由于这种一致化过程并非虚构而是现实，发达工业社会便出现了这样一种情况：主体被异化，主体所面临的存在也被异化，因此便有“异化了的主体被其异化了的存在所吞没”⑧这样一种客观事实，

① 世界卫生组织：《抑郁症》，https://www.who.int/topics/depression/zh/. 2020 年 3 月 25 日。

② 世界卫生组织：《精神疾患》，https://www.who.int/zh/news-room/fact-sheets/detail/mental-disorders. 2019 年 11 月 28 日。

③ 世界卫生组织：《自杀：每 40 秒钟就有一人死亡》，https://www.who.int/zh/news-room/detail/09-09-2019-suicide-one-person-dies-every-40-seconds. 2019 年 9 月 9 日。

④ 〔美〕赫伯特·马尔库塞：《单向度的人——发达工业社会意识形态研究》，刘继译，上海：上海译文出版社，2008 年，第 10 页。

⑤ 徐光春：《马克思主义大辞典》，武汉：崇文书局，2017 年，第 115 页。

⑥ 马克思：《1844 年经济学哲学手稿》，北京：人民出版社，2014 年，第 45—56 页。

⑦ 〔美〕赫伯特·马尔库塞：《单向度的人——发达工业社会意识形态研究》，刘继译，上海：上海译文出版社，2008 年，第 10 页。

⑧ 〔美〕赫伯特·马尔库塞：《单向度的人——发达工业社会意识形态研究》，刘继译，上海：上海译文出版社，2008 年，第 10 页。

这也就是马尔库塞所说的“异化的更高阶段”。在这样一个丧失了否定性和批判性的社会中，个体从思想上被奴役，自然而然地接受外界强加的标准，由此虚假需要得以畅行其道，人的异化程度会更加深重。

第三，虚假需要还会阻碍社会的进步与发展。在经典马克思主义理论中，人类社会的历史是阶级斗争的历史，在资本主义社会中无产阶级和资产阶级是两个相互对立的阶级，二者有着根本对立的结构、功能与利益诉求。无产阶级的历史使命就是摧毁资本主义的政治设施，但保留它的技术设施并使它从属于社会主义。然而，发达工业社会中“资本主义的发展已经改变了这两大阶级的结构和功能，使他们不再成为历史变革的动因。维持和改善现制度这个凌驾于一切之上的利益，在当代社会最发达的地区把先前的敌手联合起来了”①。也就是说，在发达资本主义社会中，先前作为政治反对派而存在的政党放弃了暴力夺取政权的主张，而曾经作为社会革命力量的无产阶级，也随着机械化对劳动量和劳动强度的降低，随着蓝领工人向白领转化以及非生产性工人数量的增加，随着自动化和新技术对劳动者态度与意识的改变而逐步丧失了其原本的否定性和革命性，并与往日的敌人——资产阶级联合起来，共同维护资本主义制度，这时的人民已经从“先前的社会变革酵素”上升为“社会团结的酵素”。②

不仅如此，技术的进步还使发达工业社会把“为愈来愈多的人民提供一种愈来愈舒适的生活”③作为最高许诺，在富裕的生活水平上让人们满足于眼前的物质需要，而这需付出不再追求自由、不再想象另一种生活方式的代价。在这种丧失了否定性、批判性与超越性的社会中，社会通过不断生产新的需要实现了稳定与控制。至此，任何批判与否定资本主义的力量都被遏制了，社会的进步与发展受到阻碍。

发达资本主义社会是抑制性的社会，受管理的个人处于奴隶状态。通过把自觉意识中的幸福标准强加于整个社会，发达资本主义社会将其社会成员变成了全面管理的对象。面对着给人类自身以及社会进步都带来了巨大危害的虚假需要，其破解之道何在？发达资本主义社会的出路是什么？

在马尔库塞看来，“一切解放都有赖于对奴役状态的觉悟”，最可取的目标是“用真实的需要代替虚假的需要，抛弃抑制性的满足”④。也就是说，只有认识到自觉意识中幸福标准的受操纵性和欺骗性等特征，人们才有可能正确地

---

① 〔美〕赫伯特·马尔库塞：《单向度的人——发达工业社会意识形态研究》，刘继译，上海：上海译文出版社，2008年，导言第4页。

② 〔美〕赫伯特·马尔库塞：《单向度的人——发达工业社会意识形态研究》，刘继译，上海：上海译文出版社，2008年，第202页。

③ 〔美〕赫伯特·马尔库塞：《单向度的人——发达工业社会意识形态研究》，刘继译，上海：上海译文出版社，2008年，第21页。

④ 〔美〕赫伯特·马尔库塞：《单向度的人——发达工业社会意识形态研究》，刘继译，上海：上海译文出版社，2008年，第7页。

区分何为自觉意识中被构造的幸福概念、何为非自觉意识和无意识中的幸福体验，从而认清虚假需要的本质，真正回归幸福本身。

由于虚假需要是资本主义社会发展到一定阶段的产物，马尔库塞还指明了一种更为根本的解决路径，即“用另一种制度取代预定的制度”①。新的制度是从资本主义内部孕育出来的，是对资本主义制度的全面否定。这种制度更替应当是阿尔都赛所说的“意识形态的改变，而不是人的社会地位的改变。出身被压迫阶级的人可以取代压迫阶级的人在权力结构中的位置，而不改变结构本身，在这种情况下社会性质并没有改变”②。当然，社会制度的更替这一解决方式虽然很彻底，但却需要成熟的主客观条件以及恰当的历史时机，否则不太可能在短时间之内发生。

除此之外，解决虚假需要的另一种可行之道是审美。审美是自由的生存方式，是对现实的超越，因此具有对抗异化的解放作用。同时，审美还可以消除主客体之间的对立关系，消除人与世界的冲突，协调人与世界的关系。在审美中，世界不再是异己的客体，人摆脱了工具理性的奴役，恢复了与世界的血肉联系，世界重新成为人的世界，人重新成为人。在社会生活审美中，就会出现对人的充分同情、理解，人与人和谐共处的情况。③ 在审美状态，人能够在摆脱外界强加的各项标准的条件下实现高水平的幸福，这样一来，虚假需要产生的心理机制便无法起作用，人也才能真正回归到本真状态。

参考文献

[1]胡乐明：《“生活需要”的政治经济学分析》，《马克思主义研究》2019年第11期。

[2]刘明国、刘美娟：《论新时代人本主义国民经济核算体系》，《当代经济研究》2019年第7期。

[3]夏明月：《西方马克思主义的消费社会理论及其现实意义》，《海派经济学》2017年第2期。

A Critique of Advanced Industrial Society: An Interdisciplinary Analysis of Marcuse's Theory of "False Needs"

Li Jing

Abstract　The concept of "false needs" was proposed by Herbert Mar-

① 〔美〕赫伯特·马尔库塞：《单向度的人——发达工业社会意识形态研究》，刘继译，上海：上海译文出版社，2008年，第7页。

② 赵敦华：《现代西方哲学新编》（第二版），北京：北京大学出版社，2014年，第253页。

③ 杨春时：《美学》，北京：高等教育出版社，2004年，第241—247页。

cuse, an important representative of the Frankfurt School, in *One-Dimensional Man*. As the main means of filling the false market in an advanced industrial society, the essence of false needs is to satisfy the bourgeoisie's pursuit of excess surplus value. Instead of being the inner true needs of people, false needs are imposed on or transplanted into people from the outside world and therefore they are not necessarily related to people's happiness. False needs are widely disseminated throughout the society by marketing methods such as advertising, promotion and public relations. As a result, false needs bring endless mental suffering to people, which constitutes a higher stage of alienation and hinders social progress. The solution to false needs lies in individual consciousness of servitude, the replacement of capitalist system and aesthetic revolution.

Key Words False Needs; Herbert Marcuse; Advanced Industrial Society; Happiness; Aesthetics

经济全球化背景下中国经济发展的成就、挑战及对策

张芷寻

内容提要 改革开放40多年以来,中国经济的发展取得了举世瞩目的巨大成就。站在世界政治经济新格局的背景上,顾詹中国在世界经济浪潮中的经济发展历程、例数我国取得的改革发展的成就,总结发展过程中的经验,探其渊薮,对预测中国今后经济格局发展的动态、问题与挑战,补齐经济发展不平衡不充分的短板,扎实推进经济又好又快发展具有重大战略意义。本文认为自改革开放以来,我国经济发展的动力不断增进,经济发展结构不断调整,人民对美好生活的向往逐渐得以实现。随着经济全球化背景下的经济格局的深刻变化,在未来世界政治经济新秩序的博弈中,中国积极应对挑战并踊跃参与国际秩序的改革,用中国特色社会主义制度的力量引领新一轮经济全球化的发展方向。

关键词 经济全球化;经济发展;“一带一路”

中图分类号 F11.6

正如马克思、恩格斯在《共产党宣言》中所说:“资产阶级,由于开拓了世界市场,使一切国家的生产和消费都成为世界性的了。”[①]如今世界政治经济的格局也确实符合马克思与恩格斯的预言,各种世界区域国际经济组织的数量急剧增加,不同国家与地区间通过各种方式的联系和交流日趋紧密。党的十九大报告特别强调:“我们生活的世界充满希望,也充满挑战。我们不能因现实复杂而放弃梦想,不能因理想遥远而放弃追求。没有哪个国家能够独自应对人类面临的各种挑战,也没有哪个国家能够退回到自我封闭的孤岛”[②]。中国共产党第十九次全国代表大会的报告做出了如此重要的声明,是站在理论的高度上指出了当前经济全球化发展所面临的困境,而且提出了中国新时代对外开放的基本方向,并指出,中国提出的“一带一路”倡议对于

作者简介:张芷寻,上海理工大学马克思主义学院讲师。

①《马克思恩格斯选集》第1卷,北京:人民出版社,2012年,第404页。

② 习近平:《决胜全面建成小康社会 夺取新时代中国特色社会主义伟大胜利——在中国共产党第十九次全国代表大会上的讲话》,http://news.cctv.com/2017/10/27/ARTIw3x1nOMEAmnaiR1zWuUI171027.shtml.2017年10月27日。

促使经济全球化健康发展，建设新型世界政治经济新的格局具有重大的理论与现实的双重意义。中国在经济全球化的浪潮中开启了新的历史进程，追溯其根本原因，是我国在党的领导下，坚定不移地走中国特色社会主义道路，始终坚持社会主义基本经济制度，在推动经济快速健康增长的同时，也促进了国际间合作，维护世界和平与正义，推动构建平衡化的世界经济发展格局，在多极化经济全球化发展中发挥着重要作用。

一、经济全球化背景下中国经济发展的主要成就

（一）保持了经济持续性的快速健康增长

在经济全球化的背景之下，中国实行改革开放四十多年以来，在保持基本经济制度不变、不断进行全方位多角度的社会主义经济建设的同时，实现了经济持续高速增长的成就，为经济健康稳定发展打下了坚实的基础。从经济规模来看，中国实行改革开放四十余年的时间里，经济总产值从4 100.5亿元增加到了1 015 986.2亿元（数据来自中经网全国宏观年度库），目前已经跃居成为仅次于美国的全球第二大经济体，占全球经济总量的比重也得到了显著提高。中国当前1 015 986.2亿元的经济总量，已经达到美国GDP的三分之二。20世纪80年代，日本经济飞速发展后GDP达到美国的67%。此后，只有中国的经济总产值达到了这一水准。我国GDP总量在改革开放的四十余年中实现了174倍的增长，而人均GDP从119元提高到现如今的72 447元，也达到了实际近70倍的增长。其次，随着经济稳定发展和综合国力的增强，我国已经成为世界第二大经济体、货物贸易第一大国、外汇储备第一大国、服务贸易第二大国、使用外资第二大国和对外投资第二大国。在较短时间内，实现了高速且高质的经济增长奇迹。全球进入工业时代以来，中国是全球实现如此经济奇迹的唯一国家。

（二）达成了社会经济整体发展水平的全面提高

从宏观的角度看待中国的经济增长，可以看出中国在经济全球化背景之下的四十余年的发展过程中创下了经济奇迹。但是，经济发展的增量不仅仅只体现在经济增长的各项指标之中。人民生活水平的提高、社会福利的完善等也可以反映出中国经济增长中产生的问题和经济发展的实际情况，中国推动经济增长的最终目的是为了提高中国人民的生活水平。从中国人均GDP可以明显看出，1978年时，中国的人均国内生产总值仅381元人民币，同年印度的人均生产总值为中国的3倍，在世界范围内属于低收入国家；而2020年，中国人均国内生产总值已经高达72 447元人民币（近11 258美元），目前已达到中等偏上收入国家的水平。从人口预期寿命指标来看，中国的男性居民为72岁，中国的女性居民为75岁，已经高于世界人

口平均水平。并且,脱贫人口数量也是经济增长的一个显著体现。在经济全球化的背景之下,中国的贫困人口数量已经减少了七亿多人,中国脱贫攻坚战取得了全面胜利,现行标准下9 899万农村贫困人口全部脱贫。不仅如此,为世界范围内脱贫工作产生了巨大贡献。在整个人类发展史上写下了浓重的一笔,是改善人权的一项伟大成就。从基础设施的建设角度看全球化背景下的中国经济发展,也可以发现中国在国内乃至世界的重大贡献。中国在加入全球化的过程中,能源、交通运输、邮电通信、科教文卫等产业都取得了诸多举世瞩目的辉煌成就。

(三)升华了经济发展理念达到人类历史全新高度

中国是世界人口第一大国,中国的发展离不开世界,同时世界经济的发展也离不开中国。中国在2013年提出的"一带一路"倡议,是当前经济全球化的背景之下国际间合作的创新典范,表明了中国"先发展,后分享"的态度。国际间合作的同时秉持共商共建、成果共享的理念。中国认为在全球化的浪潮之下,新兴国家应在人民的发展和生存方面享有更平等的权利。将发展作为重中之重并且坚持规则是更好地为发展而服务的基本逻辑,以发展为第一要务。根据本国的发展经验和道路去实现观念创新和体制创新。"一带一路"是一个全新的对外开放发展理念,是为全球化中各国之间的共同发展而建立的合作平台和市场网络。在平等合作发展的实践中,绝不制定单方面国家主导的计划,集中精力采取行动,制定和规范规则。中国提出"一带一路"倡议的真正目的是为了促进发展中国家和世界经济的共同繁荣。对比其他国际组织,"一带一路"倡议更加符合发展中国家的国情,为经济全球化以及人类命运共同体的未来开辟更广阔的道路,提高了实现全球经济共同繁荣的可能性。"一带一路"倡议在地理的范围中,包括但不限于古代丝绸之路地区。面对全球,"一带一路"倡议对所有国家以及国际和地区组织开放,以期能够更加便利进入更广泛的领域。与西方的"中心—边缘"利己主义相比,面对国家的不同发展情况与不同国情,"一带一路"倡议具有包容性,将所有国家视为平等的互利共赢的合作伙伴。各方的利益都可以在"一带一路"倡议的执行中得到实现。每个参与"一带一路"的国家与地区都已成为该倡议的利益获得者。与民族国家的狭义视野不同,"中心—外围"的世界概念逐渐被命运共同体概念所取代,这是促进人类社会发展的重大创新,升华了全球化的经济发展理念,使之达到人类经济理念历史上的全新高度。

二、经济全球化背景下对中国经济发展面临的影响与挑战

(一)经济全球化对中国经济发展产生的积极影响

在经济全球化的推动之下,中国经济发展在中国共产党和国家领导人的

带领之下达到了全新的高度，产生的积极影响有以下几个方面：首先，经济全球化给中国经济发展带来了前所未有的机遇，中国市场走向了国际，发达国家和地区开始在中国进行投资，中国在经济全球化的背景下吸引了大量的外国投资者。潜力巨大的中国市场成为外国投资者眼中绝佳的市场。在全球化的背景下越来越多的外商接受中国，中国接收的外国投资居世界前列，这不仅与跨国公司在中国市场投资的增加密不可分，更是由于中国稳定的政治基础，以及中国在进行社会主义建设的同时，劳动效率高、劳资关系和谐。稳定而强大的政治经济的基础之下，中国经济在全球化的背景下开始了高速的发展，同时吸引了大量外国投资，不仅国内资本的发展需求得到了保证，同时也为中国进行社会主义现代化建设提供了一定的资金保障，中国步入全球化浪潮之中逐渐发挥自己优势，无论是产业结构还是生产力，都得到了进一步的发展和提高。中国市场在吸引外国资本企业的同时，不仅扩大了国内市场，也吸收了国外先进的科学技术和发展经验，在很大程度上给中国企业提供了借鉴，中国企业得到了发展，中国的市场化程度也得到了进一步的提高。其次，经济全球化背景下中国经济得到了快速发展离不开对外经济关系和贸易的影响。中国经济体系逐渐健全，国民经济得到快速提高很大一部分是依靠了经济全球化背景之下的对外经济贸易。加入经济全球化的浪潮之中，中国的市场被挖掘，已经成为全球第一大出口国。1994 年以来，中国的外贸顺差一直在逐年增长。甚至在 2008 年的全球性金融危机的影响之下，中国企业的出口仍然稳步上升甚至居世界前列。在经济全球化的背景之下，对于中国劳动力的分配是有显著利好的。在中国实行现代化、工业化的进程之中，中国城镇化进程也逐步推进，随着外国投资企业进入中国，农村剩余劳动力大量被容纳，大大加快了中国的城镇化进程，从工业化的角度来说也是一个显著的利好。最后，经济全球化的进程促进了中国经济的快速增长。促进劳动力变迁，生产资料的升级，提升了技术和其他生产要素的分配和流动，跨越国界和地区，促进中国与其他国家和地区之间的生产资源共享以及它们之间的优势互补，即经济全球化在中国和其他国家和地区之间的生产资源的优化配置和组合。与此同时，由于这种全球资源的优化配置，促进了中国经济结构的优化和生产力的提高，从而提高了中国经济发展的效率。

(二)经济全球化对中国经济发展产生的消极影响

经济全球化给中国经济带来的弊端同样不能忽视。中国经济崛起使一些发达国家对中国进行经济限制，那些在经济全球化浪潮中作为主导的发达国家，为了其自身利益的发展，不顾发展中国家的利益，根据自身利益制定国际经济规则。投资了世界市场之后，这些主导的发达国家以贸易自由为伪装保护自身国家可以获得超额利润。但是，中国的优质劳动力生产出的物美价廉的商品获得了国际市场的青睐的同时，这些主导经济全球化的发达国家又用贸易保护作为藉端，去阻止优质廉价的中国产品进入国际市场以保护本国利益不受损失。同时在于宝贵的生态资源和环境方面，资本主义国家主导经济全球化时通过产业转移的方式将能源消耗高的产业转移到发展中国家，减少了资本主义国家维持生态的资本投入，同时中国不得不增加维持生态的成本，并且生态环境遭到破坏导致了恶性循环。资本主义国家在经济全球化过程中获取了高额利润，却导致整个世界的生态平衡遭到破坏。在获取高额利润的同时，资本主义国家却将本国产生的垃圾转移到发展中国家，中国和其他发展中国家加入经济全球化获取更多生产资料，同时被迫接受发达国家的垃圾和废弃有害物质。经济全球化的发展过程中资本主义主导的获取资本的方式导致人与自然的矛盾加剧，而这些危害被中国和其他发展中国家承受。发展中国家加入经济全球化是为了获取科技和先进的生产资料，促进发展中国家工业化的发展，同时提高经济全球化中的参与程度，增加了本国生态化造成的矛盾，生态系统有限的维持环境的能力遭到大幅度的破坏，而本国的产业则增加了劳动密集型产业的数量，同时加剧了环境的恶化。但发展中国家出口的产品往往低于发达国家生产的产品价格，导致在经济全球化的发展过程中，发达国家获取高额利润的同时，促进了本国的资本积累，同时拥有价格低廉的发展中国家的生产商品。这种经济增长的方式长期看来会增加国内矛盾，在一定程度上造成了中国国内的一些社会问题，并且面临严峻的环境问题。

（三）经济全球化背景下中国经济发展面临的挑战

当前经济全球化背景下，中国面对的问题越来越多，也越来越复杂，政治、经济、环境、人口问题接踵而至。疫情给全球经济发展带来巨大冲击，但近一年来中国经济保持了平稳健康的发展，其中工业企业的利润保持较快增长，新兴行业的崛起和较高利润在很大程度上带动了制造业的发展，使投资回升，就业和物价水平稳定。过去几年，虽然中国房地产市场过热现象仍然存在，但在一系列政策出台之后，这一现象已经得到了抑制，并且呈现稳中向好的局面。但是社会资源分配不均衡、劳动力市场活力不足、劳动参与率下降、中低收入群体收入增长速度缓慢等问题，使得宏观经济呈现低迷的状态，而造成这一现象的根本原因是中国内部和外部不确定风险的叠加和积累。中国国内的内需和外需的缺乏加剧了企业业务难以扩展发展受到阻碍，并且短期债务的增长量已经大大超出了预期，不断加深流动性风险。实体经济发展受阻也在很大程度上影响了商业银行的风险，商业银行的尾部风险逐渐增高并且没有下降的趋势，风险溢出率也在持续上升，银行利息收入的增长率也在逐渐下滑，因此中国政府的经济工作的重中之重是防范和化解金融风险。同时，中国的外部政治经济环境发生了显著的变化，民族主义、民粹主义和单边主义、贸易保护主义大作。在中国目前面对的所有政治经济的挑战中，中美关系是最大的不确定风险。中美关系的紧张将会影响到整个世界经济全球化的格局和进程。面对内忧外患,中国提高效率和加大鼓励创新的力度,提高自身竞争力,以适应目前经济全球化之下国际的新局面。

国际间不同势力的博弈在经济全球化的发展中悄无声息地发生着巨大转变,大国与大国之间的关系,发展中国家间的关系,共同发展的同时也处于深刻变革的历史进程之中,经济全球化带来的改变和影响产生了越来越多的不可把握的问题。在经济全球化发展过程中处于主导地位的发达国家获得了前所未有的利益和实实在在的发展,但是众多发展中国家参与到经济全球化的浪潮之中也获得了许多机会和更广阔的前景,经济全球化的浪潮推动了发达国家与发展中国家力量的较量与博弈。在全球性的金融危机爆发之后,经济全球化占主导地位的大国和组织的经济实力受到相当程度的影响,同时这些主导国家内部存在的经济发展问题逐渐显现和暴露,其国家社会和经济的原有结构也在逐渐变化甚至瓦解。这些变化使原有处于主导地位国家的国际影响力受到不同程度的影响。国际形势发生改变的同时,不同国家的地位和作用也发生了扭转。这些都在不同程度上影响中国经济格局的变化,中国应对这些前所未有的挑战的同时,对国家内部的改革手段也逐渐成熟,形成了中国特色社会主义的经济体系,为未来经济的稳定健康发展保驾护航。

三、应对当前经济全球化形势的中国举措

中国顺应时代的潮流加入了经济全球化,面对已知的消极影响和未知的挑战,中国的经济发展应该充分利用经济全球化带来的优势,努力减少甚至转化经济全球化给中国经济发展带来的负面影响,不断增强中国自身发展的经济实力。

(一)坚持党的领导和社会主义经济制度是我国可以从容面对危机的前提

任何一国的经济发展,都离不开与之相适应的上层建筑予以支持。无论资本主义怎么发展,其蕴含的社会化生产和生产资料私人占有之间的矛盾依旧无法改变,这也就决定了在经济危机爆发时,资本主义国家受到的冲击最为强烈。与资本主义不同,我国是社会主义制度的国家,并在改革开放之后确立了以公有制为主体、多种所有制经济共同发展的基本经济制度,公有制为主体意味着我国的经济发展崇尚集体主义,我国社会主要矛盾已经转化为人民日益增长的美好生活需要和不平衡不充分的发展之间的矛盾。这也就表明我国经济的发展是以提高和改善民生水平为根本目的,任何经济波动所带来的影响都是短期的。因此,凭借制度优势,中国在经济全球化到来之际,有能力也有信心抵御风险并抓住机遇。

中国改革开放之后，市场经济取向的制度构建从未动摇，我国一直在根据市场的变化灵活地调整经济政策，这也为中国的社会主义市场经济有序进行提供了可靠保障。通过不断的政策调整和制度完善，我国的经济发展一直保持平稳增长的态势。从注重效率到兼顾公平，从以经济建设为中心到以人为本，这是任何资本主义国家无法实现的。通过改革开放，一方面我国已经在发展中国家中取得优势地位。产业转型、产业结构升级遥遥领先于其他发展中国家，甚至速度超过了发达国家。另一方面，我国在高增长的同时，也保证了各行业的协调。我国是农业大国，拥有广阔的土地资源和劳动力优势，但另一方面，我国的工业发展也并没有落后，随着素质教育的开展，我国高素质人才数量不断提升，既为我国自身发展提供了有力的人才保障，也为世界的发展输送了大量的人才。这都得益于我国灵活的经济政策和稳定的政治策略。经济转型对于一个国家而言就像是一场挑战。而我国仍处于经济转型的关键期，就目前来说，改革开放四十年的成就证明了我国在转型期所采用的策略是正确的。

我国的制度优势在于可以集中力量办大事，这也为我国地域经济危机提供了坚实的基础。一方面，在市场经济中，资源要素可以得到最优化的配置，公平合理的竞争也可以促进经济发展；另一方面，市场经济也存在自发性、盲目性和滞后性的缺陷。如果忽视这些缺陷，则容易引发经济危机。而社会主义市场经济一方面满足了我国经济市场的一定自由度，另一方面，在市场调节失衡的时候，通过政府的合理干预予以归正。在保持经济增长的同时，避免了一定程度的不良经济现象。①

中国共产党的领导，为我国面临经济危机时提供了准确的方针。通过党的指导，我国的经济政策与实施有了方向，也为经济的发展提供了明确的路径。始终坚持中国共产党的领导是中国改革开放和社会主义现代化的根本政治逻辑。以公有制为主体，各种所有制经济共同发展，实现全民共同发展与繁荣，是中国改革开放和社会主义现代化的根本经济逻辑。通过两种逻辑的协调发展、互相补充，我国将会在接下来的经济发展中铸就新的奇迹。

（二）中国开放强大的国内市场，打造高水平的对外开放

在经济全球化的进程之中，中国的经济发展受到经济全球化的影响，与此同时也在影响着整个世界的经济发展格局。中国在发展本国经济的同时吸引外国资本，更加注意提高国际投资的质量，努力激发中国本土民族工业的竞争意识。为了赋予本国企业更大的动力和热情去追求新技术，在经济发展的过程，各部门和行业参与国际竞争的力度应逐渐增强，更进一步改善企业的管理

① 程恩富、朱富强：《经济全球化与中国的对策思路——兼论“三控型民族经济”与对半式双赢》，《财经研究》2000 年第 10 期。

方式，提高生产效率，使中国的产品和公司成为在国际市场能够获得利益的一方。与此同时，还应降低中国经济的运行成本，有效地发挥本国优势并利用国际市场，从国际市场获得原材料、半成品和制成品，并将先进的技术和管理经验引进到国内，不断提高自身能力。因此，在发展本国经济的同时，不能忽视经济全球化给我们带来的影响和挑战，应以积极的态度加入到国际竞争中去，使中国的企业和产品越来越国际化，才能使中国的经济实力的发展得到巩固，民族自信逐步提高。

再者，在全球化中处于主导地位的国家，不断地将本国的高污染和高消耗的产业转移到其他发展中国家。这些发达国家的产业转移带来的不仅仅是中国的自然环境的破坏，本国人民的就业和迁移均在国际产业转移之下受到了不同程度的影响。并且这些影响不仅仅体现在经济发展的现有阶段，在未来的发展中更是埋下了隐患，需要得到中国政府的重视，并用合理的方式去解决。这就要求我们随时要加紧防范，在外国资本进入本国时应慎重考虑各项条件和指标，预防国际产业转移可能带来的消极影响。一切从经济健康发展的长远角度出发，从而在根本上提高中国在国际经济产业链中的地位并且尽可能地保持本国的资源和环境不受破坏。不断扩大开放规模发展本国经济，加强经济监管提高发展质量。从理论和实践两方面防止中国的经济发展出现漏洞和弊端，防止中国经济发展出现大的波动。

在经济全球化的进程之中，中国的国内市场发展必将得到进一步的加强，同时中国的国内管理水平将进一步提高，以提高中国在国际市场上的供应能力和有效需求。经济全球化的发展已经经历了几十年，目前可以明显看出中国的市场在国际市场中占有很大的比例。目前的国际形势变化之下，中国的经济发展需要抓住机遇，保持国内市场地位的同时走出国门，为未来的经济发展奠定坚实的基础。最后，科学技术是经济发展的第一生产力，只有不断地进行科学技术的创新发展，才能拥有更强的实力参与国际竞争，这对于本国的产业发展和经济发展环境都是强有力的根基和保障。科学技术的创新是经济发展的条件，更是加入经济全球化之后巩固和提高国际地位的基础。由此可见，中国应始终坚持科教兴国的理念不动摇，快速有效地发展科技的必要条件是鼓励和提倡科技的创新与提高。中国理应增加发展新兴产业的力度，使中国的技术发展实现质的飞跃，推进中国经济在经济全球化的背景之下提高本国生产力增长和发展。

(三)中国实践为推动经济全球化打造新平台，积极营造良好的外部环境

2016年中国举办的G20杭州峰会上，针对经济全球化背景下的全球经济发展突出问题，习近平总书记在大会上第一次全面阐述了全球经济治理观，即

"以平等为基础、以开放为导向、以合作为动力、以共享为目标"①。该观点是中国领导人首次在全球性的重要大会上进行全面阐述,提出了全球经济治理中必须把握的关键点:"共同构建公正高效的全球金融治理格局,维护世界经济稳定大局;共同构建开放透明的全球贸易和投资治理格局,巩固多边贸易体制,释放全球经贸投资合作潜力;共同构建包容联动的全球发展治理格局,以落实联合国2030年可持续发展议程为目标,共同增进全人类福祉。"在全新的政治经济新格局下,中国以共商共建共享的理念引领中国甚至全球共同参与到全球经济治理实践中去。

提高制度话语权是中国在经济全球化的背景之下,推动全球经济治理体制改革的基本路径。制度话语权是指以制度巩固的形式进行的话语权,这是强有力的保证,保障中国深入地参与全球化的经济治理。但中国在全球化治理中如何提高制度话语权?究其根本还是要提高整个国家的综合国力,无论是政治还是经济都要靠不断发展自身实力去争取更多的国际话语权。党的十八大之后,中国对制度话语的促进主要体现在两个方面:一是改革全球经济治理体系中的不公平、不合理安排;二是为新的国际经济机制建立新规则。在现有全球化背景之下,发达国家主导着全球经济治理,导致了全球经济政治体系的不公平、不合理。在这一背景下,中国从理论和实践两方面提出了改革和改进建议。我们积极推动二十国集团从危机应对过渡到长效经济治理机制转变,同时推动各方面的改革,包括国际国币金融体系、国际金融法规等。同时,中国在国际上继续拥护和支持世界贸易组织在全球贸易和投资中的主导地位,对各种形式的保护主义予以反对和驳回。特别是在国际经济金融领域的创新和区域经济合作的新法规领域,习近平总书记为创新全球经济治理机制做出了一系列重要安排,提出了"一带一路"倡议,作为参与和治理经济全球化建设的新举措,积极参与和推进全球性的区域经济合作。目前,全球已有一百多个国家、地区和国际组织积极支持和参与"一带一路"倡议。联合国大会和联合国安理会等重要决议也已纳入"一带一路"建设范畴。中国通过"一带一路"倡议已经与40多个国家和国际组织签署了合作协议、与30多个国家建立"一带一路"机制化产能合作,各个国家和地区通过与中国的政策对接,达到了"1+1>2"的效果。

(四)促进数字贸易等新兴贸易业态发展,构建对外开放新格局

经济全球化进入4.0时代,全球经济金融贸易迈向新台阶,数字经济成为新型经济发展趋势与动力,把握资本数字化的发展趋势,科学合理地应对数字经济全球化,更好地推动中国加入经济全球化。数字经济紧靠人类命运共同

① 习近平:《中国发展新起点,全球增长新蓝图——在二十国集团工商峰会开幕式上的主旨演讲》,http://www.xinhuanet.com/world/2016-09/03/c_129268346.htm.2016年9月3日。

体意识，与国家治理现代化高度融合，数字经济是习近平人类命运共同体理论的具体实践。[①] 2020年中国数字经济发展报告的数字经济数据显示：美国数字经济规模目前排名世界首位，达到123 400亿美元；中国数字经济规模居世界第二位，达到47 300万亿美元，排在德国、日本、英国等发达国家之前。现行经济发展模式之下，全球电子商务的销售额逐年递增，占据GDP总量的三分之一。我国未来的对外开放需抓住数字经济、数字投资、数字贸易等新兴业态发展的重要机遇，更好地"发挥市场机制在资源配置中的决定性作用"[②]。未来的经济全球化发展一定会伴随着数字贸易等新兴业态的发展，全球的消费模式将会进一步更迭，随着中国数字经济的高质量的发展，更高水平的对外开放一定会加快形成以国内大循环为主体、国内国际双循环相互促进的新发展格局。

综上所述，中国应充分利用自身优势，积极协调新兴经济体和发展中国家在全球经济治理机制改革中的利益和立场。同时，中国作为世界最大的发展中国家，也是世界上发展最快的国家，应加强与其他发展中国家的沟通交流与合作，共同推动发展中国家和地区在全球经济改革之中的经济地位和国家利益，推动全球经济化的发展方向更加公正与合理。[③]

中国在经济全球化的背景下，还积极推进实施精准扶贫和消除贫困，同时还援助其他发展中国家，中国积极执行联合国《2030年可持续发展议程》，促进南北合作，加强南南合作，稳步扩大对外援助规模，支持和帮助发展中国家的经济发展。治理与改善其他发展中国家的经济发展和民生，种种举措表明了中国作为一个负责任的大国的正义责任。中国还多次捍卫其他发展中国家的利益，发扬大国风范，不断提高和改善全球化中其他发展中国家的立场、利益和发言权，中国在经济全球化的背景下已经成为促进建立更加公正合理、为发展中国家争取全球经济治理体系的话语权的坚实依靠。

中国为经济全球化做出的实践和贡献足以证明，中国以非常积极和务实的态度应对这些经济全球化带来的挑战。中国保持了经济持续的快速健康增长，促进了社会经济整体发展水平的全面提高，将经济发展理念升华到人类历史全新高度。中国作为世界上最大的发展中国家，为世界经济全球化健康快速发展做出了巨大贡献，将继续为促进世界经济可持续健康发展和全球经济治理体系的建设发挥关键作用。

① 丁晓钦、柴巧燕：《数字资本主义的兴起及其引发的社会变革——兼论社会主义中国如何发展数字经济》，《毛泽东邓小平理论研究》2020年第6期。

② 中国共产党第十八届中央委员会：《中共中央关于全面深化改革若干重大问题的决定》，《人民日报》2013年11月16日。

③ 王德蓉：《十八大以来习近平对我国积极参与全球经济治理的战略谋划》，《党的文献》2016第5期。

Achievements, Challenges and Countermeasures of China's Economic Development under the Background of Economic Globalization

Zhang Zhixun

Abstract Since the reform and opening up 40 years ago, China's economic development has attained significant achievements that have attracted worldwide attention. Under the background of the new pattern of world political economy, looking back at China's economic development process in the world economic tide, enumerating the achievements of China's reform and development, summing up the experience in the development process and exploring the root causes are of great strategic significance to predict the dynamics, problems and new challenges of China's future economic structure development, to strengthen the weak links of insufficient and imbalanced economic development, and to promote the sound and rapid development of the economy. This paper holds that from the reform and opening up to the present, the driving force of China's economic development has been continuously enhanced, the structure of economic development continuously adjusted, and the aspirations of the people to live a better life gradually realized. However, the experience of existing economic reforms is not enough to support the high-quality development of China's future economy under the background of economic globalization. With the profound changes in the economic pattern in the context of economic globalization, in the game of the new world political and economic order of the future, China should actively respond to the challenges and actively participate in the reform of the international order, and use the power of the system of socialism with Chinese characteristics to lead the development of a new round of economic globalization.

Key Words Economic Globalization; Economic Development; "The Belt and Road Initiative"

"一带一路"中国周边支点国家:风险与对策

刘海泉　方梦悦

内容提要　支点国家概念受到越来越多关注。周边地区是中国"一带一路"建设的核心区域,而支点国家在中国周边地区的重要作用日益突出。中国在支点国家取得"一带一路"建设成果的同时,需要正确认识在这些国家所面临的风险。风险既包括传统安全领域的中外双边合作的矛盾、第三方国家的影响以及支点国家国内政治发展的不确定性,也包括非传统安全领域的恐怖主义、跨国犯罪以及重点国家国内脆弱的经济环境等。对此,中国应该在强化与支点国家中央政府合作的同时,注重开展地方层面的差异化合作;强化双边人文交流;以非传统安全为合作着力点实现增强互信;提高危机管控意识,提前制定预案。

关键词　"一带一路";支点国家;风险;应对之策

中图分类号　D815

自"一带一路"倡议提出以来,中国与沿线国家坚持共商共建共享的原则,持续深化务实合作,推动共建"一带一路"沿着高质量发展方向不断前进,取得了显著成效。据统计,2013—2019年,中国与沿线国家货物贸易累计总额超过了7.8万亿美元,对沿线国家直接投资超过了1 100亿美元,新签承包工程合同额接近8 000亿美元,一大批重大项目和产业园区相继落地见效,有力促进了互利共赢、共同发展。① 与此同时,习近平在推进"一带一路"建设工作5周年座谈会上强调,下一阶段推进"一带一路"工作需要解决好重大项目、金融支撑、投资环境、风险管控、安全保障等关键问题。中国周边地区作为"一带一路"建设的核心区域,对于未来实现"一带一路"向高质量发展转变至关重要,而支点国家在中国周边地区的重要作用也日益凸显。因此,本文选择中国

作者简介:刘海泉,上海对外经贸大学马克思主义学院副教授;方梦悦,上海对外经贸大学马克思主义学院硕士研究生。

基金项目:本文系国家社科基金一般项目"'一带一路'背景下中国周边安全危机管控研究"(项目编号:17BGJ037)阶段性研究成果。

① 王洋:《国务院新闻办就稳住外贸外资基本盘、推动商务高质量发展有关情况举行发布会》,http://www.gov.cn/xinwen/2020—05/18/content_5512608.htm.2020年5月18日。

周边[①]地区的支点国家为研究对象,探讨"一带一路"建设在这些国家所面临的风险以及中国的对策。

一、支点国家的概念与选择标准

(一)支点国家的概念

关于支点国家概论,当前有许多学者开始关注,并出现了一系列相关词汇,如破碎地带(shatter belts)、政治动荡地带(belts of political change)、关键性国家(lynchpin states)、非对称性国家(asymmetrical states)、门户国家(gateway states)等。支点原意是指杠杆上起支撑作用,绕着转动的固定点,后来引申为事物的中心或关键。[②] 后来这一概念为地缘政治学所引入,也被称为战略支点。最早可以追溯到 19 世纪英国地理学家哈尔福德·麦金德(Halford Mackinder)在其著作《历史的地理枢纽》中提出的"枢纽地区"概念,但根据其最初定义超越了今天的国家范畴,而是更接近于具有重要战略价值和有限机动能力的一片区域。[③] 对这一概念的最具代表性的表述,当属美国地缘政治学家兹比格涅夫·布热津斯基(Zbigniew Brzezinski)的《大棋局:美国的首要地位及其地缘战略》,他进一步明确了地缘政治支轴国家的概念和判断标准,认为"地缘政治支轴国家的重要性不是来自它们的力量和动机,而是来自它们所处的敏感地理位置以及它们潜在的脆弱状态对地缘战略棋手行为造成的影响。最常用来界定地缘政治支轴国家的是它们的地理位置。由于这种位置,它们有时在决定某个重要棋手是否能进入重要地区,或在阻止它得到某种资源方面能起特殊的作用"[④]。但我们应该看到,他对于支点概念的理解,是以美国的国家利益为出发点,构建一项冷战后美国欧亚地缘战略,最终维持美国的世界霸权。在其之后,西方学者对这一概念开始有了更加清晰的界定。[⑤] 随着"一带一路"倡议的提出和对倡议沿线国家研究的深入,国内学者也开始采用战略支点的概念和视角分析某些关键国家对中国推进"一带一

---

① 学界一般对于周边有大周边与小周边之说,本文采用小周边,即与中国陆地接壤或者隔海相望的邻国。

② 中国社会科学院语言研究所词典编辑室:《现代汉语词典》(第 7 版),北京:商务印书馆,2016 年,第 1676 页。

③ 〔英〕哈·麦金德:《历史的地理枢纽》,林尔蔚、陈江译,北京:商务印书馆,2010 年,第 67—70 页。

④ 〔美〕兹比格涅夫·布热津斯基:《大棋局:美国的首要地位及其地缘战略》,中国国际问题研究所译,上海:上海人民出版社,2007 年,第 34—35 页。

⑤ 参见海牙战略研究中心报告:Tim Sweijs, Willem Theo Oosterveld, Emily Knowles, and Menno Schellekens: Why are Pivot States so Pivotal? The Role of Pivot States in Regional and Global Security. The Hague Centre for Strategic Studies (HCSS). https://www.hcss.nl/sites/default/files/files/reports/Why_are_Pivot_States_so_Pivotal_The_Role_of_Pivot_States_in_Regional_and_Global_Security_C.pdf. 2019 年 4 月 22 日。

路”倡议的重大战略价值。[①]

受制于中国所处的地缘复杂性,本文认为周边战略支点国家应是包含政治、经济、军事、文化等综合属性,但在发展具体支点国家关系时,应该根据次区域的特殊性,有所侧重地关注这些国家的某些属性。同时需要指出的是,战略支点概念应该从静态与动态两个方面加以理解,就前者而言,战略支点就是一个能起到关键作用的关键点,就后者而言,战略支点是可能争取或消失的,其本身具有“转向”的能力。

(二)中国周边支点国家的选择标准

中国的“一带一路”建设不同于传统地缘政治零和,其是以互利共赢、“共商、共建、共享”为出发点,以经济合作为核心,以促进沿线国家发展为立足点,最终实现人类命运共同体的目标。支点国家可以实现“以点带面,从线到片,逐步形成区域大合作”[②],而能够成为中国周边“一带一路”建设的支点国家,应该具备以下几个条件:

1. 具有重要的地区战略位置

战略位置是作为支点国家的基本条件之一,这决定了该国具有先天获得干涉某种资源获取与归属的能力,如掌握主要的海陆通道、发挥战略缓冲区或桥头堡的角色等。历史上,大国战略要地的争夺,一般都表现为具有军事战略价值的“黄金水道”、半岛或者岛屿的争夺上。在中国周边“一带一路”合作国家中,支点国家是指具有重要战略位置的国家,主要体现在这些国家一般处于陆上通道或者海上通道的关键环节。与传统地缘政治思维不同,中国对于这些周边支点国家的选取,更多聚焦于这些国家能够促进“一带一路”次区域经济合作的作用。

2. 具有周边次区域的辐射能力

一般而言,辐射能力更多是以人口、国土面积、GDP总量等作为基础的,这反映了一国政治、经济、军事等方面的影响。早在2015年3月28日,国家发展和改革委员会、外交部和商务部联合发布了《推动共建海上丝绸之路经济带和21世纪海上丝绸之路的愿景与行动》,文件为“一带一路”设定了五大合作重点,即政策沟通、设施联通、贸易畅通、资金融通、民心相通。“五通”合作的实现,需要沿线国家的积极参与。六年多来,共建“一带一路”倡议以“五通”为主要内容扎实推进,取得明显成效,一批具有标志性的早期成果开始显现,参与各国得到了实实在在的好处,对共建“一带一路”的认同感和参与度不断

---

① 参见潘萌、刘雪莲:《“一带一路”支点选择视阈下的中国—伊朗合作探析》,《青海社会科学》2019年第1期;郭兵云:《“一带一路”战略支点国家:选择与建设》,《云南行政学院学报》2018年第6期;韦红、尹楠楠:《“21世纪海上丝绸之路”东南亚战略支点国家的选择》,《社会主义研究》2017年第6期;傅梦孜:《“一带一路”建设的持续性》,北京:时事出版社,2019年,第224—231页。

② 习近平:《弘扬人民友谊 共创美好未来——习近平在纳扎尔巴耶夫大学的演讲》,《人民日报》2013年9月8日。

增强。[①] 这些早期成果大部分都在这些支点国家,这就使得中国可以在有限的人力、物力和财力的情况下,很好地发挥“一带一路”示范效应。此外,支点国家的外交政策也需要拥有一定程度的独立自主,能够在次区域内起到“风向标”的作用。

3. 具有双边牢靠的共同利益

这主要体现为支点国家与中国没有国家核心利益[②]矛盾或冲突。支点国家如果与中国存在比较大的矛盾、摩擦甚至潜在冲突,必将会对推进“一带一路”建设产生负面影响。20 世纪 90 年代以来,中国与周边国家发展了形式多样、内容丰富的伙伴关系(具体如表 1 所示)。支点国家必然是与中国拥有较高水平的双边关系,在这样的前提下,双方在推进“一带一路”建设中才可能拥有共同的合作意愿,国家战略才可以实现某种对接,并基于此开展进一步合作。

此外,选择“一带一路”建设中的支点国家,还应当综合考虑经济发展水平、国内民族宗教问题等因素。特别是支点国家是否拥有稳定的政局和强有力的中央政府,这对于防范风险、降低成本至关重要。因为本文“支点国家”侧重于考察相关国家在“一带一路”建设中与中国的经济合作潜力,特别是双边合作中涉及到诸多基础设施建设方面。

表 1 中国与“一带一路”周边国家伙伴关系

国家	领土面积(万平方公里)	人口(万人)	GDP 规模(亿美元)	双边关系	已同中国签订共建“一带一路”的合作文件
俄罗斯	1 709.82	14 600	16 575.54	新时代全面战略协作伙伴关系	《中华人民共和国与俄罗斯联邦关于丝绸之路经济带建设和欧亚经济联盟建设对接合作的联合声明》(2015.5)
蒙古	156.65	318	130.66	全面战略伙伴关系	签署政府间“一带一路”合作谅解备忘录(2017.5)
朝鲜	12.3	2 400	——	友好关系	无
韩国	10	5 100	16 194.23	战略合作伙伴关系	《关于在丝绸之路经济带和 21 世纪海上丝绸之路建设以及欧亚倡议方面开展合作的谅解备忘录》(2015.10)
日本	37.8	12 650	49 713.23	战略互惠关系	无

① 推进“一带一路”建设工作领导小组办公室:《共建“一带一路”倡议:进展、贡献与展望》,新华网,http://www.xinhuanet.com/2019—04/22/c_1124400071.htm.2019 年 4 月 22 日。

② 根据《中国的和平发展》政府白皮书,中国的核心利益包括:国家主权,国家安全,领土完整,国家统一,中国宪法确立的国家政治制度和社会大局稳定,经济社会可持续发展的基本保障。参见中华人民共和国国务院新闻办公室网站:http://www.scio.gov.cn/zfbps/ndhf/2011/Document/1000032/1000032_3.htm.2011 年 9 月 6 日。

续表

国家	领土面积（万平方公里）	人口（万人）	GDP规模（亿美元）	双边关系	已同中国签订共建“一带一路”的合作文件
菲律宾	29.97	10 098	3 309.1	全面战略合作关系	《共建“一带一路”合作谅解备忘录》(2018.11)
文莱	0.58	42.13	135.67	战略合作关系	签署“一带一路”建设双边合作文件(2017.9)
马来西亚	33	3 240	3 585.81	全面战略伙伴关系	签署政府间“一带一路”合作谅解备忘录(2017.5)
印度尼西亚	191.36	26 200	10 421.73	全面战略伙伴关系	签署《推进“一带一路”和“全球海洋支点”建设的谅解备忘录》(2018.10)
越南	33	9 170	2 452.13	全面战略合作伙伴关系	签署共建“一带一路”和“两廊一圈”合作备忘录(2017.11)
老挝	23.68	680	179.53	全面战略合作伙伴关系	签署《关于编制共同推进“一带一路”建设合作规划纲要的谅解备忘录》(2016.9)、签署共建“一带一路”政府间双边合作规划(2017.5)
缅甸	67.66	5 390	712.14	全面战略合作伙伴关系	签署政府间“一带一路”合作谅解备忘录(2017.5)
不丹	3.8	73.5	24.46	未建交	无
尼泊尔	14.71	2 898	290.4	睦邻伙伴关系	签署政府间“一带一路”合作谅解备忘录(2017.5)
印度	298	132 400	27187.32	发展伙伴关系	无
巴基斯坦	79.60(不包括巴控克什米尔地区)	20 800	3 145.88	全天候战略合作伙伴关系	签署政府间“一带一路”合作谅解备忘录(2017.5)
阿富汗	64.75	3 680	193.62	战略合作伙伴关系	《中华人民共和国和阿富汗伊斯兰共和国联合声明》支持丝绸之路经济带倡议(2016.5)
哈萨克斯坦	272.49	1 831.1	1 793.39	全面战略伙伴关系	发改委与哈萨克斯坦共和国国民经济部签署关于共同推进丝绸之路经济带建设的谅解备忘录(2014.12)
塔吉克斯坦	14.31	910	75.22	全面战略伙伴关系	签署《关于编制中塔合作规划纲要的谅解备忘录》(2015.9)
吉尔吉斯斯坦	19.99	636.2	80.92	战略伙伴关系	《中华人民共和国和吉尔吉斯斯坦共和国关于建立全面战略伙伴关系联合声明》支持中方提出的共建“一带一路”倡议(2018.6)

注：上表为笔者根据外交部、中国一带一路网以及世界银行网站资料整理制作，其中GDP为2018年数据。

根据上述条件,本文认为中国周边能够成为“一带一路”建设支点国家的有俄罗斯①、巴基斯坦、哈萨克斯坦以及印度尼西亚。

中国积极发展与俄罗斯的关系有助于确保中国北部边界稳定,有助于化解美国同盟体系强化带来的压力,是实现经略周边的关键之一。同时,俄罗斯也是“一带一路”建设最需要协调的国家,因为其是“丝绸之路经济带”从中国出发、途径中亚、最后通往西欧的必经之地。事实上,俄罗斯对于“一带一路”倡议的看法也经历了一个过程:从倡议提出时高度怀疑的眼光,内心波澜不定,到2014年西方对其进行制裁后对包括“一带一路”在内的双边合作内容进行重新评估,直到2015年春,得益于对这一倡议的更好理解以及与西方关系的结构性变化,克里姆林宫才对“一带一路”倡议采取了一种更加有信心的新态度。② 2015年5月,中俄双方领导人签署《关于丝绸之路经济带建设和欧亚经济联盟建设对接合作的联合声明》,对“一带一路”倡议给予积极支持。事实上,俄罗斯也期望通过对接为中俄合作向更高水平发展注入新动力的同时,进一步促进欧亚地区的经济发展与政治稳定。近年来,两国不断深化双边关系,2019年6月,两国领导人更是共同宣布提升中俄关系,发展中俄新时代全面战略协作伙伴关系,并建立了领导人定期互访的互动机制和安全战略磋商机制。俄罗斯的支持将确保中国避免在与美国等西方国家进行“一带一路”博弈进程中陷入孤立的境地。近年来,中俄在“一带一路”框架内合作领域越来越广阔,合作机制也越来越成熟。2016年中俄贸易同比增长2.2%,达到695.2亿美元;2017年增长20.8%,达到840.7亿美元;2018年增长27.1%,超过1 070亿美元③;2019年中俄贸易额达到1 109.19亿美元,同比增长2.5%。④虽然中俄贸易规模在中国外贸总额中显得微不足道,甚至不及中国与日本、韩国、德国的贸易规模,于是出现中俄“政热经冷”的声音,但从贸易紧密度、战略关联度、可替代度这三个指标来看,中俄经贸合作水平在我国主要贸易伙伴国中是比较高的。⑤ 2018年9月,北京大学发布的全球首份2018“一带一路”沿线国家“五通指数”报告中,俄罗斯排名第一。⑥

巴基斯坦位于阿拉伯海北部,紧邻波斯湾出口,是丝绸经济带与21世纪

① 有学者认为周边大国应该排除在支点国家范畴之外,参见祁怀高:《中国与“一带一路”沿线支点国家发展战略对接研究》,北京:世界知识出版社,2019年,第9页。

② 〔俄〕德米特里·特列宁:《俄罗斯对“一带一路”倡议看法的演变》,https://carnegietsinghua.org/2019/04/23/zh-pub-78962.2019年4月23日。

③ 数据来源:中国驻俄罗斯联邦大使馆经济商务处,http://ru.mofcom.gov.cn/article/jmxw/201912/20191202924002.shtml.2019年12月20日。

④ 《俄海关局:2019年中俄贸易额同比增长2.5%达1 109亿美元》,http://www.heihe.gov.cn/info/1185/104737.htm.2020年2月14日。

⑤ 徐坡岭、段秀芳:《中俄经贸合作中的政治因素与经贸合作水平评估——中俄之间是否存在“政热经冷”?》,《东北亚论坛》2019年第6期。

⑥ “Five Connectivity Index” Research Group of Peking University, World Premier of The Belt and Road Initiative: 2018 Report on Five Connectivity Indexes at Taihe Civilizations Forum, https://ocean.pku.edu.cn/info/1165/3077.htm.2018年9月15日。

海上丝绸之路的重要交汇点，且与中国新疆维吾尔自治区接壤，是中国连接中亚、南亚的能源和贸易通道。尤其是位于巴基斯坦西南部俾路支省的瓜达尔港，扼守从非洲、欧洲经红海、波斯湾通往东亚、太平洋地区多条重要国际航线的要冲，距离全球石油主要供应通道霍尔木兹海峡也只有约400公里，全球40%的石油运输以及约60%的中国石油进口都要通过这条航道运输，战略位置十分重要。当前建设的中巴经济走廊，被称为“一带一路”建设的旗舰项目，总投资规模高达460亿美元，主要集中于当地能源、交通以及产业合作等方面，这些项目的成功落地，一方面对亚洲乃至世界其余项目的顺利开展起到先导和示范作用，另一方面对于中国来自中东海湾地区的石油运输，可以确保替代航路以摆脱“马六甲困境”，使得中国西部连接阿拉伯海的距离从原来的1.3万公里缩短至3 000公里，并将通行时间从原来的45天缩短至仅需10天。对于“中巴经济走廊”为平台，巴基斯坦期望利用“贸易通道”的地缘优势，使得中国、南亚、西亚、中东等国家的商品在巴落地，进一步促进当地经济发展的同时，进而带动南亚、西亚和中东等地将商品和劳务通过巴销往中国乃至输送到亚太地区。此外，中巴自正式建立外交关系以来，两国建立了全天候友谊，开展了全方位合作，特别是2020年3月双方共同发表关于深化中巴全天候战略合作伙伴关系的联合声明，这既可以加强我国海上通道安全的保障能力，也可以利用其特殊地理位置，保护我国在中东地区越来越多的海外利益。①

位于中亚地区的哈萨克斯坦，其经济体量要远高于其他四个中亚国家，且拥有连接欧亚各国的贸易枢纽地理位置、丰富的战略资源、政局和社会的稳定，长久以来都是世界大国以及各种政治势力的焦点。哈萨克斯坦是中国西部向欧洲运送货物的必经之路。中国可以利用其境内路线缩短时间和减少费用，将所需的时间从45天缩短至10—14天。2013年9月，习近平主席在访问哈萨克斯坦期间提出“一带一路”的雏形，即共建“丝绸之路经济带”后，迅速得到哈方以及时任总统纳扎尔巴耶夫的积极回应和持续关注的回应，2014年11月，纳扎尔巴耶夫提出名为“光明之路”的新经济政策加以对接，在双方努力下，不断推进各自国内与地区的互联互通项目。而“光明之路”的核心强调的是，对运输和物流基础设施项目的大规模投资，目的在于发展哈萨克斯坦的国内运输网络，并使其成为连接中国、欧洲与中东各大市场的一个主要运输和交通枢纽。② 在2019年4月第二届“一带一路”高峰论坛期间，中国政府授予纳扎尔巴耶夫“友谊勋章”，表彰其为“一带一路”所作的贡献。此外，中哈两国完成边界谈判后，不存在任何领土等重大利益争端，也不存在涉及根本国家利

① 刘海泉：《“一带一路”战略的安全挑战与中国的选择》，《太平洋学报》2015年第2期。

② 《联合国力挺“一带一路”多国政府积极进行战略对接》，http://www.scio.gov.cn/31773/35507/35510/35524/Document/1545500/1545500.htm.2020年7月30日。

益的冲突,并且高度的政治信任促使双方在上海合作组织框架内开展密切的安全合作,共同打击恐怖主义。特别需要指出的是,稳定的中哈关系对新疆的长治久安至关重要。

印度尼西亚是东南亚地区的第一大国,无论是经济总量还是人口数量都是位居地区首位,其是地区中仅有的G20成员,拥有辽阔的国土和海域面积,号称“千岛之国”,横跨赤道,连接了印度洋和太平洋,有着非常重要的地理位置,连接西太平洋和印度洋的三大海上关卡(巽他、龙目和望加锡三大海峡)都在其控制范围内。超过一半的世界贸易需要经过该地区,而这其中包括了世界石油贸易中的大约30%。① 2013年10月,习近平主席在印度尼西亚国会发表演讲,首次提出“21世纪海上丝绸之路”,得到印度尼西亚给予的积极回应和支持。佐科总统上台后,2014年10月提出建设“全球海洋支点”②战略,通过港口及其通道建设解决国内岛屿间交通不便的状况,这与中国“一带一路”倡议的互联互通建设具有诸多契合点。印度尼西亚希望利用“21世纪海上丝绸之路”提供的各种计划与资源,提升自身能力,实现国际地位和地区实力的提升,成为一个全球海洋支点国家。③ 2017年动工的雅万高铁,创造了中国和印度尼西亚务实合作的新纪录,将为两国各领域合作特别是基础设施和产能领域的合作树立新的标杆。近年来,中国和印度尼西亚两国领导人互访频繁,促进了“21世纪海上丝绸之路”与“全球海洋支点”发展战略对接,中国和印度尼西亚两国友好关系处于历史最好时期,也为双方在区域各领域合作奠定了坚实的基础。④

实践是最好的证明,2019年4月22日,推进“一带一路”建设工作领导小组办公室发表了《共建“一带一路”倡议:进展、贡献与展望》报告,“一带一路”五年多进展的成就取得,与这些支点国家的密切合作是分不开的。中俄企业联合体基本完成莫喀高铁项目初步设计;中巴一批项目顺利推进,包括瓜达尔港疏港公路、白沙瓦至卡拉奇高速公路(苏库尔至木尔坦段)、喀喇昆仑公路升级改造二期(哈维连—塔科特段)、拉合尔轨道交通橙线、卡西姆港1 320兆瓦

① Ryamizard Rycaudu, Making Defence Policy in Uncertain Times: General, IISS Shangri-La Dialogue 2016 Third Plenary Session, https://www.thejakartapost.com/seasia/2016/06/05/indonesia-shelled-with-most-questions-at-asian-security-summit.html. 2020年7月30日。

② 构想的意图包含以下几点:第一,创建海洋人文观念。印度尼西亚处在两大洋交汇之地,本身属群岛国度,所以印度尼西亚以及民族的兴盛都和海洋紧密联系。第二,增强对海洋资源的管理,促进渔业发展,确保自己的海上粮食安全和主权。第三,通过建设港口、发展海洋观光与海洋运输等,全面实行互联互通和海上经贸。第四,外交上,侧重提高和诸国海洋安全协作,处置好领海冲突,严打违法渔业及海盗,维护主权完整和保障海洋境况。第五,提升海洋安全实力,维护领海主权和能源安全,保障本地域海洋航道的安全畅通。参见夏瑞琪:《“一带一路”倡议与“全球海上支点”战略契合研究》,北京:北方工业大学硕士论文,2018年,第19页。

③ 〔印尼〕沙菲雅·F. 穆希芭:《印尼海洋主张如何对接“一带一路”?》,李骁译,《社会观察》2015年第12期。

④ 中华人民共和国商务部:《马六甲海峡、苏门答腊岛与建设“21世纪海上丝绸之路”》,http://www.mofcom.gov.cn/article/i/dxfw/cj/201705/20170502576754.shtml. 2017年5月17日。

电站等重点项目开工建设，其中部分项目已发挥效益；丝路基金协议出资20亿美元设立中哈产能合作基金。

二、"一带一路"建设在周边支点国家面临的风险

(一)传统安全领域

1. 双边合作的矛盾

从现实主义国际关系理论流派看来，中国综合国力不断上升的过程也是改造或者至少是重塑当今国际秩序的过程。这种变化促使国际秩序调整的同时，也对现今国际格局产生了客观冲击。改革开放以来，特别是冷战后，随着中国经济的快速发展，周边的地区秩序发生了转变，美国的完全霸权局面被打破。周边支点国家搭上中国发展"便车"、促进了本国经济迅速发展的同时，这些国家内部开始出现不同的声音，本能地产生抵触和戒备心理，即担心中国经济方面的巨大影响力会迅速转换为政治影响力，进而影响其自身利益，从而容易对中国提出的"一带一路"倡议产生怀疑。中亚地区的原苏联各加盟共和国虽然已经独立，但与莫斯科之间依然保持着十分紧密的关系，俄罗斯长久以来视中亚地区为自己的"后院"，不容他人觊觎，2015年1月正式实施"欧亚经济联盟"，目前包括五个成员国。尽管中国提出的"一带一路"建设是一个开放包容的区域合作计划，并在2015年5月两国领导人签署了《中俄关于丝绸之路经济带建设和欧亚经济联盟建设对接合作的联合声明》，开启"一带一路"建设与欧亚经济联盟对接合作进程，但俄罗斯内部依然时不时有质疑的声音，即担心中国的"一带一路"成为"欧亚经济联盟"的替代性方案，中国在中亚不断上升的影响力，将会影响俄罗斯的地区利益，因而对"一带一路"建设存有不同程度的戒备心理。莫斯科卡内基中心主任德米特里·特列宁认为，俄罗斯不仅没有改善与欧美各国的关系，甚至也未能增加伙伴国，不应对中国寄予高的希望。① 此外，中俄同为谋求崛起的大国，中俄两国在国际舞台上战略合作的同时，在战略空间上也必然存在一定程度的竞争关系。俄罗斯认为中国在不平衡的双边贸易结构中占据有利地位，中国对于俄罗斯将大量武器出售给与中国存在领土争议的越南和印度也有意见。

在东南亚地区，中国与印度尼西亚在南海虽然不存在岛礁主权归属争端，但印度尼西亚以纳土纳群岛为基础主张的专属经济区和大陆架部分伸入到中国南海断续线范围内，产生了重叠海域。② 印度尼西亚与中国就低调处理两国在南海专属经济区的争议达成默契的同时，国内始终存在对于南海问题的

---

① Dmitri Trenin, It's Time to Rethink Russia's Foreign Policy Strategy, Carnegie Moscow Center, April 25, 2019.

② 张海文:《南海及南海诸岛》,北京:五洲传播出版社,2014年,第92页。

不同声音,尤其是军方对中国还是具有相当的疑虑[①],这将影响“一带一路”建设在印度尼西亚以及东南亚的顺利实施。

2. 第三方国家的影响

这种影响首先表现为第三方国家之间的合作。出于对“一带一路”影响力的担忧,中国周边的美国、日本、印度一直在酝酿并实施以促进区域互联互通来替代“一带一路”的方案。2015年9月,美日印三方支持在三边对话机制下成立一个新的专家级小组,为加强区域互联互通的合作而努力。特朗普政府主张建立一个专门应对“一带一路”和中国经济压力的发展融资机制,同时美国贸易发展署和日本经济产业省达成协议,希望能够展示美国和日本公司在基础设施建设方面的专长。2018年5月,美印商业理事会和美日商业理事会联合发起了印度—太平洋基础设施三边论坛,旨在召集三个国家私营公司,改善国外基础设施发展的协调性;促进以市场为基础的经济,支持善政和自由;帮助印度—太平洋地区进行有品质、有价值和可持续的基础设施建设。[②] 11月,印度总理莫迪和日本首相安倍在东京明确并寻求新的区域性连通性举措,包括印度的“亚非增长走廊”和日本的“扩大优质基础设施伙伴关系”。

其次表现为第三方国家积极拉拢周边支点国家。美国特朗普政府开始通过不断充实和细化“自由而开放的印太战略”、宣扬中国制造“债务陷阱”等负面论调、改革国际发展融资机制以及其他多种方式,不断加大对“一带一路”的制衡。美国在巴基斯坦利用所谓中国企业滥建“白象工程”(大而无用的工程)等弱点,注重把握出现的涉华负面社会情绪,借助巴基斯坦内部出现的反对“一带一路”的力量,强化对相关项目军事安全影响的监测。[③] 同时,美国加大与巴基斯坦伊姆兰·汗政府的接触力度,并利用自身在国际货币基金组织的影响力,希望新政府逐渐疏远中国的资金和项目。日本对于“一带一路”一直处于矛盾状态,既感到威胁又试图从中获得利益。虽然自2017年下半年起,日本高层不断释放支持“一带一路”的信息,但基于两国的历史积怨与当前困境,日本在周边支点国家寻求对华战略优势依然是其外交着力点之一。近年来,安倍政府一直希望利用中俄之间的矛盾来拉拢俄罗斯,成为其价值观外交的一部分。长期以来,印度视中国为其最大威胁,加上两国之间存在领土争端、“印巴冲突”中的中巴特殊关系,使得其对中国的“一带一路”倡议态度谨慎。印度在对东盟地区实施的“东进”政策中,重点就是发展与印度尼西亚的

---

① 张洁:《“一带一路”与“全球海洋支点”:中国与印尼的战略对接及其挑战》,《当代世界》2015年第8期。

② 〔美〕杰夫·史密斯:《美国学者提出应对“一带一路”倡议的11项措施》,陈新星、赖海榕译,《国外社会科学》2019年第1期。

③ Jonathan Hillman, China's Belt and Road Initiative: Five Years Later, Center for Strategic & International Studies testimony paper, https://www.uscc.gov/sites/default/files/Hillman_USCC%20Testimony_25Jan2018_FINAL.pdf.2020年7月30日。

关系，希望通过合作共同应对中国在东南亚地区的力量投射。

3. 周边支点国家国内政治发展的不确定性

一是国内政局存在不稳定。中国周边支点国家除俄罗斯外，都不同程度存在着政局不稳的风险。哈萨克斯坦作为威权体制国家，政权能否实现顺利过渡，将会对“丝绸之路经济带”建设产生不确定的影响。2019年3月19日，纳扎尔巴耶夫突然宣布提前结束总统任期，并将职权移交参议院议长托卡耶夫代行，直至选出新总统，但同时又宣布继续担任另外三项重要职务，即国家安全委员会主席、他所属的祖国之光党主席和宪法委员会委员。目前，尽管哈萨克斯坦开启权力过渡之门，但权力格局没有发生根本变化。未来哈国内“政治变化依然会对推进“一带一路”建设带来不确定因素，毕竟中哈在“一带一路”框架下的合作很多还是带有很深的纳氏烙印。

此外，巴基斯坦依然徘徊在现代国家建构的进程之中，巴基斯坦联邦政府和旁遮普省与其他较小省份之间缺乏信任，旁遮普与俾路支和开伯尔—普什图赫瓦省关于东西线之争；一些部落首领对于当地的发展没有强烈的意愿，尤其害怕本地人民在经济发展和思想开化后会威胁其统治；瓜达尔港所在的俾路支省反叛势力存在，这些都会严重影响到“中巴经济走廊”建设的优先性和执行效率。印度尼西亚国内政坛势力众多，多方制衡，印度尼西亚2019年选举有16个政党参加国会选举，这些政党诉求不一，呈现“碎片化”特征，总统所在的斗争民主党仅获得575席中的128席。[①] 加之印度尼西亚推行地方自治，中央政府需要协调各地方政府工作，总统佐科在2019年11月13日在西爪哇省出席“印尼进步”中央与地方政府全国协调会议与论坛上强调，地方政府必须简化妨碍投资和不断改善经商环境，因此必须消除过多的繁文缛节商业准字手续。[②] 这些将在一定程度上阻碍中印(尼)双边合作的发展。另外，宗教矛盾仍然是影响印度尼西亚政治生活的重要因素。

二是民族主义的抬头。在中国周边这些支点国家对于“一带一路”的态度，往往是政府层面以支持和欢迎为主，而社会中却会出现一些偏见甚至是激进的看法，这在印度尼西亚体现得较为明显。受制于历史上排华事件[③]以及本身长期存在的民族主义，印度尼西亚国内还存在“中国威胁论”，激进的伊斯

---

① 《印度尼西亚动态周报》(2019年5月第四期)，https://cis.gdufs.edu.cn/info/1014/1362.htm.2019年5月30日。

② 《正副总统出席“印尼进步”全国协调会议 佐科威指令地方首长不得随意发布地方法规》，〔印尼〕《商报》，http://www.shangbaoindonesia.com/read/2019/11/13/politics-1573659724.2019年11月13日。

③ 具体包括1996年“印度尼西亚大选排华骚乱”、1998年“雅加达排华事件”、2000年“雅加达抢劫华人商铺暴乱”、2007年“印尼排华骚乱”等。

兰报刊把中国对印度尼西亚的投资行为称为“新殖民主义”或“中国式经济霸权”。① 他们夸大中国派遣中国工人的数量，发表中国虐待和歧视当地工人的不实言论。这些劳工问题直接造成雅万高铁项目合格工人不足，也影响了民众对华情绪，从而阻碍了工程的施工进度。同时，印度尼西亚学界普遍持谨慎、怀疑甚至批评的态度，相当一部分学者和研究员对“一带一路”倡议的定位和内涵存在一定程度的误读和偏见。② 而在佐科政府上任后，民族主义势力开始有所抬头，明确宣布“同那些能够为印尼带来利益的国家交朋友”，为此有人认为佐科正在“偏离以前的千友零敌的原则”，代之而起的外交政策呈现独断的民族主义立场。③

此外，尽管近些年来“反对派”反华活动的积极性明显下降，“反俄行动”日益占据“首要地位”。④ 哈萨克斯坦国内依然存在反华情绪和对所谓“中国扩张”的担忧，政府将中国作为朋友并给予了肯定的评价，但由于不少中国人因经济合作关系进入哈萨克斯坦工作，哈萨克斯坦出现了反华游行。⑤

（二）非传统安全领域

1. 恐怖主义的现实威胁

“一带一路”建设在周边支点国家推进过程中，首先面临的非传统安全挑战就是恐怖主义。在这四个支点国家中，地处南亚、西亚、中亚的交汇处的巴基斯坦形势尤为突出，内部贫穷、落后成为孕育恐怖主义的温床。美国国务院在其相关的政策文件认为：“贫困、腐败、宗教冲突、种族冲突等潜在因素为恐怖主义的发展创造了机会……恐怖分子利用这些条件为其行动辩护并获得支持。”⑥其自身也是遭受恐怖袭击次数最多、反恐形势最为严峻的国家之一。目前在巴境内存在巴基斯坦塔利班运动、自山军、地方塔利班、虔诚军、坚戈维军、俾路支斯坦解放军、俾路支共和军、俾路支虔诚军、俾路支解放阵线、联合俾路支军、信德解放军、信德革命军以及许多没有明确身份的恐怖组织。近些年来，巴基斯坦恐怖袭击事件的数量日渐增多，2013—2017 年巴基斯坦共记

---

① Bebaskan Indonesia dari Penjajahan dan Perbudakan Cina? Voice of Islam. http://www.voa-islam.com/read/opini/2015/05/01/36684/bebaskan-indonesia-dari-penjajahan-dan-perbudakan-cina/. 2020 年 7 月 30 日。转引自潘玥：《“一带一路”背景下中印尼合作：成果、问题与对策》，《战略与决策研究》2018 年第 1 期。

② 米拉、施雪琴：《印尼对中国“一带一路”倡议的认知和反应述评》，《南洋问题研究》2016 年第 4 期。

③ 转引自徐汉滨：《中国印尼海洋合作问题研究》，桂林：广西师范大学硕士论文，2017 年，第 37 页。

④ 〔哈〕康・瑟拉耶什金：《当前中哈关系中的现实问题及解决路径》，丁超译，《俄罗斯东欧中亚研究》2019 年第 1 期。

⑤ Richard Ghiasy, Jiayi Zhou, The Silk Road Economic Belt: Considering Security Implications and EU-China Cooperation Prospects, Stockholm International Peace Research Institute (SIPRI) paper, February, 2017, p. 27.

⑥ Graeme Blair, C. Christine Fair, Neil Malhotra, etc. Poverty and Support for Militant Politics: Evidence from Pakistan, *American Journal of Political Science*, 2013, Vol. 57, No. 1.

录有恐怖袭击事件7 192起[①],其中针对中国人的恐袭事件也时有发生,甚至在2018年11月23日,中国在巴基斯坦最大城市卡拉奇的领事馆遭到3名恐怖分子的暴力袭击。

连接中国新疆和位于俾路支省西南部的瓜达尔港的"中巴经济走廊",中间有一系列的铁路和公路以及输送石油天然气的管道,俾路支的民族主义团体,比如俾路支解放部队之前一直从事于绑架和杀害外国人,尤其是中国人,以此来破坏巴基斯坦政府在俾路支省的发展目标,并且通过袭击与中巴经济走廊有关的基础设施,凸显巴基斯坦政府为这些项目提供安全保障方面的无能。同时,"东突厥斯坦伊斯兰运动"与巴基斯坦塔利班、"乌兹别克斯坦伊斯兰运动"等极端组织可能彼此勾结,对中国在该地区的项目和人员产生威胁。目前巴基斯坦军方为应对此类威胁,专门调拨了两个正规师1.5万名士兵,但这些也仅够十个大型项目的安保,走廊项目的总数远不止这些,而且为走廊项目提供安保的武装力量主要由三方面构成:地方警察、武装民兵以及巴基斯坦三军武装力量,他们之间严重缺乏协同调度。[②]

此外,在此值得担忧的是,巴基斯坦的大部分穆斯林民众对伊斯兰教的认同感很高,这种强烈的认同有时让他们对极端宗教思想及其组织毫无防备。2015年11月,皮尤研究中心的一份调查显示,巴基斯坦多达62%的人对极端组织没有意见,只有28%的人明确对"伊斯兰国"持负面评价。[③]

2. 跨国犯罪的不断干扰

在中国周边地区,随着"一带一路"建设促进了基础设施与财富的持续增长,刺激着各国之间的相互贸易发展,同步出现的是层出不穷的跨国犯罪。在周边各支点国家中往往表现为不同形式,如哈萨克斯坦的毒品犯罪以及贩卖人口、印度尼西亚地区的海盗抢劫。本文重点涉及的是海盗抢劫,印度尼西亚作为"21世纪海上丝绸之路"区域内的重要国家,其附近海域也是海盗出没频繁的地域之一。根据国际海事局(International Maritime Bureau,IMB)发布的《海盗及海上武装劫船报告(2018)》,尽管自2013年该地区海盗事件数量一直在下降,但绝对数量依然很高,2018年度发生了36起,位居世界第二位。在全球发生海盗事件超过3起(含3起)的18个港口中,印度尼西亚占了4个。[④] 这种状况是与极为羸弱的印度尼西亚海上打击犯罪实力密切相关,受

① 金华:《巴基斯坦恐怖袭击威胁分析与防范策略探讨》,《中国安防》2018年第12期。

② 中国人民大学重阳金融研究院、《财经》杂志中巴经济走廊调研课题组:《中巴经济走廊的难题》,《财经》2017年第7期。

③ 转引自马蓓:《"一带一路"框架下中国—巴基斯坦安全风险防范研究》,《世界宗教文化》2018年第3期。

④ International Maritime Bureau, Piracy and Armed Robbery against Ships: 1 January-31 December 2018. https://www.icc-ccs.org/reports/2018_Annual_IMB_Piracy_Report.pdf. 2020年7月30日。

制于人数和经费不足,印度尼西亚海上打击犯罪力量难以充分发挥作用,“仅能驻守于海岛区域、内水及领海领域中监管武备及走私犯罪、查处海上走私贩毒及偷渡人口行动,打击各种犯罪行为的力度极其有限,对于海盗及海面荷枪实弹抢掠工作基本达不到执法力度”①。这给“21世纪海上丝绸之路”的航行安全带来极大隐患。

3. 周边支点国家国内脆弱的经济环境

中国周边“一带一路”支点国家总体经济基础相对薄弱,对外开放的程度较低,加上近年来逆全球化和保护主义的逆流抬头,国际贸易和投资疲软、贸易紧张局势持续升级,世界经济呈现不确定性,导致这些国家经济下行压力较大。这就容易带来相关周边支点国家偿还贷款的能力较低,违约的可能性较高,而且基于设施连通的基础设施项目本身具有工期长、成本高、回本周期长的特点,这又增加了中国金融机构在这些国家推进项目的风险,尤其是“亚洲基础设施投资银行”(AIIB)在这些国家的投资项目。

此外,尽管为了发展本国经济,部分支点国家不断改善营商环境并取得了一些成效,根据世界银行发布最新《2019年营商环境报告》(Doing Business 2019)排名,哈萨克斯坦、俄罗斯、印度尼西亚、巴基斯坦分别位列第28、31、73、136位。② 但不容忽视的是,这些国家的国内还不同程度存在腐败、黑箱操作以及法律法规不健全等问题,尤其是对投资影响较大的腐败问题,根据透明国际排名,哈萨克斯坦、俄罗斯、印度尼西亚、巴基斯坦分别位列第124、138、89、117位。③

三、中国的应对之策

(一)强化双边合作中央政府层面的同时,注重开展地方层面差异化合作

通过前文表格中梳理可以看出,自“一带一路”倡议提出以来,中国与周边支点国家先后通过签署联合声明、谅解备忘录等形式完成了双边的政策对接,并在两国政府层面形成了一系列的合作机制,如领导人定期会晤机制、政府部门层面的沟通机制等。但六年多来“一带一路”建设的经验,未来推进的重心仅仅停留在中央政府层面还是远远不够的,越来越多的国内外学者开始关注

① 潘玥:《中国海外高铁“政治化”问题研究——以印尼雅万高铁为例》,《当代亚太》2017年第5期。

② World Bank, Doing Business 2019: Training for Reform. http://chinese.doingbusiness.org/content/dam/doingBusiness/media/Annual-Reports/English/DB2019-report_web-version.pdf. 2020年7月30日。

③ Corruption Perceptions Index 2018. https://www.transparency.org/cpi2018. 2020年7月30日。

到地方层面在“一带一路”建设中的合作。[①] 但中国与不同国家合作过程中还需要考虑其对象的差异性，既要考虑到不同国家的政治体制现状，又要涉及具体地方政府的经济诉求。

以中国周边四个支点国家为例，俄罗斯和哈萨克斯坦具有“超级总统制”的国情，在双边顶层设计的推动下，“一带一路”地方合作就是水到渠成；而对印度尼西亚和巴基斯坦而言，则需要在“一带一路”建设中充分考虑地方政府的利益关切，如在巴基斯坦需加强与部落领袖的对话和交流，尊重和照顾地方合理发展意愿，巴基斯坦总理伊姆兰·汗在2019年4月26日举行的第二届“一带一路”国际合作高峰论坛开幕式上表示，巴中两国正共同推动中巴经济走廊进入下一阶段，重点关注社会经济发展、扶贫、农业合作和产业发展。[②]

（二）加强双边人文交流

中国在周边“一带一路”支点国家的建设中，需要彼此之间有一个深厚的民间根基，毕竟这些国家的民族、语言、文字、宗教信仰、社会制度、习俗等方面与中国存在诸多差异，过去六年多的民心相通建设取得了显著进展，这使得中国与支点国家之间加深了彼此了解，深化了互信，不断为“一带一路”建设提供助力。未来，中国还需要进一步重视双边人文交流合作，加大民心相通建设，引导双边经济合作项目更多面向基层民众，向扶贫、环保、医疗、救灾等民生领域倾斜，使当地民众对“一带一路”建设更有获得感和认同感，实现发展程度各异、历史文化宗教不同的各国人民产生共同话语、增强相互信任、加深彼此感情。

此外，由于中国国际话语权整体上还落后于西方国家，在这些支点国家内部，部分西方媒体对于“一带一路”建设存有顽固偏见的报道，甚至是刻意抹黑，“中国威胁论”屡屡挑动民众的敏感神经。客观而言，人文交流绝对不是一朝一夕的事业，需要一以贯之、久久为功、细水长流，内容不断充实。中国一方面可以通过孔子学院、纸质媒体、网络等平台积极发声，特别是多借助“外嘴”“外笔”“外脑”，有针对性地宣传，改变当地民众对中国的认知，努力塑造“中国好形象”；另一方面要求中国前往当地参与“一带一路”建设的项目与企业，需要切实履行好社会责任，尊重当地文化习俗，尽量避免触及当地民族主义情绪，为“讲好中国故事”添砖加瓦。

（三）以非传统安全合作为着力点，实现增强互信

中国应通过开放性、包容性的非传统安全合作，避免出现由于“一带一路”

---

① 参见胡佳、王开茹：《地方政府跨国合作的动力机制与约束条件——“一带一路”背景下中国—东盟的案例研究》，《地方治理研究》2019年第2期；冯建勇：《边疆的“地方”格局与“世界”意义——四十年来中国边疆对外开放的理路与目标》，《学术月刊》2018年第12期；王明清：《中国东北与俄罗斯远东地缘经济关系研究》，长春：东北师范大学博士论文，2016年。

② 孟祥麟、李琰、王芳等：《共建一带一路 实现互利共赢》，《人民日报》2019年4月27日。

建设引发排他性竞争。对常以零和博弈思维的美日印等大国而言,中国推进“一带一路”干扰了其双边以及多边的合作,形成了结构性的矛盾。对此,中国可以一方面通过“一带一路”的实践项目成果,特别是在周边支点国家积极开展的“第三方市场合作”,来回应这些国家的利益关切,逐步改变它们对“一带一路”建设的认知;另一方面可以在周边“一带一路”区域,以非传统安全合作为着力点,与这些国家加强诸如反恐、打击跨国犯罪等行之有效的合作,并积极尝试提供区域公共产品,如在2020年席卷全球的新冠疫情中,中国主动向这些第三方国家进行视频会议,分享疫情防控与治疗经验。再结合中国与这些国家已有的对话机制,逐步积累互信。

对于周边支点国家而言,这四个国家中,除俄罗斯、巴基斯坦以外,另外两个国家都会和中国其他周边国家一样,不同程度地对中国奉行“对冲”战略,在双边合作过程中怀有戒备之心。对此,中国应该展现出大国包容之心,充分理解这些国家的此种心态。事实上我们也看到,中国目前奉行的“结伴不结盟”以及传统经济外交政策难以弥补中国在提供区域安全公共产品上的缺位。但中国更应该采取积极有为的态度,在坚持“不结盟”基本路线的前提下,在双边关系上以高质量的双边合作效益和示范作用来带动地区合作的进程,在此基础上将多个双边关系统合,形成全区域范围内的制度性经济与安全合作。[①]这里合作更多是以非传统安全为切入点,如中国在中亚地区在上海合作组织的组织框架内共同应对“三股势力”的威胁,中国继续深化与印度尼西亚已有的海上安全合作,打击地区海盗犯罪。

(四)提高危机管控意识,提前制定预案

对于周边支点国家,无论是政治发展不确定的风险,还是经济环境脆弱的风险,中国都需要提高危机管控意识。首先,对于政府层面而言,加强对“一带一路”建设重点项目的保护。受制于中国独立自主和平外交政策下的“不干涉内政”原则,中国外事、外交部门传统奉行不发声、不抢先、不介入的态度。在新时代,中国政府需要更多灵活掌握这一原则,如为在支点国家遭遇困难的“一带一路”项目积极发声。2017年3月30日外交部发言人针对日媒质疑雅万高铁是否能够如期竣工时表示,“中印(尼)双方合作的态度是坚定的”,“两国企业和金融机构是紧密的合作伙伴”,“中方对雅万铁路早日建成通车充满信心”。[②] 其次,对于企业而言,需要及时制定预案。“走出去”的企业,特别是私营企业需要改变传统经营思维,注意尊重所在国的法律,合法经营的同时,主动制定危机处理预案,争取在遭遇危机时能够将损失降至最低限度。

---

① 郝琦:《“一带一路”倡议中的战略支点选择研究》,济南:山东大学硕士论文,2017年,第23—24页。

② 2017年3月30日外交部发言人陆慷主持例行记者会,https://www.fmprc.gov.cn/web/fyrbt_673021/jzhsl_673025/t1450196.shtml.2017年3月30日。

总之,中国需要通过打造与支点国家的坚实关系来应对所面临的"百年未有之大变局"下周边环境挑战,化解区域内对中国崛起的种种担忧,努力构建周边"命运共同体和利益共同体",将"一带一路"建设推向更深层次、更宽领域、更高质量,去"顺应经济全球化的历史潮流,顺应全球治理体系变革的时代要求,顺应各国人民过上更好日子的强烈愿望"①。

Pivot States around China of Belt and Road Initiatives: Risks and Countermeasures

Liu Haiquan Fang Mengyue

Abstract The concept of the pivot state has received increasing attention. The surrounding areas are the core region of the construction of China's "Belt and Road Initiatives", and the important role of the pivot states in the areas around China is increasingly prominent. While China has achieved the construction results of the "Belt and Road" Initiatives in the pivot states, it needs to correctly understand the risks faced in these countries. The risks include both the contradiction of Sino-foreign bilateral cooperation, the influence of third-party countries, and the uncertainty of domestic and political development in the pivot states in the traditional security field, as well as terrorism, transnational crimes, and the fragile domestic economic environment in the pivot states in non-traditional security field. In this regard, China should strengthen cooperation with the central government of the pivot states, while focusing on developing differentiated cooperation at the local level; strengthening bilateral humanities exchanges; achieving non-traditional security cooperation as a focus to enhance mutual trust; raising awareness of crisis management and control, and formulating plans in advance.

Key Words "The Belt and Road Initiatives"; Pivot States; Risks; Countermeasures

① 习近平:《齐心开创共建"一带一路"美好未来——在第二届"一带一路"国际合作高峰论坛开幕式上的主旨演讲》,《人民日报》2019年4月27日。

“一带一路”是不发达国家的债务陷阱吗？

——基于政治经济学的分析

巩潇然 赵 敏

内容提要 为反驳西方政、学界“‘一带一路’是不发达国家债务陷阱”的论断，从政治经济学视角分析不发达国家政府债务的基本特征和本质，指出不发达国家政府债务规模扩大甚至陷入主权债务危机，主要受产业资本“底层竞争”、本国货币低估和非生产性社会总剩余使用方式的影响，本质上是后福特全球资本积累体制的必然产物。“一带一路”沿线国家的经验分析验证了国外资本的投资方式和本国政府债务收入的支出方式是政府债务率的主要影响因素。

关键词 “一带一路”；政府债务；后福特全球资本积累体制

中图分类号 F0-0

一、问题的提出

2013 年习近平在哈萨克斯坦纳扎尔巴耶夫大学作演讲时，提出“一带一路”合作倡议。此后，中国始终奉行“共商、共建、共享”的多边原则，旨在通过技术与资金支持，与沿线国家深化经贸联系，拓展产业循环空间，带动地区经济平衡发展，实现互利共赢，共同迈向更高质量发展阶段，携手构建人类命运共同体。截至 2020 年 7 月底，已有 136 个国家和 30 个国际组织与中国签署了 195 份政府间合作协议，合作范围由亚欧地区扩展到非洲、拉美和西欧等地区。随着越来越多的国家积极支持并投入到推动共建“一带一路”高质量发展进程中，西方政界与学术界受意识形态等因素影响，提出了一些质疑乃至蓄意抹黑，“‘一带一路’是沿线不发达国家的债务陷阱”便是其中的一种典型论调。“债务陷阱”论在学术界以印度学者切拉尼的“债权帝国主义”论为起源，将沿线不发达国家的政府债务问题归咎于中国的海外投资，[①] 所谓“债权帝国主

作者简介：巩潇然，上海对外经贸大学马克思主义学院讲师；赵敏，南开大学经济学院讲师。

基金项目：本文系上海市哲学社会科学规划课题“空间转向视角下的上海参与推动共建一带一路高质量发展研究”（2019EKS006）的阶段性成果。

① Sachdeva, G., Indian Perceptions of the Chinese Belt and Road Initiative. *International Studies*, 2018, Vol. 55, No. 4.

义"论，认为中国对"一带一路"沿线国家的投资[①]，持续加重被投资国政府的债务负担，当债务累积至超过被投资国政府的偿还能力时，该国将被迫依附于中国，中国海外投资计划也因此难以收回本金，最终必然失败。[②] 一些以美国为首的资本主义国家以切拉尼的理论为基础，指责中国为"一带一路"沿线不发达国家蓄意设置债务陷阱[③]，构陷中国给予沿线国家的贷款和投资是导向地投向了债务风险高、经济不发达的国家和地区，目的是等到这些国家无力偿还债务、不得不违约时，趁机掠夺该国的资产和经济剩余。[④]

客观看来，"'一带一路'是不发达国家债务陷阱"的曲解和指责，一方面源于西方世界对中国的固有偏见，另一方面则源于现存理论研究对不发达国家政府债务问题本质的解释尚不充分。目前与政府债务相关的理论研究主要集中于三个方面：第一，发达资本主义国家的政府债务理论，以发达国家为研究对象，描述性地研究该国从政府债务累积到出现主权债务危机的发展过程。早在1917年德国学者葛德雪就曾经提出资本主义国家将面临主权债务风险，但并未引起学术界重视，直到20世纪70年代后，发达国家财政赤字不断扩大，才使奥康纳、贝尔等学者陆续投入政府债务问题研究。[⑤] 这一类研究将政府债务或主权债务定义为中央政府在国家信用担保下以借款形式从国内外筹措的资金，对于政府而言这也是一笔未来必须偿付本息的负债。当一个国家的政府债务逐步攀升至超过其偿付能力时，就会出现主权债务危机。[⑥] 第二，20世纪80年代拉美债务危机后，逐渐出现以发展中国家的政府债务为研究对象的理论，大多运用新古典经济学方法，将不发达国家的主权债务危机归咎于不发达国家对国外借贷的过度依赖和国际货币市场波动等表层原因。大量贷款形式的国外资金虽然为不发达国家提供了暂时性的发展基金；然而，不发达国家往往以初级产品出口作为主要的收入来源，筹措和积攒未来还本付息的资金，加之世界市场中的初级产品价格相对于工业制造品价格更容易波动，国际货币市场的利息率水平也极不稳定；因此，这种国外贷款就可能导致不发

---

① Chellaney, B., China's Imperial Project Runs into Resistance, *China US Focus*, https://www.chinausfocus.com/finance-economy/chinas-imperial-project-runs-into-resistance. 2021年6月13日。

② Chellaney, B., China's Creditor Imperialism, *Asia-Pacific Defense Forum*, 2018, Vol. 43, No. 3.

③ The Department of Defense, *Indo-Pacific Strategy Report*, 2019, p. 8.

④ The White House Office of Trade and Manufacturing Policy, *How China's Economic Aggression Threatens the Technologies and Intellectual Property of the United States and the World*, 2018, p. 1.

⑤ 〔日〕大岛通义：《预算国家的"危机"》，刘守刚等译，上海：上海财经大学出版社，2019年，第29—30页。

⑥ Reinhart, C. M. & Rogoff, K. S., The aftermath of financial crises, *The American Economic Review*, 2009, Vol. 10, No. 2.

达国家的主权债务危机。[①] 一旦国际商品市场波动引起国际贸易条件恶化,不发达国家出口收入必然急剧下降,导致不能按期还本付息;或货币市场波动引起原本投资于不发达国家的国际资本外流,不发达国家背负的债务必然因利率上升而急剧上涨,也会导致不能按期还本付息,两种情况都会使不发达国家的政府债务负担加重,甚至演变为主权债务危机。[②] 第三,2013 年后逐渐出现了一些以“一带一路”国家政府债务与中国海外投资的关系为研究对象的理论,从不同角度论证了“一带一路”倡议是一种区别于资本主义国家的帝国主义海外投资的新模式。[③] 中国对“一带一路”国家的投资始终秉持共商共建共享原则,被投资国通过政府借款筹措的资金用于本国基础设施等固定资本投资,而不是用于非生产性消费支出。[④] 短期来看,这样的借款虽然使不发达国家背负了政府债务,存在一定潜在风险,但长期来看,却具有促进经济增长从而降低政府债务的效应。[⑤]

以上三类理论研究虽然提出了一些有参考价值的观点,然而对于政府债务和主权债务危机成因的解释尚不充分。首先,发达资本主义国家的政府债务理论不能直接用于解释不发达国家的政府债务形成机制。正如安德烈·弗兰克所说,“目前的发达国家过去虽然可能经历过未发展状态,但是绝没有经历过不发达状态”[⑥]。不发达国家在与发达资本主义国家显著不同的历史条件下发展起来,政府债务的形成机制也显著不同。其次,新古典经济学理论往往将不发达国家政府债务规模扩大的原因当作导致主权债务危机的根本原因,将资本跨境流动、国际贸易条件变化等影响因素视作不发达国家政府债务形成的根本原因,却没有说明不发达国家发展过程中往往不惜形成政府债务也要借贷、引进外资的原因,也很少以世界市场为总体背景分析不发达国家政府债务与本国货币、国际商品市场的关系。再次,以“一带一路”国家主权债务与中国海外投资的关系为研究对象的理论在一定程度上说明了不发达国家政

---

① Sachdeva, G., Indian perceptions of the Chinese belt and road initiative, *International Studies*, 2018, Vol. 55, No. 4.

② Aiyagari, S. R. & Mcgrattan, E. R., The Optimum Quantity of Debt: Technical Appendix, *Annals of Economics and Finance*, 2003, Vol. 4, No. 1; Hilscher, J., Determinants of Sovereign Risk: Macroeconomic Fundamentals and the Pricing of Sovereign Debt. *Review of Finance*, 2010, Vol. 14, No. 2.

③ 刘英:《“一带一路”并非“债务陷阱”》,《中国金融》2019 年第 6 期,第 81—82 页;宋颖慧、王瑟、赵亮:《“中国债务陷阱论”剖析——以斯里兰卡政府债务问题为视角》,《现代国际关系》2019 年第 6 期。

④ 程宇丹、龚六堂:《政府债务对经济增长的影响及作用渠道》,《数量经济技术经济研究》2014 年第 12 期。

⑤ 刘洪钟、杨攻研、尹雷:《政府债务、经济增长与非线性效应》,《统计研究》2014 年第 4 期,第 29—38 页;Kharusi, S. A., et al, External debt and economic growth: the case of emerging economy. *Journal of Economic Integration*, 2018, Vol. 33, No. 1.

⑥ Frank, A., The Development of Underdevelopment. *Monthly Review*, 1966, Vol. 18, No. 4.

府债务的短期增加不一定会导致主权债务危机，但是没有说明政府债务本就是不发达国家经济发展过程的必要环节及其成为不发达国家经济发展过程中必要环节的本质原因。

因此，本文试图从政治经济学的角度，为驳斥"'一带一路'是不发达国家债务陷阱"的错误论断提供一种理论依据。第二部分阐述不发达国家政府债务的基本特征，第三部分说明不发达国家政府债务的本质，第四部分通过经验研究估计"一带一路"沿线国家政府主权债务率的主要因素及其影响程度，第五部分提出总结与评价。

二、不发达国家政府债务的基本特征

20世纪70年代后，随着资本积累体制变化，全球经济体政府债务率①普遍攀升，不发达国家更先后爆发1970—1989年、1990—2001年和2001—2009年三次规模较大的主权债务危机。仅在第一次债务危机期间，发展中国家的债务总额已经增加了60%，超过13 000亿美元，政府平均债务率达到50%。②2010年后发展中国家的政府债务规模以每年7%的平均增速持续增长，截至2019年末，总额已超过20万亿美元，埃及、巴西等国家政府债务率更是攀升

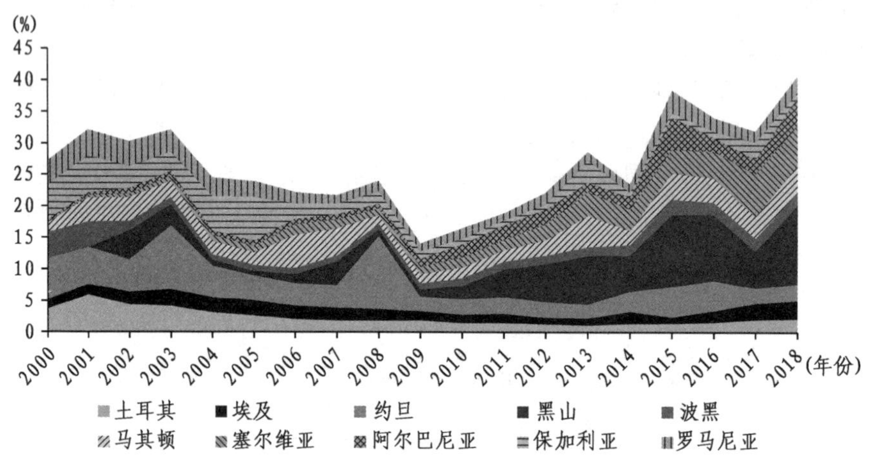

图1 2000—2018年期间中东欧、西亚和北非地区不发达国家的政府债务率

资料来源：DataBank(2000—2018)。③

① 政府债务率以"债务现值占GDP比例"来衡量。

② 依据世界银行、国际货币基金组织数据整理计算得出。

③ 位于该地区的波兰、伊朗等国家数据未见记录或存在残缺，因此未予以收录。

至 80%以上。[①] 图 1 以中东欧、西亚和北非地区为例展示了不发达国家政府债务的变化，无论由地区总体或个体国家的情况来看，政府债务率都居于较高水平，都在 2010 年后存在着明显上升趋势。与发达国家相比，不发达国家的政府债务增速更快、风险更大，并具有以下三重基本特征。

(一)不发达国家政府债务的累积性

2020 年发展中国家的政府债务率平均值达到 62%，委内瑞拉、苏丹等国甚至达到 350%和 266%。不发达国家的政府债务率普遍偏高，表明不发达国家国内经济增长不足以支持该国政府持续偿还对外债务的本息，这不仅意味着政府债务会不断累积、规模持续扩大，也表明这些国家违约风险极高，极易发生主权债务危机。造成债务危机的主要原因是不发达国家的生产力低于世界平均水平，在发达国家主导的经济全球化过程中占据不利地位[②]，国内企业在国际分工安排中往往处于低技术、低利润率的竞争性生产部门，对经济增长和政府税收的贡献也相对较低。加之，2008 年金融危机以来，包括不发达国家在内的经济体经济增长速度普遍持续放缓，2020 年更在新冠肺炎疫情冲击下萎缩至历史最低点。[③] 为了刺激经济活力，实现国内资本积累，不发达国家被迫实施积极的财政政策与扩张性的货币政策，导致政府支出剧增，不得不用新增债务的方式弥补财政赤字，使得政府债务规模进一步扩张。

另外，不发达国家的政府债务总体上以短期债务居多，仅 2020 年就有 1.3 万亿美元的债务到期。在政府收入不足的情况下，不发达国家或者选择为了偿还旧债再借新债，这样新增债务就无法用于生产性投资；或者选择债务违约，这样会使国内的投资环境与经济发展条件更加恶化。长期来看，两种选择都会加重不发达国家政府债务率，导致政府债务进一步累积。

反观中国给予“一带一路”沿线不发达国家的贷款，多数居于 25%至 55%的中、低负债率区间。[④] 对于遇到暂时性债务偿还困难的沿线国家，中国通常给予延期偿还和债务减免等援助，为减轻被投资国累积性债务负担做出了最大努力。仅在 2020 年内，考虑到新冠肺炎疫情对不发达国家经济发展的负面影响，中国已宣布暂停 77 个发展中国家偿债。

(二)不发达国家政府债务的脆弱性

不发达国家通过融入发达国家主导的资本全球积累体制谋求发展，通过对发达国家负债等方式获取维持本国消费与投资的资金，再通过以初级产品为主的商品出口获取收入、偿还债务。在此过程中，不发达国家与中心发达国家缔结依附性的经济政治关系，使不发达国家背负的政府债务具有源于其经

① 数据来源：Trading Economics。
② 杨圣明：《马克思国际价值理论与经济全球》，《政治经济学研究》2020 年第 1 期。
③ 世界银行《全球经济展望》报告。
④ 数据来源：《2018 中国对外直接投资统计公报(附表)》。

济结构的脆弱性,表现为易受国际金融市场波动和国际商品市场状况的影响。

不发达国家政府债务的脆弱性,首先表现为政府债务率随国际金融市场波动而大幅变化。由于国内资金不足,不发达国家的政府债务多为对外负债,以2020年数据来看,过半数的政府债务为以美元计价的对外负债;这样,美元等发达国家货币的汇率变动就会引起不发达国家政府债务规模的变化。其次,美国等主要发达国家和地区的货币政策往往会引起国际金融市场波动,因此也构成不发达国家政府债务规模的重要影响因素。2008年金融危机后,美联储与主要国家央行先后实施量化宽松政策,国际金融市场流动性充沛,美元利息率下降,不发达国家得到大量借款融资机会,在国内经济增速缓慢等因素造成的压力下,不发达国家政府大量新增借贷,债务率持续上涨。2014年起,美联储逐步终止量化宽松政策,美元利率上涨,不发达国家偿债成本随之上涨,政府债务规模和债务率随之进一步大幅扩大,甚至出现主权债务不可持续和违约现象。

其次,不发达国家政府债务的脆弱性,表现为易随国际商品市场状况而变化。由于国内投资和消费需求不足,不发达国家主要依赖国际商品市场实现商品流通,通过商品出口获得收入,偿还政府债务。在这样的模式下,当国际贸易环境良好、不发达国家出口额较大时,政府债务或许是可持续的;一旦国际贸易环境恶化、不发达国家的出口额减少,政府债务规模就会急剧扩大,甚至达到或超过不可持续的门槛。比如,拉美国家出口额大幅下降,就是导致20世纪80年代的拉美债务危机的重要因素之一;2014—2016年大宗商品需求暴跌,也引起了多个不发达国家的政府债务规模扩大。此外,金融危机后“逆全球化”浪潮愈演愈烈[①],以美国为首的发达国家先后出台了9 500余项贸易保护措施,国际贸易环境急剧恶化,使不发达国家出口贸易额随之减少,进一步加剧了不发达国家政府债务的规模扩大。

相比之下,“一带一路”沿线国家对中国的负债规模则相对稳定,极大程度上削减了被投资国政府债务的脆弱性。首先,中国外汇储备量居于全球首位,有实力保持币值相对稳定;这样,“一带一路”沿线不发达国家对中国以人民币计价的负债规模就相对稳定,被投资国因国际金融市场波动蒙受损失、增加债务率的可能性就比较低。其次,中国致力于与沿线国家缔结资金融通、贸易畅通的经贸合作,塑造良好的经贸合作环境,并通过与多边金融机构合作,探索在市场经济条件下践行更加符合“一带一路”沿线国家需要、遵循世界市场货币流通规律、惠及多方的商业性投融资模式,作为政策性资金的有效补充。再次,中国对“一带一路”沿线国家的海外投资,很大一部分是非金融类直接投资。2020年全年中国对“一带一路”沿线国家非金融类直接投资达到177.9

① 尹兴:《金融化视角下的全球化与逆全球化》,《海派经济学》2020年第3期。

亿美元，占全国对外投资的 16.2%。[①] 在这样的投资模式下，中国与被投资国实现即时性的商品交换，最大限度地降低被投资国由于国际贸易环境变化而引发的债务违约风险。

(三)不发达国家政府债务的非生产性

不发达国家政府债务的非生产性特征，表现在债务收入的特殊使用方式上。不发达国家通过借贷取得的资金，多数没有用于固定资本等生产性投资，而是用于支付利息和维持国内消费性支出。与发达国家相比，不发达国家人均国民收入较低，消费率却已升至 55%至 75%的较高区间，其中权贵阶层的享受型消费在支出结构中占比极高。[②]

这样的政府债务收入使用方式，是由不发达国家特殊的政治经济权力结构造成的。与发达国家相似，不发达国家融入资本主义体系后，资本主义在这里也要通过原始积累得以建立和发展；不同的是，不发达国家的原始积累过程往往以国家为中心，严重依赖于国家的政治权力。“因此，这(原始积累)在很大程度上取决于国家是如何组成、由谁组成的，以及国家过去、现在和未来能够或准备做些什么来支持或反对资本积累过程”(Harvey，2003)。[③] 除了少数进行过彻底革命的社会主义国家外，多数不发达国家都是在落后的封建社会甚至奴隶社会基础上建立起来的，这种落后的社会形态与资本主义生产方式相结合，产生了一种兼具二者缺陷的政治经济混合体，往往导致社会剩余流向非生产性消费。这样的债务收入使用方式，具有抑制经济增长和社会生产力发展的消极作用，从而使不发达国家的政府债务率加速恶化。

针对不发达国家债务收入使用方式方面的特征，中国对“一带一路”沿线国家的大量海外投资落足于基础设施和工业化建设等生产性领域，促进被投资国经济增长。2015 年至 2020 年间，中国与“一带一路”沿线国家新签对外承包工程合同额由 692.6 亿美元上涨到 911.2 亿美元，占比由 47.7%上涨到 58.4%。[④] 根据 2019 年 4 月世界银行发布的《公共交通基础设施——量化模型与“一带一路”倡议评估》，仅在交通基础设施项目方面，中国的投资已经为合作国家和经济体带来了 3.35%的 GDP 增长。这种不附加政治条件的生产性投资方式，不仅不会提高被投资国的政府债务率，反而有助于降低被投资国由于政府支出结构而造成的债务率。

① 数据来源：国家统计局。

② Baran，P. A.，On the Political Economy of Backwardness，*The Manchester School*，1952，Vol. 20，No. 1.

③ Harvey，D.，*The New Imperialism*. Oxford：Oxford University Press，2003，p. 91.

④ 数据来源：国家统计局。

三、不发达国家政府债务问题的本质

基于不发达国家政府债务不同于发达国家的基本特征可知，不发达国家的政府债务形成和规模扩张受到本国落后的经济发展水平、世界市场波动和本国政府收支结构等因素影响。然而，这些因素本身就与不发达国家的政府债务问题有着同一个本质，即在资本主导的全球积累结构与本国“封建—资本主义”[①]政治经济权力关系的共同作用下，中心发达资本主义国家对不发达国家的经济掠夺与价值转移。一方面，不发达国家缺乏维持本国消费和发展所必需的储备货币和产业资本，被迫融入世界市场寻求支持，随之逐步融入发达国家主导的资本全球积累体制，逐步形成了极具累积性和脆弱性的高政府债务率。[②] 另一方面，作为“封建—资本主义”政治经济复合体的不发达国家政府，既已逐步转变为资本主义生产关系的内在组成部分，又在一定程度上保有前资本主义的权力阶层和社会关系；两方面的经济政治权力相互冲突、相互妥协，塑造了非生产性、不利于偿还债务的政府收支结构，从而进一步提高政府债务率。具体来说，在全球资本积累体系中，中心发达资本主义国家主要通过以下三重机制掠夺不发达国家的财富和剩余，加重不发达国家的债务负担，甚至陷入主权债务危机。

（一）不发达国家在资本主义全球生产方式中的“底层竞争”

在后福特制全球积累体制下，占据主导地位的发达国家通过国际分工安排，将不发达国家的产业资本限制于去技能化、低利润的生产部门和生产环节。这样的分工安排对处于积累体系中心或边缘的国家有着截然不同的影响：一方面，边缘的不发达国家的社会投资成为资本在全球范围实现积累的内在环节，意味着发达国家的资本得以降低生产成本、攫取超额利润；另一方面，被迫卷入激烈“底层竞争”之中的不发达国家不仅蒙受“不发达的发展”所带来的经济损失，还为了筹措发展所需的货币资本背负上巨额的对外债务，这往往成为不发达国家政府债务问题的起点。

20世纪70年代后，资本主义国家的资本竞争加剧，福特制资本积累体制内在的矛盾深化，资本主义国家内部纷纷爆发以劳动力和资本双重过剩为表现的滞胀危机。美国等发达国家的资本为了获得剩余价值，不得不调整积累方式，转向以剥离非核心业务、模块化生产、使用“去技能化”非正式雇佣劳动为特点的灵活积累体制。现代信息技术与交通通信技术的发展加快了后福特

---

① 多数不发达国家是在落后的封建社会甚至奴隶社会基础上建立起来的，前资本主义的社会形态与资本主义生产方式相结合，产生一种兼具资本主义经济结构和前资本主义政治权力的社会关系总和，不发达国家的政府往往是前资本主义特权阶层与新兴资本互相冲突、互相妥协的产物。本文用“封建—资本主义”表示这种特殊的兼具资本主义和前资本主义性质的政治经济混合体式的国家。

② 中国等社会主义国家是例外，外债比例非常低。

制积累体制在世界范围的扩散过程：信息化、数字化技术发展，使发达国家的资本可以将生产环节分割为越来越细化的部分；交通和通信技术发展，使发达国家的资本可以将各生产环节安排到世界范围内最有利于积累的地点。众多不发达国家由于劳动力和土地等生产要素成本低廉，成为发达国家的资本向外转移生产环节的重要目的地。

然而，发达国家转向不发达国家的资本往往集中于竞争激烈、对技能要求不高的生产环节，而将对劳动复杂程度要求高、具有垄断性的生产环节，如研发、设计、营销等，留在本国或向其他发达国家转移。对于发达国家而言，通过将本国业务集中于垄断环节，可以使本国资本凭借极少甚至为零的投资量，对不发达国家的竞争性资本建立并保持高度的控制力。以 20 世纪后发展迅速的电子信息产业为例，位列前 1%的公司在市值份额、收入额和资产额等方面占比不断攀升，逐步占据绝对主导地位。这样，不发达国家虽然可以获得一些海外投资，所获利润却大量被转移回投资国，为被投资国所作的贡献非常有限。同时，转移到不发达国家的生产部门和生产环节往往对资本最低限额和劳动者技能要求较低，在世界市场中竞争程度非常高，从而将不发达国家的产业资本卷入利润区间下限不断被拉低的“底层竞争”中。

对于不发达国家而言，“底层竞争”愈演愈烈，首先意味着劳动者收入水平很低，基于这些收入所形成的政府税收收入也非常低。由于投资于不发达国家的资本能够创造的工作岗位有限，国内劳动力市场中存在大量产业后备军，为了获得有限的工作机会，工人甚至愿意接受低于生存工资的最低水平工资；为了扩大利润区间、吸引海外投资，从而增加政府收入，不发达国家的政府也愿意将提供和要求企业提供的福利和劳动保护程度降至最低。① 其次，“底层竞争”使世界市场中不发达国家的产品价格不断被压低，这样，投资于竞争性部门的产业资本只能获得最低水平的平均利润率，也就只能以最低水平向政府纳税，企业对政府的税收贡献也十分有限。考虑到不发达国家政府往往会为了引资而给予外资税收减免等优惠政策，投资于不发达国家的国外产业资本对不发达国家政府的税收贡献实际上可能更小。当国际贷款利率较低且不发达国家出口额较高时，这种投资模式或许还可以持续；一旦出现名义利息率上升或出口额下降的情况，不发达国家政府债务必然急剧上涨，甚至演变成债务危机。20 世纪 80 年代的拉美国家原本政府债务率很低，却在很短时间内陷入主权债务危机，很大程度上就是由于美元利息率急剧上涨以及拉美国家出口额大幅下降。

此外，国际金融市场波动也会加剧不发达国家在资本全球积累体制中蒙

① Smith, J., *Imperialism in the Twenty-First Century: Globalization, Super-Exploitation, and Capitalism's Final Crisis*. New York: Monthly Review Press, 2014, p. 224—251.

受的损失，进一步增加不发达国家的政府债务负担。在竞争加剧和资本有机构成上升等因素作用下，资本主义体系中平均利润率有下降的趋势。趋于下降的平均利润率，除了迫使发达国家的一部分资本转向不发达国家寻求投资机会之外，还会迫使大量资本转向金融领域寻求获利机会。金融资本不参与剩余价值的生产，只能以剥夺职能资本部门生产的剩余价值为来源，获得利息收入。为了满足本国大量闲置金融资本的生息需求，发达国家往往通过种种方式，迫使不发达国家开放本国金融市场，为金融资本跨国、跨区域流动提供便利。这些资本不仅不对不发达国家进行生产性投资，还通过利息等方式对不发达国家的大量剩余产品进行追索，当今，这种金融化的跨国投资方式已经成为新自由主义时代发达国家的资本掠夺不发达国家剩余价值的重要模式。① 此外，美国等发达国家的金融资本对本国货币政策和利息率高度敏感：当本国实施量化宽松政策、利息率下降时，金融资本就会大量涌入不发达国家的金融市场，不发达国家政府就会需要为扩大本国投资提供便利；当本国实行紧缩性的货币政策、利息率急剧上升时，金融资本就会从不发达国家大量外流，不发达国家政府就会陷入待支付本息急剧扩大的困境。本国经济对外部资金的高度依赖，使不发达国家的政府税收和利息支出极易受国际市场和发达国家经济情况变化的影响，不得不在一定程度上放弃经济社会和财政金融政策选择方面的自主权，为不发达国家的政府债务规模扩大和债务危机爆发埋下伏笔。

因此，尽管不发达国家利用外来资本进行了一些投资，但是这种投资主要是为发达国家的资本积累而服务，而不是为了本国发展而服务。同时，不发达国家政府为引进和利用发达国家的资本不得不付出巨大成本，如基础设施建设等②，这些前期投入如果没有得到相应的回报，也会成为政府债务恶化的另一个原因。

(二)不发达国家本国货币的"非货币化"

国际商品市场和国际金融市场是资本主义积累体制的内在矛盾向不发达国家传导的两大主要渠道，不发达国家的本国货币在世界市场上的"非货币化"，是中心发达资本主义通过不平等交换掠夺不发达国家的经济剩余的另一重机制。在此机制下，作为不发达国家偿付借款主要收入来源的出口贸易收入受损，偿付对外借款难度增大。全球化的生产方式以及与之相适应的世界货币体系安排，就是导致不发达国家政府债务规模扩大甚至发生主权债务违约的本质原因之一。

20世纪70年代后，布雷顿森林体系瓦解，世界交换价值形式的"去黄金

---

① Chesnais, F., The Economic Foundations of Contemporary Imperialism. *Historical Materialism*, 2007, Vol. 15, No. 3.

② Harvey, D., *The Limits to Capital*. London & New York: Verso, 2006, p. 225.

化”，将生产和流通全球化推向空前的高度，从而使资本跨国流动更加便利，更加深化不发达国家在世界市场流通领域对不发达国家的剥夺。在资本主义发展初期，世界货币统一为黄金等贵金属形式，促进了世界市场的发展；与此相反，资本主义生产关系的全球化发展到一定程度后，反而通过“去黄金化”的世界货币体系，迫使不发达国家参与到全球生产网络中。

第二次世界大战结束后，曾经的殖民地国家纷纷独立，大部分都发行了政府背书的纸币作为本国法币。但是，在战后的货币体系安排中，不管是与黄金挂钩的布雷顿森林货币体系，还是与黄金脱钩的牙买加货币体系，都要求各国以美元、欧元和英镑等发达国家和地区的储备货币进行世界市场中的交易和结算。因此，大多数不发达国家的本国货币都具有双重价值形式。

在国内市场中，不发达国家的本国货币作为一般等价物，处于价值形式的右边。因此，本国货币虽然失去了所代表价值量的标的物形式，但在国家信用背书和国家权力要求下，依然能够执行一般等价物的职能，代表法定的社会效力。它所代表的法定价值量由本国商品世界的货币流通规律等内在运动规律决定。在最简单形式下，其价值量由本国市场流通中的货币总量和社会必要劳动时间总量决定，也可以换算成“世界劳动的平均单位”①衡量它所代表的劳动时间量。在世界市场中，不发达国家的本国货币丧失作为“一般等价物”的职能，其国别商品的价值量由世界货币表现。这意味着，不发达国家的货币在世界市场中所代表的价值量，不是它们国家所规定的必要劳动时间量，而是由它们在世界市场中能够实现的以美元计价的必要劳动时间量。后者由商品所包含的以“世界劳动的平均单位”衡量的劳动总量以及美元所代表的世界必要劳动时间量共同决定。

在不考虑国际金融市场、跨国投资等因素的条件下，非美元货币相对价格的表示形式如公式(1)所示：

$$\begin{aligned}1\text{ 单位本国货币} &= a\text{ 单位的美元} \\ &= T/(D*t_2)=[T/(D*t_1)]*(t_1/t_2)\end{aligned} \tag{1}$$

其中，T 为世界必要劳动时间总量；t_1 为单位美元所代表的平均世界必要劳动时间；t_2 为单位世界货币所代表的世界货币发行国的世界必要劳动时间；D 为非美元国家在世界市场上获得的美元总量。

对于不发达国家而言，其商品所能交换的美元数量取决于三个因素：本国的生产力水平、世界平均生产力水平，以及由美国等世界货币发行国的法定权力机构决定的每单位美元所实际代表的价值量。由于发行世界货币的发达国

---

① 这是对世界水平各国、各产业劳动进行度量的平均单位。在《资本论》第一卷中，马克思提到，“在一个国家内，只有超过国民平均水平的强度，才会改变单纯以劳动的持续时间来计量的价值尺度。在以各个国家作为组成部分的世界市场上，情形就不同了。国家不同，劳动的中等强度也就不同；有的国家高些，有的国家低些。于是各国的平均数形成一个阶梯，它的计量单位是世界劳动的平均单位”。

家生产力水平往往高于世界平均水平，相应地世界必要劳动时间往往低于平均世界必要劳动时间；因此，不发达国家的本国货币在世界市场上必然面临着被低估的结果。这对于不发达国家而言有两重影响：第一，不发达国家为了偿还国外借贷的本息，必须在世界市场中通过商品出口获得世界货币，即不发达国家必须依赖于世界出口市场；第二，与货币没有被低估的发达国家相比，不发达国家在商品出口中只能获得更少的世界货币量，在商品进口中却要使用更多的世界货币量。

(三)不发达国家"封建—资本主义"混合体式的权力结构

不发达国家的政府债务问题，起点是不发达国家在资本全球生产方式下的收入不足，这种必然性的收入不足是在全球分工体系中的"底层竞争"和在世界货币体系中本国货币低估共同作用下形成的。不过，从社会再生产的角度来看，不发达国家对社会总剩余的使用方式也是加剧政府债务负担的另一个重要机制；而不发达国家这种特殊的社会总剩余使用方式，本身也是资本主义全球化发展的必然结果。

并入发达国家主导的资本全球积累体制后，资本主义生产方式与不发达国家固有的权贵阶层相结合，构成了国家内部特殊的"封建—资本主义"混合体式权力结构。在这样的权力结构下，有产者往往按照自身利益制定社会规则，即使为了缓和矛盾制定一些安抚公众的政策规定，这些政策规定多数也不会被贯彻到底。由于国家的政府机构本质上是封建贵族的土地权力和新兴资产阶级的资本权力相互制衡、相互妥协的产物；因此，政府既不能制止土地寡头挥霍浪费，也不能制止资本家实施垄断暴力和向外转移资金。为了防止底层人民反抗和保护现存私人财产所有者的经济特权，国家只能将大量政府收入用于军队建设和军费支出。这样，与发达经济体以及社会主义经济体相比，"封建—资本主义"的不发达国家只能将更少的社会总剩余用于社会再生产。保罗·巴兰对此做了非常深刻的分析：发达国家的帝国主义、不发达国家的资本主义与封建残余共同作用，致使不发达国家大量的社会剩余流向国外和本国资产阶级的消费领域。"不发达国家初出茅庐的贫弱资产阶级一无所求，只能顺应现存的秩序。他们生活在以特权为基础的社会，但求分得一碗现成饭。他们在政治和经济上都要同国内封建领主或强大的外国投资者打交道，过去一百年间在落后地区发展起来的那些工商业都已迅速地被纳入垄断集团——寡头统治者的富豪伙伴——的控制之下。其结果是，产生了一种封建主义和资本主义这两种世界的劣点兼而有之的政治经济混合体，而且有效地阻塞了经济增长的一切可能性。"①

① Baran, P. A., On the Political Economy of Backwardness, *The Manchester School*, 1952, Vol. 20, No. 1.

由于以上原因,不发达国家自身生产的社会剩余往往不足以满足社会生产性和非生产性消费需求,不得不依赖于对外借贷和经济援助。从债务结构来看,不发达国家政府债务主要包括:双边援助、双边出口信贷、多边援助、区域性的双边或多边援助等。这些来自发达国家的债务往往附带一定的政治条件,并被限定在非生产性的特定领域。这样的国际借贷实际上类似于封建式借贷,将借贷来的资金用于非生产性消费,从而不断累积债务,并加重不发达国家债务负担。这样的国际借贷形式,一方面意味着不发达国家政府还本付息的能力依赖于本国生产性投资所产生的剩余产品,要求这些剩余产品能够在世界市场中实现价值并以世界货币的形式回流。然而,如前所述,由于不发达国家的资本在全球分工中所处的劣势地位和本国货币低估等问题,即使不考虑落后于世界平均水平的劳动生产率因素,多数不发达国家的社会剩余也会向发达国家大量转移,只能从世界市场上获得低于本国商品价值量的世界货币量。另外,国际债务加重了本国资本负担,也会进一步抑制私人投资。为了对冲以上因素对私人投资的抑制作用,不发达国家政府往往为了鼓励私人投资,在征税、管制外汇等方面予以妥协,这在一定程度上进一步减少了政府收入。因此,大多数资本主义世界体系中的不发达国家,由于特殊的“封建—资本主义”权力结构导致的非生产性支出结构,社会总剩余本就不足,又会在世界市场上大量流失,最终加剧政府债务率,直至陷入主权债务危机。

四、“一带一路”沿线国家主权债务的经验分析

(一)模型与数据说明

在以上理论分析的基础上,为进一步说明不发达国家主权债务危机主要来自国际货币市场、国际商品市场和政府内部结构等因素,而非来自外部对内投资的影响,本文试图构建一个可度量、数据可获得的指标体系对相关影响因素进行指代,并通过模型估计各因素的影响程度。

不发达国家对世界商品市场的参与程度以该国进口额和出口额作为指标。不发达国家货币在世界货币市场中的“非货币化”程度以本国货币兑美元的名义汇率对购买力平价汇率的偏差程度衡量,具体表示为:$e/p-1$。其中,e 代表本国货币兑美元的名义汇率,p 代表以美元表示的购买力平价汇率。以政府对本国的投资表示国家直接参与本国社会再生产的程度,作为国家对经济发展参与程度的指标。

以上指标是主要的解释变量,以“一带一路”沿线国家主权债务的负债率作为被解释变量,加入控制变量,对“一带一路”国家政府主权债务的主要影响因素进行分析。计量模型构建如公式(2)所示:

$$dr_{it}=\alpha_0+\beta_1 inr_{it}+\beta_2 epr_{it}+\beta_3 lexp_{it}+\beta_4 limp_{it}+\beta_5 lge_{it}+\beta_6 lge_{it}^2+\beta_7 lc_{it}+\varepsilon_{it} \tag{2}$$

其中，dr_{it} 为被解释变量，表示 i 国在 t 期的主权债务负债率，由政府承担偿还责任的债务与 GDP 的比重衡量。inr_{it} 为 i 国在 t 期所接受的国外投资与本国 GDP 的比值。epr_{it} 为 i 国在 t 期名义汇率对购买力平价汇率的偏离程度，用来解释 i 国主权债务因世界市场货币因素所受的影响。$lexp_{it}$ 为 i 国 t 期美元计价净出口的对数，用来解释该国在世界商品市场所获储备货币对主权债务的影响。$limp_{it}$ 为 i 国 t 期以美元计价的净被投资额的对数，用来解释国外净投资对该国主权债务的影响。lge_{it} 表示 i 国 t 期政府投资规模的对数，该指标在一定程度上反映该国政府对社会再生产的参与程度。考虑到政府投资增加除了增加政府债务的同时，也会起到促进经济发展、增加政府税收收入从而降低政府债务的效果，因此，添加了二次项 lge_{it}^2。为了更好地考察解释变量的影响，添加固定资本存量作为控制变量，其中，lc_{it} 表示 i 国 t 期的固定资本规模的对数，代表 i 国的社会再生产能力。

模型使用 2002—2018 年“一带一路”沿线 65 个国家的面板数据，其中，65 个沿线国家依据中国一带一路网公布的名单选取，主权债务率（dr）、购买力平价汇率、进出口总额、政府支出额、固定资本存量等相关数据来自世界银行（World Bank），名义汇率、对内投资率数据来自国际货币基金组织（IMF）。表 1 展示了上述变量的描述性统计结果。

表 1　　变量符号及其描述性统计

符号	变量	样本数	均值	标准差	最小值	最大值
dr	主权债务率	712	2.22	2.52	0	20.01
inr	对内投资率	1 074	25.57	2.08	18.32	31.21
epr	汇率偏离度	969	4.18	24.83	−0.98	410.89
$lexp$	出口额对数	959	28.20	1.89	22.36	31.79
$limp$	进口额对数	959	28.32	1.71	22.34	31.81
lge	政府投资额对数	938	22.61	1.82	16.73	27.65
lc	固定资本存量对数	739	0.006	0.02	−0.13	0.20

（二）经验结果及分析

表 2 展示经验分析的对比结果，其中，模型（1）是对政府主权债务和内部投资率的 OLS 估计，模型（2）是根据 Hausman 检验结果、使用固定效应模型进行估计的结果，模型（3）是加入了控制变量的结果。

如结果所示，“一带一路”国家所接受的国外投资对政府主权债务没有显著影响，这说明国外投资对政府主权债务不是以直接形式发挥作用，而是以不发达国家参与世界市场的程度、政府对本国经济的参与方式等为媒介，间接性地影响政府债务。其中，名义汇率对购买力平价汇率的偏离程度、进出口额、政府支出额因素对政府主权债务的影响非常显著。

表2　“一带一路”沿线国家主权债务的影响因素

解释变量	(1)	FE	
		(2)	(3)
inr	0.005 (0.27)	0.02 (1.38)	0.03 (1.41)
epr		0.74*** (8.26)	0.70*** (7.49)
lexp		0.86*** (5.03)	0.91*** (5.38)
limp		−0.91** (−2.48)	−1.21*** (−5.01)
lge		5.07 (1.61)	4.18*** (4.30)
lge^2		−0.10 (0.02)	−0.08*** (−4.06)
lc			0.10** (2.05)
常数项	1.87*** (21.95)	−12.12*** (−3.71)	−46.11*** (−4.34)
观测值	712	628	485
拟合优度	0.03	0.22	0.23

说明：括号内为参数估计的 z/t 统计值，*、**、*** 分别表示在10%、5%、1%的水平下显著。下同。

结果显示，名义汇率对购买力平价汇率的偏离程度越大，政府主权债务率越高。模型以名义汇率对购买力平价汇率的偏移程度作为不发达国家货币在世界市场中被低估程度的指标，这表明：不发达国家本币被低估得越严重，政府主权债务率越高。由于本币在世界市场中的“非货币化”，不发达国家在偿还债务时必须支付储备货币，从而必须在世界市场中将本国商品交换为储备货币；同时，由于货币低估，不发达国家在世界市场中面临“货币”歧视，不得不承担因货币低估而导致的财富损失。

出口额的增加会增加政府主权债务率，而进口额的增加反而会降低政府主权债务率。根据上述分析，20世纪90年代后国际分工发生显著变化，在国际商品市场中，不发达国家所处产业环节往往存在严重的“底层竞争”，本国产业只能获得较低水平的利润。同时，不发达国家的产业需要为使用发达国家投入的借贷资本支付高额利息，加之不发达国家对此类资本往往实行多种形式的税收优惠，因而依赖于国外资本的外向型产业对本国主权债务率反而有正相关效应。相反，不发达国家进口品中的很大一部分用于本国产业发展，因此进口额增加，反而有助于降低政府主权债务率。回归结果显示，政府投资对主权债务的影响为正，二次项符号则为负，这说明社会投资导致的政府支出增加会带来政府债务增加，但是随着投资额的提高，政府以税收等形式获得的收入也会增加，主权债务率就会下降。

(三)稳健检验

为了确保估计结果的稳健性，本文采用美国与中国对“一带一路”沿线国家的直接投资数额代替“一带一路”沿线国家所接受的所有国外投资额作为被解释变量，进行稳健性检验。美国对“一带一路”沿线国家投资的数据来自美国经济分析局，中国对“一带一路”国家投资数据来自商务部、国家统计局、国家外汇管理局联合发布的《2018年度中国对外直接投资统计公报》。结果如表3所示。

表3 中美对外投资对“一带一路”沿线国家主权债务的影响

解释变量	(1)	FE	
		(2)	(3)
fdi	$-1.83e-06$ (−1.52)	$-1.23e-07$ (−0.10)	$3.02e-07$ (0.24)
epr		0.42*** (4.66)	0.49*** (4.91)
$lexp$		0.47** (2.20)	0.60** (2.45)
$limp$		−0.43* (−1.88)	−1.09*** (−3.85)
lge		5.09 (0.22)	4.66*** (4.07)
lge^2		−0.10	−0.09*** (−4.01)
lc			0.08 (1.40)
常数项	1.75*** (40.32)	−51.71 (−0.19)	−44.54*** (−3.53)

估计结果显示，不管是美国还是中国对“一带一路”沿线国家的直接投资都对“一带一路”沿线国家政府的主权债务影响不显著，汇率低估程度、进出口量、政府对本国投资情况等是影响政府主权债务的关键因素，且这些因素对政府主权债务的影响方向也与前文结论一致，表明前文的经验分析结果是稳健

可靠的。这意味着，对于“一带一路”国家而言，所接受的国外投资额本身不是影响其政府主权债务率的因素，外国资本对本国的投资方式和本国政府对债务的支出结构才是影响不发达国家政府主权债务的关键因素。

五、总结与评价

不发达国家的政府债务具有累积性、脆弱性和非生产性等基本特征，是由发达国家的资本主导的后福特主义全球积累体制的内在矛盾造成的。由于生产力水平落后和国内资金不足，不发达国家的产业资本在国际分工安排中被限制于“底层竞争”激烈的生产部门和环节，能够获取的利润和向政府缴纳的税收本就有限；国际货币体系安排又造成不发达国家本国货币的币值低估，使本国产业资本创造的大量剩余价值在国际出口市场的不平等交换中被转移到发达资本主义国家，进一步削减本国产业资本的利润和政府的税收收入；此外，不发达国家“封建—资本主义”的权力结构塑造了本国非生产性的社会总剩余使用方式，使政府收支状况进一步恶化，不得不靠对外负债等方式维持社会需要，使政府债务率雪上加霜。“一带一路”沿线国家主权债务的经验分析结果，外国资本的投资方式和本国政府对债务收入的支出方式是影响政府主权债务率的主要因素，国外投资额本身并非显著的影响因素。因此，指责“一带一路”倡议是不发达国家债务陷阱的论调不仅居心叵测，并且缺乏理论依据、难以自洽。

从政治经济学视角探讨不发达国家政府债务的特征和本质，除了可以为反驳“一带一路债务陷阱论”提供一种理论依据，也可以作为基础背景为我国推动共建“一带一路”高质量发展的具体实践提供一些借鉴。第一，20 世纪 70 年代后，美国的“马歇尔计划”等所谓的“经济援助”项目导致不发达国家政府债务规模扩大甚至陷入主权债务危机，是由于这些项目本质上是发达国家的金融资本拓展生存空间、在全球范围内掠夺剩余价值的方式，通过全球生产方式、世界货币体系和国际商品市场中不利于边缘不发达国家的安排，将后福特积累体制的内在矛盾转移到被投资国，将被投资国本就贫乏的社会剩余转移回中心资本主义国家。不发达国家的贫困化和政府债务问题是这一发展模式的必要条件和必然结果。第二，“一带一路”倡议奉行互利共赢的双边逻辑，与后福特全球资本积累体制的新帝国主义逻辑截然不同。中国给予“一带一路”沿线国家的贷款和海外投资，是产业资本中的货币资本职能形式，而不是剥夺性的借贷资本或金融资本；旨在减小与沿线国家的空间阻隔，拓展产业资本循环的地理空间范围，从而加快生产性资本的周转速度，创造更大量的社会剩余，与沿线国家携手实现更高水平发展并平等地分享发展成果。互利共赢的经济发展和沿线国家逐步降低的政府债务负担，是这一发展模式的必要条件和必然结果。第三,“一带一路”跨境合作项目投资周期长、风险大、短期回报率不高;因此,需要中央政府以及上海等重要节点城市给予实时引导与政策优惠,保障国有企业推动共建“一带一路”走深走实,并最大限度提高非公有制经济的参与程度。

参考文献

[1]Krueger, A. O., *Aspects of Capital Flows between Developing and Developed Countries*, Palgrave Macmillan UK, 1987.

[2]马克思:《资本论(第一卷)》,北京:人民出版社,2004年。

Is "the Belt and Road Initiative" a Debt Trap for the Underdeveloped Countries?

—An Analysis from the Perspective of Political Economy

Gong Xiaoran　Zhao Min

Abstract　To provide counterarguments for the false charge of "debt trap" against "the belt and road initiative", the paper studied the fundamental features and the nature of the government debt in the underdeveloped countries from the perspective of the political economy. The increase of the debt to GDP ratio and the potential sovereign debt crisis in the major underdeveloped countries were demonstrated as the inevitable result of the post-Fordism capital accumulation system, via the transmitting mechanism of the bottom-racing, undervaluation of the domestic currency, and the non-productive government expenditure. Empirical study showed the most significant influence factors included the form of FDI and the structure of the government debt revenue, rather than the volume of FDI.

Key Words　Belt and Road Initiative; Government Debt; Post-Fordism Capital Accumulation System

长三角一体化视角下 OLED 面板行业 PEST 分析及其发展思路

王　岩　许彩俊

内容提要　作为 21 世纪信息产业的支撑产业，新型平板显示器件 OLED 产业获得突飞猛进发展。韩国作为领头羊，取得行业霸主地位，日本和中国台湾地区紧随其后，中国大陆地区也后来居上，大有超越日本和台湾地区，追赶韩国之势。尤其是长三角区域凭借其研发和区位优势，在新一轮行业竞争中，逐渐取得优势。本文运用 PEST 分析方法，重点对我国长三角区域 OLED 面板产业发展现状进行分析，提出了长三角区域 OLED 面板产业发展的问题，包括缺乏 OLED 产业规划规模效应、受制 OLED 产业链上游的瓶颈效应、OLED 面板高层次人才缺乏、OLED 面板产业融资与盈利能力不足、OLED 面板产业技术风险和管理风险加大等；提出了长三角区域 OLED 面板产业发展对策，如产品差异化、目标市场差异化、合作模式差异化、产品规模化、产业扶持政策立体化等。

关键词　长三角一体化　OLED 面板产业　PEST 分析　发展思路

中图分类号　F062.9

一、引　言

OLED(Organic Light Emitting Diode)是有机电致发光显示器件的英文缩写，OLED 显示技术具有自发光的特性，与 LCD 显示器最大的差异在于 OLED 是以电流直接注入发光材料来发光并以电流大小控制亮度，属于自发光元件。目前我国的新型显示产业布局主要集中在长三角、珠三角、成渝鄂等几个区域，其中长三角的新型显示产业发展优势和潜力最为突出。这一区域

作者简介：王岩，上海交通大学马克思主义学院讲师；许彩俊，上海交通大学中国城市治理研究院特邀研究员、合肥市新站高新区经济运行监测中心主任。

基金项目：本文系教育部人文社会科学研究青年基金项目“习近平文化软实力思想研究”(17YJC710090)、中国博士后第 66 批面上资助项目“新时代中国革命文化的弘扬与发展研究”、2020 年合肥市哲学社会科学规划项目“合肥市产业集群高质量发展研究”(HFSKYY202005)、2021 年合肥市社科规划“长三角一体化背景下合肥夜经济高质量发展研究(与沪宁杭比较研究)”(HFSKYY202130)的阶段性研究成果。

科研机构众多，产业人才储备丰富，产业配套齐全，产业链完善，产业集群优势明显。目前在全国31条高端显示生产线中，长三角就占据13条。《长三角城市群规划》中明确打造五大世界级产业集群就包括电子信息产业。长三角地区也是我国经济发展最活跃、开放程度最高、创新能力最强的区域之一，为发展新型显示产业提供良好的经济基础。

二、OLED面板产业发展现状

PEST分析模型是为企业或行业发展提供的宏观环境分析方法，是一种比较普遍的分析方法。PEST为一种企业或行业所处宏观环境分析模型，所谓PEST，即P是政治(Politics)、E是经济(Economy)、S是社会(Society)、T是技术(Technology)。OLED面板产业发展受这四种环境的影响非常大，所以本文运用PEST分析模型，重点对我国长三角区域OLED面板产业发展现状进行分析。

(一)宏观环境分析(PEST)

第一，政策法律分析。2011年，国务院提出在加快工业转型升级中，加快大尺寸有机电致发光显示器件(OLED)技术研发和产业化，大力发展上游原材料、元器件等配套产业。紧接着发改委和科技部也陆续出台对OLED面板产业的扶持政策，具体政策及内容见表1。经过这几年的发展，我国已经形成了支持OLED面板产业发展的良好的政策环境。

表1 政府对OLED产业的部分扶持政策

文件名称	颁布单位	颁布时间	主要内容
《工业转型升级2011—2015》	国务院	2011年	加快大尺寸有机电致发光显示器件(OLED)技术研发和产业化，大力发展上游原材料、元器件等配套产业
《十二五国家战略性新兴产业发展规划》	国务院	2012年	加快推进有机发光二极管(OLED)等新一代显示技术的产业化，攻克OLED产业的关键技术和关键设备
《新型显示科技发展十二五发展规划》	科技部	2012年	将开发新型显示配套材料，重要装备和低成本技术、低功耗技术和产品设计技术作为应用研究方向
《鼓励进出口技术及产品目录》	发改委等	2014年	将TFT-LCD、OLED、激光显示、3D显示等平板显示器件生产专业设备制造列入鼓励发展的重点行业
《2014—2016年新型显示产业创新发展计划》	发改委等	2014年	2016年初初步实现装备材料的规模化，生产能力、装备覆盖率达到40%，材料种类覆盖率达到80%

续表

文件名称	颁布单位	颁布时间	主要内容
《国家发展改革委工业和信息化部关于实施制造业升级改造重大工程包的通知》	发改委等	2016 年	有机发光半导体显示(AMOLED)被列入 2016—2018 年通过创新项目组织和财政资金支持的方式组织实施十大重点工程之一

第二,经济形势分析。近五年来,我国经济运行总体平稳,发展水平迈上新台阶,发展质量稳步提升。据国家统计局核算,2019 年国内生产总值 990 865 亿元,比上年增长 6.1%。其中,第一产业增加值 70 467 亿元,增长 3.1%;第二产业增加值 386 165 亿元,增长 5.7%;第三产业增加值 534 233 亿元,增长 6.9%。第一产业增加值占国内生产总值比重为 7.1%,第二产业增加值比重为 39.0%,第三产业增加值比重为 53.9%。全年最终消费支出对国内生产总值增长的贡献率为 57.8%,资本形成总额的贡献率为 31.2%,货物和服务净出口的贡献率为 11.0%。人均国内生产总值 70 892 元,比上年增长 5.7%。国民总收入 988 458 亿元,比上年增长 6.2%。长江三角洲地区生产总值 237 253 亿元,增长 6.4%。全年规模以上工业中,计算机、通信和其他电子设备制造业增长 9.3%。

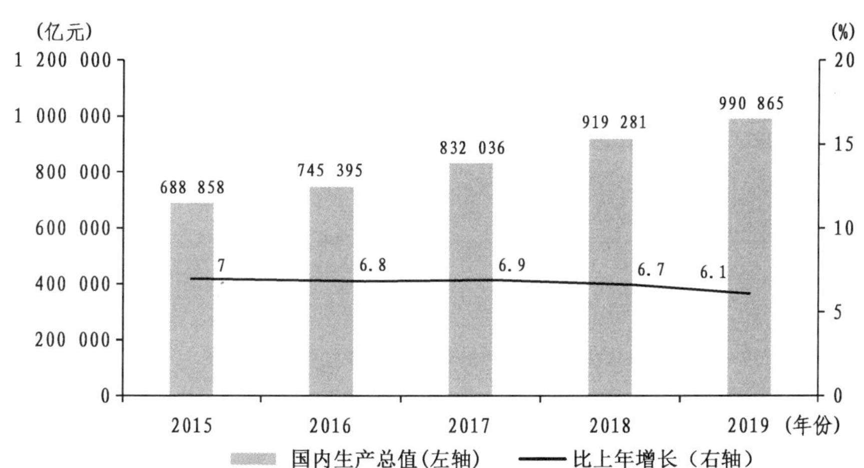

图 1　2015—2019 年国内生产总值及其增长速度

资料来源:国家统计局。

第三,社会文化环境分析。根据国家统计局网站发布 2019 年全国居民人均可支配收入 30 733 元,比上年增长 8.9%,扣除价格因素,实际增长 5.8%。全国居民人均可支配收入中位数 26 523 元,增长 9.0%。全国居民人均消费支出 21 559 元,比上年增长 8.6%,扣除价格因素,实际增长 5.5%。随着我

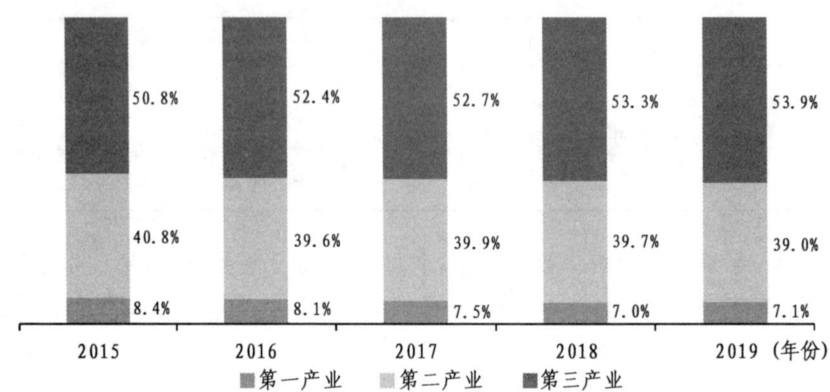

图2 2015—2019年三次产业增加值占国内生产总值比重

数据来源：国家统计局。

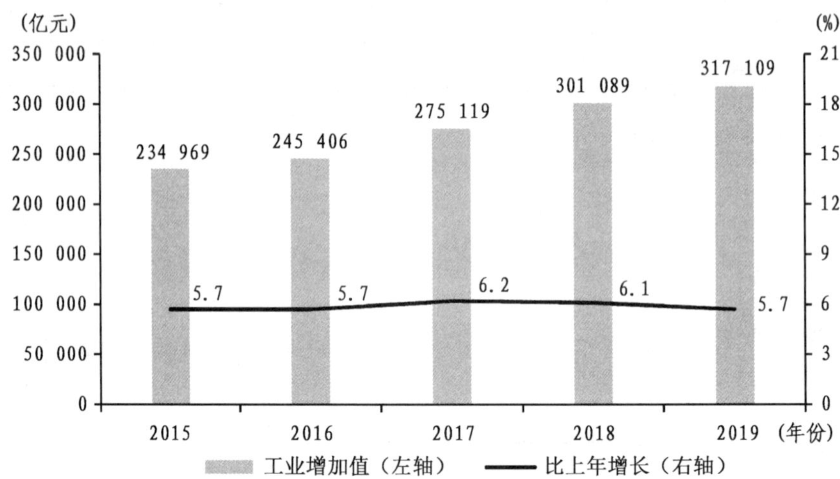

图3 2015—2019年全部工业增加值及其增长

数据来源：国家统计局。

国经济的快速健康发展，可支配收入持续稳定增加，改变了原来的消费习惯，消费动力充足持久，从而刺激了OLED面板行业的消费，从市场的消费需求来看，大量的OLED产品受到了居民的欢迎，同时对OLED的性能和产品提出了更高的要求。

表 2　　　2018 年全国和长三角区域经济发展比较

地区	土地面积（km^2）	常住人口（万人）	GDP（万亿元）	一般公共预算收入（亿元）	人均 GDP（万元）	城镇常住居民人均可支配收入（万元）	农村常住居民人均可支配收入（万元）
上海	0.63	2 424	3.28	7 018	13.50	6.80	3.04
江苏	10.72	8 051	9.26	8 630	10.72	4.72	2.09
浙江	10.55	5 737	5.62	5 803	9.21	5.56	2.73
安徽	14.01	6 324	3.00	2 812	4.91	3.44	1.40
长三角	35.92	22 536	21.16	24 263	9.39		
全国	960	139 008	90.03	183 352	6.46	3.93	1.46
占全国	3.7%	16.1%	23.5%	13.2%	145.4%		

数据来源：长三角区域研究发展中心。

第四，技术环境分析。从 2013 年 10 月开始，柔性 OLED 手机面板进入市场，受到了消费者的欢迎。近年来，显示屏、电脑和可穿戴设备等多种产品有望实现快速增长。从 2016 年下半年开始，OPPO、Vivo AMOLED 获得良好效果，国内手机厂商如华为、OPPO、Vivo 等在全球手机市场份额名列前茅，这些企业是 OLED 增长的重要推动力，现有的 OLED 产线远远不能满足市场需求，各面板厂正在积极储备技术，奠定规模量产基础。OLED 专利近几年呈迅速增长的态势。在中国，京东方的平板专利数量也在迅速增长。2019 年，BOE（京东方）新增专利申请量达 9 657 件，其中发明专利超 90%，海外申请比例高达 38%，自主专利已广泛覆盖美国、欧洲、日本、韩国等国家和地区。但目前 OLED 技术与外国公司相比还有很大的差距，急需要解决专利、人才、技术等方面的研究，国内 OLED 企业还有许多不足。

（二）OLED 面板产业发展现状

第一，全球主流面板厂商 OLED 产业布局。目前，OLED 产业主要集中在韩国、日本的大企业。从产业链方面来看，上游原材料和设备被国外大企业垄断，目前竞争比较激烈。从市场份额上来看，中小尺寸市场已经量产，大尺寸 OLED 项目市场份额不高，占比不到 10%。从市场规模上来看，我国 OLED 产业规模还不算大。如图 4 所示，2023 年全球 OLED 市场总规模将达到 462 亿美元。中国大陆、日本、中国台湾的众多企业正加速 AMOLED 的生产布局。

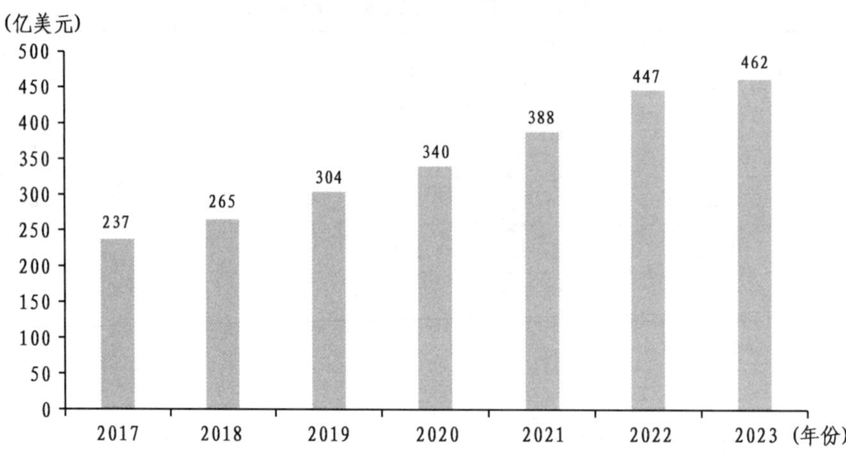

图4　2017—2023年全球OLED市场规模

资料来源:智研咨询整理。

表3　全球主流面板厂商OLED产业布局及产线一览表

国家/地区	企业	产线内型	地点	设计产能(万片/月)	投资金额	进度	量产时间
日本	JDI	6代AMOLED产线	茂源	100	500亿日元	投产	2017年
		4.5代OLED实验线	石川	3	1 000亿日元	投产	2017年
		6代AMOLED产线	白山	700	1 700亿日元	投产	2018年
	JOLED	6代OLED产线	石川	50	200亿日元	建设	2020年
韩国	三星	A2 5.5AMOLED产线	汤井	0.8	20亿美元	投产	2017年
		A3(6代AMOLED产线)	牙山	1.5	30亿美元	投产	2017年
		L7(TFT生产线改造)	汤井	6	20亿美元	投产	2017年
	LG	4.5代AMOLED产线	龟伟	1.4	30亿美元	投产	2013年
		6代AMOLED产线	龟伟	0.75	30亿美元	投产	2014年
		8.5代AMOLED产线	坡州	6.1	50亿美元	投产	2015年
		8.5代AMOLED产线	广州	13	40亿美元	建设	2019年
中国台湾	夏普	4.5代OLED中试线	高球	5	2 000亿日元	投产	2017年
		6代OLED中试线	高球	5	574亿日元	投产	2018年
		6代OLED中试线	高球	5	574亿日元	建设	2019年
	友达	3.5代AMOLED产线	桃园	0.7	20亿美元	投产	2014年
		4.5代AMOLED产线	加坡	0.7	20亿美元	投产	2014年
	群创	3.5代AMOLED产线	深圳	0.8	15亿美元	投产	2017年
		6代AMOLED产线	厦门	0.5	10亿美元	建设	2018年

第二,国内主流面板厂商 OLED 产业布局。从全国布局的城市来看,合肥、武汉、成都、重庆、昆山、固安、绵阳、鄂尔多斯、深圳等多个城市在全国显示技术产业激烈竞争中处于优势地位。长三角区域中,上海、宁波、昆山、南京、合肥、杭州都有很好的 OLED 产业布局。上海是以 AMOLED 以及相关产业链领域为主,利用上海市新型显示工程研究中心集中力量开发和掌握 AMOLED 显示关键技术,推动新型显示上、中、下游产业链的发展完善。同时还将加强产学研合作,建设上海 AMOLED 产业链协同创新体系,打造上海市新型显示产业集群,形成良性内增长机制,不断推动行业技术创新和突破,进一步打破 AMOLED 产业长期被国外垄断的局面,提高我国在高端显示领域的自主创新能力和国产化水平。江苏注重氧化物 TFT LCD 和 OLED 领域,南京是曾经新型显示产业的集聚区,集聚了一大批龙头企业,但是由于没有能够及时进行产业和产品创新,产业发展速度不快。现在也在积极布局集成电路与 OLED 材料相关的配套产业。合肥是全国近十年新型显示发展最快的城市之一,目前已经布局京东方、维信诺,具备了发展 OLED 的基础和条件。浙江的激光显示及其产业链领域都处于全国领先地位。宁波是新材料发展较早和发展较快的区域,杭州也在重新提出新制造业计划,将新型显示、集成电路作为下一步发展的重点。

表 4　　国内主流面板厂商 OLED 产业布局及产线一览表

项目	企业	产线内型	地点	设计产能(万片/月)	总投资金额(亿元)	进度	量产时间
国内主流面板厂商	京东方	5.5 代刚性 OLED	鄂尔多斯	5.4	220	投产	2013 年
		6 代 AMOLED 一期	成都	2.4	220	投产	2017 年
		6 代 AMOLED 二期	成都	2.4	245	投产	2018 年
		6 代 AMOLED	绵阳	4.8	465	建设	2019 年
		6 代 AMOLED	重庆	4.8	465	建设	2019 年
	深天马	5.5 代 AMOLED	上海	2.1	15.5	投产	2016 年
		6 代 AMOLED	武汉	3	120	投产	2017 年
	国显光电	5.5 代 AMOLED	昆山	1.5	60	投产	2015 年
		6 代 AMOLED	固安	3	262	建设	2019 年
	信利光电	4.5 代 AMOLED	惠州	0.4	63	投产	2016 年
		5.5 代 AMOLED	惠州	2	110	投产	2016 年
	曼格	6 代 AMOLED	宁波	4	400	投产	2020 年
	华星光电	8.5 代 AMOLED	深圳	4.5	350	投产	2018 年
		6 代 AMOLED	武汉	4.5	350	投产	2018 年
		11 代 OLED	深圳	2	426	建设	2021 年

续表

项目	企业	产线内型	地点	设计产能（万片/月）	总投资金额（亿元）	进度	量产时间
国内主流面板厂商	和辉光电	4.5代AMOLED	上海	2.1	215	投产	2014年
		6代AMOLED	上海	3	273	建设	2019年
	柔宇	柔性OLED	深圳	4.5	110	投产	2018年
	维信诺	6代AMOLED	固安	3	300	投产	2018年
		AMOLED模组	霸州	767	60	投产	2018年
		5.5代AMOLED	昆山	1.5	75	投产	2015年
		6代AMOLED	合肥	4.5	400	建设	2021年

表5　长三角部分城市OLED面板产业及发展目标

城市	主要企业	主要优势产品	发展目标
合肥	京东方、彩虹、维信诺、康宁、乐凯等龙头企业	TFT LCD和OLED、整机	打造世界性的产业集群
南京	日本夏普、韩国LG，以及中国台湾瀚宇彩欣、中电熊猫等国际国内电子信息行业巨头	氧化物TFT LCD和OLED	打造世界性的新型显示产业基地
昆山	维信诺、国显光电、龙腾光电	氧化物TFT LCD和OLED	国内知名的OLED产业基地
上海	上海和辉光、吉林奥来德、上海天马微电子	AMOLED及产业链领域	打造上海市新型显示产业集群
宁波	曼格科技、长阳科技、激智科技、惠之星	重点发展AMOLED，数据手套、触感反馈设备、动作捕捉设备、全景相机等	加快突破核心技术，打造光学电子为特色的新一代信息技术产业体系

第三，OLED面板产业细分市场分析。OLED技术优势明显，应用广泛，包括智能手机、可穿戴设备、家用电器及电视等。从细分市场来看，移动OLED市场需求占比超过80%，智能手机、智能手表贡献市场增量。2019年OLED下游应用领域中，以智能手机和智能手表为主的移动OLED市场占比超过80%，其中智能手机占比最大达69%，家用电器及电视占比从2018年的6%提升至2019年的8%，显示OLED在大屏电视及智能家居领域具备应用潜力。OLED TV、笔记本电脑、头戴式设备则将是未来三年OLED高速增长所在。受益于此，未来三年AMOLED总出货量CAGR为18.6%。

智能手机领域OLED市场份额。近年来随着中国互联网和移动互联网的发展，中国智能手机快速发展，全面屏、窄边框及曲面屏趋势在智能手机领域不断渗透，OLED早在2013年就已开始在手机领域应用了，但由于良率和

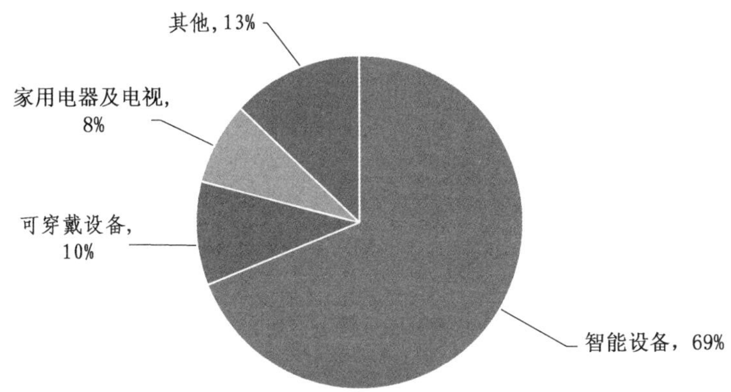

图 5　2019 年 OLED 下游应用市场结构

资料来源：智研咨询整理。

成本的问题推广并不理想，近几年随着技术的不断进步，成本下降显著，越来越多的电子设备开始采用 OLED 屏。近两年 OLED 在手机领域应用快速增加，加之 iPhone X 采用 OLED 屏，将推动 OLED 在手机领域应用的高速发展。

表 6　　全球 OLED 屏幕智能手机市场销量增速　　单位：亿部

	2015 年	2016 年	2017 年	2018 年	2019 年	2020 年
三星	3.2	3.2	3.3	3.4	3.5	3.6
三星 OLED	1.6	1.8	2.0	2.2	2.4	2.7
三星 OLED 占比	50%	55%	60%	65%	70%	75%
苹果	2.3	2.3	2.5	2.6	2.7	2.8
苹果 OLED	0.0	0.0	1.0	2.4	2.7	2.8
苹果 OLED 占比	0%	0%	40%	90%	100%	100%
其他	7.4	9.0	9.9	10.9	12.0	13.2
其他 OLED	0.4	0.9	1.6	2.2	3.4	5.3
其他 OLED 占比	5%	10%	15%	20%	30%	40%
全球手机	13	14.5	15.8	16.9	18.2	19.6
全球 OLED	2.0	2.7	4.3	6.8	8.7	10.8
全球 OLED 占比	15%	18%	28%	40%	48%	55%
市场增长率		35%	68%	52%	29%	23%

资料来源：智研咨询整理。

个人电脑领域。目前，市场中拥有四款 OLED 笔记本，分别是外星人 13、联想 ThinkPad X1 Yoga、惠普 Spectre x360 13 以及三星 Galaxy TabPro S。但这四款产品价格偏高,2020 年, OLED 屏幕将不再是高端笔记本的象征,中高端笔记本也将广泛应用,尤其是那些突出影音定位的产品,OLED 笔记本电脑渗透率将达到 30%, 对应 OLED 市场规模需求约 27 亿美元。

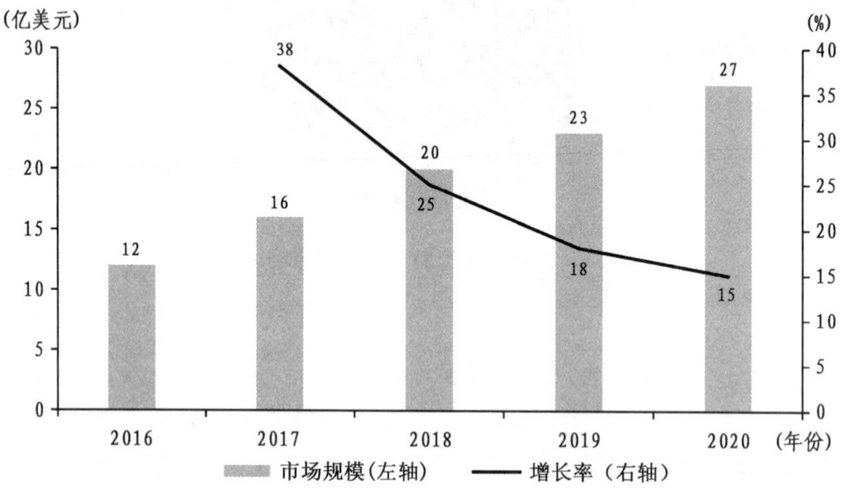

图6 2016—2020 年全球 PC 领域 OLED 市场规模

资料来源:智研咨询整理。

VR 领域 OLED 市场份额。VR 显示器需要特殊的光学透镜,目前只有 OLED 面板可以模拟出 45 度的广视角的画面,OLED 结构轻薄、对比度高,因此被认为最适合用于虚拟显示头盔和装备中的显示材料。数据显示,2020 年 VR 领域 OLED 市场规模将达到 40 亿美元。

车载显示 OLED 市场份额。OLED 面板优点在于低能耗和反应速度快,OLED 宽广的视角可以改变驾驶人驾驶体验,由于目前使用 OLED 面板规范不够明确,数据显示,2015—2019 年,全球汽车 OLED 市场 CAGR 将高达 14%。汽车 OLED 市场规模将从 2016 年的 1.5 亿美元增至 2018 年的 5 亿美元,如果保持该增长率,则到 2020 年汽车 OLED 市场规模将达到 17 亿美元。

TV 领域 OLED 市场份额。电视目前定位于高端市场,根据 AVC 发布的 OLED 电视出货量预测,未来几年全球 OLED 电视的出货量将大幅度攀升,中国市场表现尤为抢眼,从 2015 年到 2017 年年均保持 400%以上的增长速度,电视将成为 OLED 产业的重要驱动力。如果不考虑面板供应不足这一因素可能带来的影响,根据市场调研机构 OMDIA 数据显示,2020 年在中国高端电视市场中,OLED 电视市场份额占比达到了 16.3%,预计 2025 年还将提升 54.6%。

三、OLED面板产业发展问题

(一)缺乏OLED产业规划规模效应

地方政府与企业合作参与OLED项目建设,如华星光电、武汉天马等公司加大OLED的投入力度,京东方在成都、重庆、绵阳、鄂尔多斯加大了OLED的投入,导致OLED投资主体数量的增加、竞争力增强。新型显示从全国布局来看,相关显示基地鼓励OLED行业内的企业投资,因此将在资金、土地和生活方面提供相当大的支持。然而,对于个体企业来说,选择的面非常广,因此将面临许多地方政府竞相争夺的局面。OLED生产线可以布局全国。产应链的分布过于分散,不利于OLED面板工厂的整体运作和竞争力。同时,OLED投资资金过大,产业发展面临着资金的压力,如2018年京东方重庆一条OLED生产线都是将近500亿元的投资规模,对于国内其他OLED企业来说,缺乏合理布局及整体规划,导致竞争力不强,对于长三角区域来说,也需要根据全球产业布局,科学规划OLED产业布局。

(二)受制OLED产业链上游的瓶颈效应

OLED产业链的上游包括材料制造、设备制造、装配件,中游包括面板制造、模块、驱动芯片等,下游包括手机、电视、可穿戴产品、汽车、照明等应用。OLED材料仅占OLED产品总成本的一小部分,占LCD产品总成本的不到三分之一,材料占总成本的很大一部分,有的超过70%的比率,一旦OLED面板的良率问题得到解决,仍然有足够的空间使成本低于LCD设备。日本、韩国欧美厂商占据上游市场霸主地位,且各有优势。日本是重要的OLED材料供应国家,其中住友化学和昭和电工生产的聚合物为OLED的基础,出光兴产和三井化学则主要在小分子材料阵营。欧美主要生产高分子材料,上游设备制造领域日本厂商Tokki和Ulvac两家技术实力雄厚,在OLED产线配套设备领域具有绝对地位。对于长三角区域而言,更应该引进OLED上下游企业。

表8　世界主要OLED材料商

材　料	企业名称	
小分子材料	本出光兴产	日本新日铁化学
	日本东洋油墨	韩国LG化学
	日本三菱化学	中国台湾昱镭(E-ray)
	中国台湾锐擘	中国台湾有化
	吉林奥来德材料	西安瑞联近代电子材料

续表

材　料	企业名称	
高分子材料	德国 Covion 公司	英国 CDT
	美国杜邦	日本住友化学
其他材料	南玻集团	豪威集团

(三)OLED 面板高层次人才缺乏

这些年快速的发展,不仅仅是产能的增加,大量的人才队伍也迅速增加,从2009年起,面板企业快速发展在全国布局。这样的快速扩张对人才的培养提出了巨大的挑战,技术创新是显示行业重要的推动力,因此,虽然这些年人才队伍建设有了一定的进步,但与整个产业发展来说,还需要进一步加强,尤其高素质人才的培养以及大尺寸 OLED 发展所面临的人才保障。过度投资,这将导致国内 OLED 产业人才过于分散,高层次人才教育缺乏 OLED 面板专业,大部分的科技人才需要从国外引进,而公司自身人才培养的培训时间较长。人才数量和质量不能同步发展,国内 OLED 面板厂商本身企业数量不多,彼此竞争必然会造成人才流失,人才队伍建设必须引起足够重视。

(四)OLED 面板产业融资与盈利能力不足

围绕产业线和产业链进行拓展,如京东方在北京、成都、重庆、苏州、鄂尔多斯、固安和厦门等地有多个生产基地。生产制造基地分散,对其管理、成本控制、原料供应具有很大影响,OLED 也是一个资金高投入和技术要求很高的行业,自从 A 企业上市以后,企业亏损达到了 80 亿元人民币,A 企业一方面从2006年开始实行增发计划,到2010年共有4次,几年间募集资金近500亿元,2013年公司又开始了融资计划,不超过460亿元定向融资计划是 A 企业历史上最高融资金额,2018年在重庆两江新区建设第六代线 AMOLED,总投资465亿元,160亿元由重庆市或投资平台负责,100亿元由 A 企业负责,差额部分将通过外部融资加以解决。

显示行业是一个高投资的行业,长期以来,A 企业通过融资战略进一步做大规模,经过十几年的战略布局,2012年企业才开始初步盈利,虽然开始盈利,但政府补助是很重要的一个环节,通过数据可以得出,A 企业一个重要盈利模式就是政府大量资金补助。从长期偿还能力上看,资产负债率基本维持在50%的状态,处于比较安全的状态;从营运能力上看,资金周转速度比较快,库存较为合理,资产的营运能力加强;从盈利能力上看,A 企业每年的销售净利率都在10%不到,证明了营业内收入与营业外收入极不匹配,总资产净利率基本维持在4%左右,从另外一个方面说明总资产的获利能力也比较低。政府的融资能力依赖政府的补助,一旦政府的补助取消或减少,将影响到公司的融资规模。我们可以推断,在正常的经营状态下,企业的盈利能力有待进一步加强。

(五)OLED 面板产业技术风险和管理风险加大

主要体现产品技术方面和管理风险方面，目前 OLED 主流应用市场为小尺寸，大尺寸得不到市场快速反应的原因还是成本太高、价格太贵，较目前主流的液晶显示竞争优势没有充分体现；OLED 的特点是色彩还原度高，显示效果好，还有重要的特点是柔性化、低能耗，但是缺点是工艺难度大，京东方在合肥投资的卓印公司，是在基于 OLED 打印技术工艺的研发平台，项目一旦成功，将作为 OLED 产业发展的重大工艺突破，降低设备投资成本；同时，可对 OLED 屏的市场应用奠定良好的基础。未来市场如何变化，产品的细分市场将会对京东方市场占有率产生影响，产品的技术有待进一步提高，目前市场上已经有了柔性 OLCD 技术的开发，该产品与 LCD 相比有着极大的优势，而且该产品只要在原有的 LCD 基础上改造即可完成，大大节约了成本。一旦 OLCD 市场开发成熟，必将对 OLED 市场产生强大的冲击。在管理风险方面，设备投入高、优良率低，这些都是后期需要投入大量研发资金改善的方面；进入 2018 年后，国内外大量的 OLED 产业投资进行量产，一方面是否会产能过剩，影响销售，另一方面从企业的盈利能力来看，公司利润的很大一部分来自政府的补助，一旦政府的补助减少或者取消，必将会对该企业产生重大的影响。以 A 企业为例，2012 年政府补助 9.25 亿元，净利润只有 2.58 亿元，2013 年政府补助 8.38 亿元，净利润 29.72 亿元，2015 年政府补助 10.45 亿元，净利润 16.36 亿元，如果没有政府补助，很多年份是亏损的，如 2012 年，从 2011 年到 2015 年，该企业共获得政府补助资金达到 43 亿元，占利润的比例达到六成以上，由此可以推断，获得政府补助是公司提升业绩的重要手段之一，但同时也是一大风险，一旦政府的补贴减少或者取消，都会对京东方的发展产生巨大的影响。

四、OLED 面板产业发展对策

OLED 可分为被动式(PMOLED)与主动式(AMOLED)，全球最早开始研发和量产的是 PMOLED。正因为 OLED 具有 LCD 无法相比的优点，受到了市场的普遍欢迎。目前，OLED 产业主要集中在韩国、日本大企业。从产业链方面来看，上游原材料和设备被国外大企业垄断，竞争比较激烈。从市场份额上来看，中小尺寸市场已经量产，大尺寸 OLED 项目市场份额不高，占比不到 10%。从市场规模上来看，规模还不大。2019 年全球 OLED 市场总规模已达到 200 亿美元。中国大陆、日本、中国台湾的众多企业正加速 AMOLED 的生产布局。但是 AMOLED 技术的产业化目前面临着三大挑战：一是 AMOLED 面板良品率过低，大尺寸良品率不到 30%，液晶面板达到 90% 以上;二是材料成本问题,LTPS-TFT基板是材料成本的重要组成部分,需要很高的电流驱动,因此,成本高居不下;三是投资巨额问题,投资OLED是TFT-LCD的3倍。未来OLED产品和技术方向应该是从小尺寸到中尺寸再到大尺寸以及超大尺寸。面临这些挑战,长三角区域在一体化背景下应该采取何种措施来推动OLED产业的发展呢?

(一)产品差异化

一是要提高产品质量。对OLED手机、电脑、电视、显示屏三大主营产品,对其定位和差异化,改进技术流程,同时加大OLED终端应用产品的开发,车载显示、照明技术等产品应用,力争占据下一代显示技术的制高点。二是要调整产品结构。只有抢占市场,才能保持高增长态势,对于未来的OLED布局,必须调整产品结构,OLED收入占据主营业收入至少20%以上。三是要上游材料差异化。发挥中国光学光电子行业协会等行业组织作用,把握行业发展动态。通过研发或者寻找上游合作厂商,从而实现产品的差异化,增强核心竞争力,同时吸引上下游企业积极落户。

(二)目标市场差异化

一是市场目标差异化,实施市场开发战略,维护现有的客户群体和积极拓展新的客户资源。从长三角企业与海外合作的情况来看,可以利用区位优势,积极拓展亚非和欧美市场。根据市场供求关系,制定市场目标战略。从2016年到2019年市场收入来看,智能手机为OLED面板主要应用方向,智能手机OLED屏幕占OLED屏幕收入的88%。OLED电视占比为7%,智能手表占到2.3%。从第一季度的数据来看,国内面板企业维信诺2020年第一季度市场份额跻身全球第三,紧紧排在三星和LG之后,成为京东方最主要的竞争对手。二是目标用户差异化,战略方面是优先扎根布局国内市场,其次是国际市场。从而达到用户全球化。积极开拓国内外市场,对于国内用户生产消费者喜欢的手机、OLED电视等电子产品,对于欧美用户OLED电视的开拓,对于亚洲其他国家用户电脑、车载显示,对于其他国家用户手机、照明等产品的开拓。从出货量来看,根据群智咨询(Sigmaintell)数据显示,2017年中国大陆OLED面板已经达到近千万片,整体出货约980万片,其中和辉光电依托华为、海信等海外客户的订单,以39%的市场份额排名第一。

(三)合作模式差异化

根据不同的资源采取不同的合作模式,合作的差异化能够提升OLED产品的核心竞争力。第一,围绕材料、设备、器件等关键核心技术,通过合作开发,鼓励企业可以采取合资、合作的方式,吸收国外先进技术,通过合作,将会培养大量技术人才,从而达到技术创新的目标。一般来说,通过国际合作是提高OLED显示产业竞争力的最快也是很重要的途径之一。第二,通过购买专利技术,欧美等国家也愿意出售专利和技术,可以进行购买后并加以研究,节约研发成本,同时对专利技术进行改良,从而节约了研发的周期。第三,通过向前一体化战略,可以将OLED项目后端模组、整机延伸,不仅仅OLED面板创收,而且能通过整机赚取利润。从长远来看,如果OLED出现产能过剩的情况,可以通过终端产品开发和生产。第四,实施OEM战略,也称为定点生产,例如可以实现向前一体化战略时,也可以实行OEM战略,把整机这一部分的工作服务外包给其他企业,产品配上自己的品牌,生产设备不用折旧,减少营运成本,把更多的精力用于研发。第五,加强合作关系,显示行业是一个高投入的行业,不仅需要技术、人才,还需要大额的资金投入,因此,需要和高校科研机构、政府密切合作,才能从资金技术人才上得到足够的保障。

(四)产品规模化

首先采取规模扩张战略,利用目前现有的政策资源、市场需求、技术资源、财务资源等实施积极的规模扩张战略,达到规模效应,扩大OLED市场占有率。第一,在长三角主要城市建设OLED研发平台,OLED显示凭借出色的画质、时尚的外观,被认为是未来主流TV产品最具潜力的应用技术。目前业内主要有两种大尺寸OLED技术方案:一是蒸镀白光OLED+彩膜技术,技术相对成熟,已进入量产阶段,但制造成本高、材料利用率低、产品功耗相对较高;二是打印OLED技术,技术尚未成熟,目前处于产业化前期阶段,急需进行技术研发积累。相对于传统蒸镀技术,打印OLED技术具有材料利用率高、产品制造成本低的优势,可有效降低OLED TV成本,被认为是未来大尺寸OLED TV的核心技术。研发平台的建立可以推动整个平板显示行业的技术变革,加速产业化进程,推动大尺寸OLED量产线尽快在本区域落地,预期未来将带动数百亿的投资。第二,从OLED的现有布局来看,长三角区域已经成为国际和国内有影响的OLED产业基地和产业集群,利用产学研一体化的区位优势,推动OLED生产线快速投产,利用产业链规模效益来有效降低产业的整体成本。第三,从产品的类型来看,柔性AMOLED生产线需要提供弯曲、半折叠、折叠卷曲三种类型产品,可以先从弯曲产品做起,做半折叠产品,最后做全折叠、卷曲产品。短期内布局中小尺寸产品,远期可布局智能手机市场、智能穿戴、VR、车载、TV、移动电脑等大尺寸产品。

(五)产业扶持政策立体化

第一,积聚优势资源,要实施长三角地区新型显示高质量一体化战略,须打造国内完整配套的产业链,布局战略性关键技术,站在长三角一体化的视角,高标准建设国际竞争力和影响力的产业园区。充分发挥长三角平板产业链的作用,不断提升专业化、标准化、国际化的水平,真正形成高水平的OLED生产基地,成为长三角OLED产业发展的核心和增长点。第二,制定和完善产业扶持政策,进一步优化产业环境。OLED产业是一个资本、技术密集型的高投入、高风险、高回报的行业。可借鉴外地发达地区的经验,进一步制定和完善OLED产业的扶持政策。通过市场化手段,政府基金引导,带动社会资本投资OLED产业。推动产业协同、科研协同为主的产学研合作,助推长三角地区建成为全球领先的新型显示创新链城市集群。第三,重点谋划欧、日、韩以及中国台湾等国家和地区重点项目。近年来与海外企业密切合作,这为发展OLED产业奠定了基础,韩国在大尺寸领域和小尺寸领域具有强大的实力,重点加大对韩国先进企业引进力度,同时可以借助相关企业筹划海外重大并购等待时机,挖掘进一步合作可能。第四,加大招商引资力度,开展国内外企业合作。开展与国内外的OLED面板企业合作。一是不断优化招商引资环境,打造政策洼地,增强OLED产业的竞争力。二是不断创新招商方式,提升招商层次和水平,按照熟悉成本、专业、物流、外语等多位一体模式,组建多个OLED产业招商团队。三是不断优化招商引资结构,大力引进上下游企业,提升利用外资的质量和水平。积极吸引外部资源为新站区提供市场与咨询服务。发挥平板产业显示基地的作用,定期组织国家规划内重点扶持的产业相关部门和龙头企业或者专业咨询机构,提供前瞻性的市场需求分析,为长三角区域企业自身能力提供机会,促进企业与上下游厂商的紧密合作。第五,扩大本地基础人才培养基数,加速人才培养进程。积极培养国内专业人才,加速人才培养进程,一方面构建人才团队落户吸引机制,实现创业人才集聚,落实科技人员科技成果转化股权,重点支持企业引进一批掌握核心技术、具有持续研发能力的国内外科技领军人才,重点培育OLED显示人才,加强与职教院校的联系,可以采取订单培养,短期解决OLED人才资源的缺乏问题。

五、结　论

通过本文的上述分析可知,近几年来OLED面板行业面临非常优越宽松的宏观环境,国内各地方政府的扶持政策力度较大,但是,OLED面板行业也面临着行业竞争激烈,技术、人才瓶颈制约,资金、政策、盈利、安全风险。因此,对于着眼于加快OLED面板产业发展的政府、企业而言,既要有科学的产业规划,又要有合理的政策措施布局,既要有充足的资金保障,又要有丰富的人才支撑。相对于其他区域,长三角区域一体化战略背景下,为OLED面板产业加快发展提供了良好的契机,密集的高校科研院所和丰富的高层次人才储备,坚实的工业产业基础和完善的信息产业链,规范的营商环境和较低的融资成本,为OLED面板产业的技术研发和新技术产品量产提供了保障。

参考文献

[1]迈克尔·波特:《竞争优势》,陈小悦译,北京:华夏出版社,1997年。

[2]邹昭晞:《企业战略分析》,北京:经济管理出版社,2001年。

[3][英]格里・约翰逊、凯万・斯科尔斯:《公司战略教程》(第二版),北京:华夏出版社,2003 年。

[4]迈克尔・波特:《竞争战略》,陈小悦译. 北京:华夏出版社,2005 年。

[5]格林沃德、卡恩:《企业战略博弈:揭开竞争优势的面纱》,程炼译,北京:机械工业出版社,2007 年。

[6]希尔、琼斯:《战略管理》,周长辉、孙忠译,北京:中国市场出版社,2007 年。

[7]迈克尔・A. 希特:《战略管理》,北京:中国人民大学出版社,2009 年。

[8]赵坚勇:《有机发光二极管 OLED 显示技术》,北京:国防工业出版社,2012 年。

[9]赵定涛、黄攸立:《工商管理精要》,合肥:中国科学技术大学管理学院,2010 年。

[10]张军杰、杨铸:《全球 OLED 产业发展现状及趋势》,《现代显示》2010 年第 6 期。

[11]王方华、吕巍:《战略管理》,北京:机械工业出版社,2011 年。

[12]董加伟:《中国 OLED 产业合作发展之路探究》,《中外企业家》2011 年第 15 期。

[13]刘媛:《江苏型显示产业发展态势及未来技术预见》,《科技和产业》2014 年第 2 期。

[14]张仁开:《上海新型显示产业发展策略研究》,《科学发展》2013 年第 1 期。

[15]尚海龙:《LG 电子:坚定 OLED 战略》,《电器》2015 年第 9 期。

[16]李欣、黄鲁成:《基于文献计量和专利分析的战略性新兴产业研发竞争态势研究》,《科技管理研究》2016 年第 8 期。

[17]科技部:《国家"十三五"科学技术发展规划》,科学技术部,2016 年。

[18]刘志迎、徐毅、庞志刚等:《供给侧改革:宏观经济管理创新》,北京:清华大学出版社,2016 年。

[19]王海军、陈劲:《全球价值链下中国 OLED 产业创新发展对策》,《技术经济》2018 年第 6 期。

[20]中国电子信息产业网 www. cena. com. cn。

[21]中国平板显示网 www. Fpdchinese. com。

[22]东方财富网 http://www. eastmoney. com。

PEST Analysis and Development Ideas of OLED Industry from the Perspective of Yangtze River Delta Integration

Wang Yan　Xu Caijun

Abstract　As the supporting industry of the information industry in the 21st century, the OLED industry has achieved rapid development. South Korea, as the leader, has gained the dominant position in the industry, followed by Japan and Taiwan region. Then the mainland of China has caught up from behind, showing the great momentum of surpassing Japan and Taiwan region and catching up with South Korea. Especially the Yangtze River Delta region with its research and development as well as location advantages, in the new round of industry competition, gradually gained more advantages. Using PEST analysis method, this paper analyzes the existing situation and proposes the problems of OLED panel industry development in the Yangtze River Delta region. The problems include lack of scale effect of OLED industry planning, bottleneck effect due to the control of the upstream enterprises of the OLED industry chain, lack of high-level talents, inadequate capability of financing and making profit of OLED panel industry, increasing technical and management risks of OLED panel industry, etc. The development strategies of OLED panel industry in Yangtze River Delta region such as product differentiation, target market differentiation, cooperation mode differentiation, product scale, and multidimensional industrial support policies, are put forward in this paper.

Key Words Yangtze River Delta Integration; OLED Panel Industry; PEST Analysis; Development Ideas

基于空间自相关的西藏区域经济增长实证研究

鄢 杰

内容提要 在回顾经济增长理论的基础上,本文基于空间自相关的视角构建了一个西藏区域经济增长的空间计量模型,探讨了固定资本投资、农牧民收入、城镇居民收入、交通区位、海拔高度以及农村劳动力投入等因素对西藏区域经济增长的不同贡献,并据此提出了促进西藏区域经济发展的若干建议。

关键词 西藏;区域经济;空间计量;经济增长

中图分类号 F276

一、引 言

西藏经济社会发展相对滞后,是我国连片贫困区域之一,同时也是生态环境脆弱区域和水源涵养区域。长期以来,党和国家都把解决民族地区经济增长与发展问题作为我国经济社会发展的重要战略工作之一。因此,西藏作为我国一个十分重要的民族地区,其经济增长问题始终受到中央高度重视,并在历次西藏工作会议上作出了一系列工作指导和部署,以推动西藏区域经济增长。

自西藏和平解放后,尤其是西部大开发以来,西藏实现了较快的经济增长,人民群众的生活水平有了显著提高。2020 年西藏国内生产总值达到了 1 902.74 亿元,比上年增长 7.8%,其中第一产业增加值 150.65 亿元,增长 7.7%;第二产业增加值 798.25 亿元,增长 18.3%;第三产业增加值 953.84 亿元,增长 1.4%。① 从产业结构演进来看,西藏三次产业结构整体水平上有较大提高,总体实现了从"一二三"形态向"三二一"形态的转换。

尽管西藏经济总量增长很快,但由于西藏地区特殊的自然气候条件、地理空间状况、经济发展基础、社会发育基础等因素的影响,西藏内部七大地区和

作者简介:鄢杰,西南财经大学财税学院副教授,博士生导师,中国人民大学长江经济带研究院研究员。

基金项目:本文系 2012 年国家社科基金项目"西藏区域经济的空间分异与空间结构优化研究"(12MZX025)的阶段性成果。

① 数据来源:西藏自治区统计局网站发布的《2020 年西藏自治区国民经济和社会发展统计公报》。

74个县域经济的增长差异很大,七大地区GDP总量梯度差异明显,74个县域经济的差异也表现为逐渐增长的趋势,空间分异特征显著。从西藏县域经济GDP的变异系数走势来看,2000年为0.76,到2005年达到了0.95,之后略微下降后继续提高,2011年达到1.16,2014年达到1.28,2018年为1.497。[①] 由此可见,西藏区域经济增长的空间分异明显并呈现不断加剧的趋势。

为此,本文旨在从空间自相关的视角出发,运用西藏73个县域的GDP总量、固定资产投资、城镇居民收入、乡村居民收入以及海拔高度等数据,对西藏经济增长进行实证分析,以得出影响西藏区域经济增长的各主要因素的贡献程度。本文将空间计量的分析方法引入民族地区经济增长研究,在一定程度上丰富了民族经济研究理论,根据实证结果提出的进一步推动西藏区域经济增长的对策建议,也具有一定的学术价值和实践价值。

二、理论回顾和研究现状

(一)相关理论回顾

经济增长一直是经济学家们关注的重要问题,从古典经济学到现代经济学,形成了大量的研究成果。从经济增长理论的演进发展来看,可以将其分为传统经济增长理论和现代经济增长理论两个阶段。其中,传统经济增长理论主要是指古典经济学时代的经济增长理论,现代经济增长理论则是大体从20世纪40年代到现在有关经济增长的理论,包括新古典增长理论和内生增长理论。传统经济增长理论产生于古典经济学时期,这一时期经济增长理论研究的代表人物包括亚当·斯密、马克思等。

现代经济增长理论一般认为始于20世纪30、40年代哈罗德和多马对经济增长的研究。哈罗德和多马假设,在长期经济增长中资本和劳动要素可以互相替代,认为决定经济增长的关键因素是储蓄率和资本产出比率,并研究了资本和劳动要素在充分就业情况下的经济增长,形成了哈罗德—多马模型。之后索洛和斯旺等人将技术进步因素纳入经济增长理论分析框架。索洛(1956)认为,经济增长取决于社会资本存量、劳动力和技术进步,其基本的生产函数为$Y=F(K,L,t)$;罗默(1992)、卢卡斯(1998)等则认为,人力资本是经济增长的源泉,这将技术进步内生化,进一步改进了生产函数模型,完善了经济增长理论。[②]

现代区域经济增长理论可以追溯到艾萨德(W. Isard)、弗里德曼(Friedman)等人。Isard(1960)为了测量区域中某一点相对于周围有关各点的综合

① 县域经济的变异系数根据相关年份的《西藏统计年鉴》中的县域GDP数据计算。

② 潘士远、史晋川:《内生增长理论:一个文献综述》,《经济学季刊》2002年第4期。

影响力，利用引力模型分别求出某点与其他每一点的相互作用量，接着求和，进而测出该点相对于周围其他有关各点的综合影响力，据此建立了城市间相互联系的潜力模型。其研究认为，两个区域间的相互作用潜力，与两个地区的人口成正比，与两地区之间的距离成反比。① Friedman(1966)提出了“核心—边缘”理论，该理论认为区域经济存在着“核心—边缘结构”和“多核心—边缘结构”两种空间组织形式，随着区域经济发展，区域经济空间组织形式会从“核心—边缘结构”向“多核心—边缘结构”演变。② 日本学者三本正山(Shozo Yamamoto)和田林明(Akira Tabayashi)则在分析农业人口就业结构的区域差异的基础上，把日本的乡村地区划分为都市乡村空间、郊外乡村空间、都市外围乡村空间、后背乡村空间、农业卓越乡村空间、出外做活乡村空间、自营兼业乡村空间 7 种空间类型。③

20 世纪 90 年代兴起的新经济地理学放弃了新古典经济学规模报酬不变与完全竞争的基本假设，转而以规模报酬递增和不完全竞争为基本前提，建立了内含空间因素的中心—外围模型(Core-Periphery)。④ 如 Krugman(2011)利用 CP 模型很好地解释了 19 世纪美国制造业和欧洲“热香蕉”地带的形成。⑤ John B. Parr(2014)从区位理论的具体模型出发，对区域经济空间结构进行了研究，认为空间结构是考察区域经济独特性的一个重要维度，空间结构可以以多种方式进行表征，其中最全面的是采用城市系统的视角。⑥

随着空间统计理论的发展，20 世纪 80 年代后空间统计与计量的方法技术不断被引入区域经济问题的研究中，空间聚集与分异、空间依赖、空间经济结构演化机制等问题得到了更加深入的研究。这一时期的代表人物主要有 Luc Anselin(1988，1999，2010)、Kazuhiro Yoshikawa(1989)、Cressie(1991)、Mark M. Fleming(2000)、Danny Quah(2009)等，他们发表了一系列文献，促成了空间统计理论方法与区域经济学、地理学等的不断结合以及空间分析技术的不断改进。尤其是 Anselin(1988，1999)通过构建空间权重矩阵来表达空间的关系，设计了 Global Moran I 和 Local Moran I 指数，反映区域空间自相关关系，在空间自相关分析的基础上构建了空间滞后模型和空间误差模型，以研究区域经济增长和区域各要素之间的关系，GeoDa、ArcGIS 等分析软件逐

① W. Isard, *Methods of Regional Analysis: An Introduction to Regional Science*, NewYork, London: John Wiley & Sons, 1960.

② Friedman, J. R., *Regional Development Policy: A Case Study of Venezuela*, Cambridge: MIT Press, 1966.

③ 石忆邵：《中国乡村地区功能分类初探——以山东省为例》，《经济地理》1990 年第 3 期。

④ Krugman, P., Increasing returns and economic geography, *Journal of Political Economy*, 1991, Vol. 99, No. 3.

⑤ Krugman, P., The new economic geography, now middle-aged, *Regional Studies*, 2011, Vol. 45, No. 1.

⑥ John B. Parr, The Regional Economy, Spatial Structure and Regional Urban Systems, *Regional Studies*, 2014, Vol. 48, No. 12.

渐被应用到区域经济空间结构分析之中，并把数量分析与区域经济活动的空间可视化相结合。①

国外早期的区域经济理论注重对区域产业、企业区位选择行为以及空间组织结构的理论研究，形成了区域经济空间结构的重要基础理论如杜能的农业区位理论、韦伯的工业区位理论等；第二次世界大战以后，随着各种区域经济发展问题的出现，区域经济学开始关注区域经济的整体空间结构，并从早期注重纯理论的研究范式转变为关注现实区域问题，注重研究区域经济增长过程中整体的空间结构、空间相互作用、区域经济要素的流动组合及分异等区域经济空间演化问题；20世纪80年代以后，随着空间统计学的兴起，空间统计方法开始应用到区域经济研究，空间集聚和集聚增长的动力机制等问题得到了重视，区域经济空间结构分析实现了计算机模拟和数学模型相结合。

(二)西藏经济增长的研究现状

西藏作为我国一个十分特殊的民族地区，长期以来其经济增长都受到各方面的关注，研究西藏区域经济增长，对于促进西藏经济社会的协调发展和长治久安有着十分重要的意义。近年来，部分学者开始对西藏经济增长问题进行研究并形成了数十篇论文。何景熙等(2006)、贡秋扎西等(2006)等分析了西藏经济增长方式转变，陈朴(2007)、曾健(2011)等分析了西藏经济增长的影响因素，王清先(2005)、唐沿源(2011)分析了投资对西藏经济增长的作用，宗刚等(2010)探讨了西藏经济增长的机理及政策选择，庞洪伟等(2015)分析了西藏经济包容性增长，张艳等(2017)则讨论了西藏经济增长与环境污染的关系。现有关于西藏经济增长的文献运用西方经济增长理论对西藏区域经济增长进行了规范或实证分析，形成了一些有价值的观点，但基本上忽视了西藏经济增长中的空间相关性因素，一定程度上弱化了对西藏经济增长问题的解释能力。为此，本文基于空间自相关的视角，讨论投资、劳动力、交通、海拔等因素对西藏经济增长的影响，具有较强的现实意义和实践价值。

二、西藏区域经济增长的特征事实

西藏解放后经济社会各方面发展较快，特别是西部大开发以来中央多次召开西藏工作座谈会推进西藏经济发展，使得西藏经济总量不断增加，经济结构不断优化，农牧民生活条件极大改善，社会进步明显。具体而言：

---

① 这一时期的代表文献包括：Spatial Econometrics: Methods and Models(Anselin, 1988)、Statistics for Spatial Data(Cressie, 1991)、Spatial-Interdependence Modeling and Estimation Technique(Makoto Okumura, 1989)、The Theory and Practice of Spatial Econometrics(Le Sage, 1999)、Spatial Effects in Econometric Practice in Environmental and Resource Economics(Anselin, 2001)、Spatial Econometrics: Statistical Foundations and Applications to Regional Convergence(Arbia, 2006)、The Biggest Myth in Spatial Econometrics(Le Sage, 2014)等。

第一，西藏区域经济总量的增长迅速。自西藏和平解放以来，尤其是西部大开发以来，西藏自治区的经济增长迅速。从1951年到1999年，西藏国内生产总值从1.29亿元到突破100亿元，用了48年时间；从1999年到2004年突破200亿元，仅用了5年时间；从2004年到2007年突破300亿元，只用了3年时间；从2008年到2012年西藏国内生产总值达到了700多亿元，只用了5年时间就翻了一番，到2015年国内生产总值达到了1 026.39亿元，到2019年达到了1 697.82亿元。① 也就是说，从西部大开发到2019年，西藏经济年均增长速度达到了15%左右，增速高于全国同期水平。

第二，实现了产业结构的不断高级化。从产业结构演进来看，西藏三次产业结构的整体水平有很大提高，基本实现了从“一二三”形态向“三二一”形态的转换。从表1中可以看出，从1978年改革开放到2019年，西藏第一产业比重从50.7%下降到了8.1%，第二、三产业比重分别从27.7%、21.6%上升到了37.4%、54.5%，实现了从低级向高级的形式转换，产业结构优化升级取得了很大进步，第二、三产业尤其是第三产业已经成为西藏经济发展的支柱产业。

表1　　**西藏产业结构演进情况**　　单位：%

	1978年	1994年	2000年	2010年	2015年	2019年
第一产业	50.7	46	30.9	13.5	9.5	8.1
第二产业	27.7	17.1	23.2	32.3	36.7	37.4
第三产业	21.6	36.9	45.9	54.2	53.8	54.5

数据来源：历年《西藏统计年鉴》。

第三，西藏投资快速增长，成为经济增长的主要推动力。1953年西藏投资总额只有0.03亿元，1970年为0.57亿元，1980年为1.81亿元，1990年则达到7.61亿元，此后一直较快增长，2002年突破100亿元，2017年突破2 000亿元达到2 051亿元。从西藏投资增长速度来看，西藏解放以后，政府在西藏的投资增长非常之快，同时投资的增长速度波动也很大，但总体上保持在两位数以上，2000年以后西藏投资增长速度大部分年份保持在20%到30%之间，且一个重要特点是没有再出现过负增长。

第四，西藏城镇化发展进程中人口的城乡分异明显。2015年西藏有常住人口323.97万，其中城镇人口89.87万、乡村人口234.1万，与1978年相比，城镇人口增长较快于乡村人口增长，2015年城镇人口比重提高到了27.74%，乡村人口的比重下降到了72.26%。尽管大量人口仍然集中在乡村区域，但西藏城乡发展进程中人口分布的空间分异特征正在逐渐显现甚至强化，人口分布也正在从非典型的二元结构向典型的二元结构转化。西藏城乡人口规模

① 数据来源：根据相关年度的《西藏统计年鉴》计算。

变动情况如表2所示。

表2 **西藏城乡年末常住人口数** 单位:万人;%

	1978年	1993年	2000年	2005年	2014年	2015年
城镇人口	20.21	38.39	50.22	58.45	81.77	89.87
乡村人口	158.6	193.83	209.61	221.86	235.78	234.1
乡村人口比重	88.70	83.47	80.67	79.15	74.25	72.26

数据来源:2016年《西藏统计年鉴》。

第五,西藏农牧民收入增长迅速。西藏350万人口中农牧民占了70%左右,西部大开发以来农牧民收入增长很快,农牧民人均纯收入从2001年的1 404元提高到了2012年的5 645元,到2015年农牧民人均可支配收入达到了8 244元,到2019年则达到了12 951亿元,连续十多年保持了两位数的增长。[①]

第六,西藏区域经济增长的空间差异明显。从七大地区(市)经济发展看,2015年拉萨市、日喀则市、昌都市、山南地区、林芝市、那曲地区、阿里地区经济总量分别达到了376.73亿元、166.85亿元、132.02亿元、113.62亿元、104.33亿元、94.94亿元、37.12亿元。[②] 从GDP总量来看,拉萨市的GDP遥遥领先于其他六个地区,日喀则市和其他地区差异也较大,阿里地区经济总量最低,与倒数第二的那曲地区也相差将近60亿元,七大地区之间GDP总量梯度差异明显,空间分异特征显著。从人均GDP总量来看,2015年拉萨市、昌都市、山南地区、日喀则市、那曲地区、阿里地区、林芝市分别为65 557元、17 172元、14 385元、21 657元、17 373元、33 253元、45 744元[③],拉萨市人均GDP同样遥遥领先于其他地区(市),林芝市和阿里地区也远高于昌都市、那曲地区和山南地区,七大地区(市)人均经济总量差异也比较大,人均经济总量的空间分异特征也十分明显。

三、空间经济计量的基本方法与模型

传统的经济增长理论在分析经济增长时并没有将空间因素纳入其分析框架,这导致实证计量的结果跟真实的经济增长出现偏离,弱化了模型对经济增长的解释力。空间经济理论则认为,经济活动受到空间自相关(spatial de-

---

① 数据来源于相关年度的《西藏统计年鉴》和《西藏年鉴》。尽管西藏经济发展很快,但与我国全国经济发展水平和其他省区经济发展水平相比,西藏经济还存在较大差距。就人均GDP而言,2015年全国人均GDP达到了49 229元(8 280美元),西藏人均GDP只有31 999元,北京、上海的人均GDP超过了100 000元,江苏的人均GDP达到了88 500元。与这些发达省市相比,西藏的经济差距更大。

② 数据来源:《西藏统计年鉴》,北京:中国统计出版社,2016年。

③ 数据来源:《西藏统计年鉴》,北京:中国统计出版社,2016年。

pendence)和空间异质性(spatial heterogeneity)的影响(Anselin & Griffin, 1988)。其中,空间自相关导致的空间效应,可以通过空间滞后模型和空间误差模型来表达和刻画(Anselin,1988);空间异质性或差异性,则是指地理空间缺乏匀质性,存在发达区域和不发达区域、中心和外围区域等不同的经济地理结构,从而导致经济出现空间的不均衡现象。

(一)空间自相关指数的计算

一般而言,进行区域经济的空间计量时,首先会利用空间统计的方法进行空间自相关分析。如果特定区域空间下,待研究的经济属性值(因变量)之间存在空间自相关,则可以运用空间计量模型进行进一步的实证计量分析,这也是基于空间自相关视角下研究西藏区域经济增长的基本思路和方法。

衡量经济的空间自相关的方法很多,检验区域经济变量的空间相关性存在与否,一般使用空间自相关指数 Moran I 指数进行检验,Moran I 定义为:

$$Moran\ I=\frac{\sum_{i=1}^{n}\sum_{j=1}^{n}W_{ij}(Y_i-\overline{Y})(Y_j-\overline{Y})}{S^2\sum_{i=1}^{n}\sum_{j=1}^{n}W_{ij}}$$

其中,$S^2=\frac{1}{n}\sum_{i=1}^{n}(Y_i-\overline{Y})$,$\overline{Y}=\frac{1}{n}\sum_{i=1}^{n}Y_i$,表示第 i 地区的观测值;n 为地区总数;W_{ij} 为二进制的邻接空间权重矩阵,采用邻接标准或距离标准,其目的是定义空间对象的相互邻接关系。根据空间数据的分布,可以计算正态分布 Moran I 的期望值 $E_n(I)=-1/n-1$,则:

$$VAR_n(I)=\frac{n^2w_1+nw_2+3w_0^2}{w_0^2(n^2-1)}-E_n^2(I)$$

其中,$w_0=\sum_{i=1}^{n}\sum_{j=1}^{n}w_{ij}$,$w_1=\frac{1}{2}\sum_{i=1}^{n}\sum_{j=1}^{n}(w_{ij}+w_{ji})^2$,$w_2=\sum_{i=1}^{n}(w_{i.}+w_{.j})^2$,$w_{i.}$ 和 $w_{.j}$ 分别为空间权值矩阵中第 i 行和第 j 列的和。n 个区域是否存在空间自相关关系,可用 $Z(d)$ 值$\left(z(d)=\frac{Moran\ I-E(I)}{\sqrt{VAR(I)}}\right)$进行检验。

(二)空间计量模型的基本形式

英国统计学家 Luc Anselin 等人极大地促进了空间统计计量分析模型的发展,至今已经演变出了 10 余种空间计量模型,但最常用的仍然是空间滞后模型(Spatial Lag Model, SLM)和空间误差模型(Spatial Error Model, SEM)。

1. 空间滞后模型(Spatial Lag Model,SLM)

空间滞后模型主要用于分析地区经济的溢出效应,其数学表达式为:

$$y=\rho Wy+\beta X+\varepsilon$$

其中 y 是因变量，x 为解释变量，ρ 是空间回归系数，w 为空间权重矩阵，ε 为随机误差项。

2. 空间误差模型(Spatial Error Model，SEM)

空间误差模型用来分析相邻区域应变量的误差项对本区域观察值的影响程度，其数学表达式为：

$$y=X\beta+\varepsilon,\varepsilon=\lambda W\varepsilon+\mu$$

其中，ε 为随机误差项，λ 为空间误差系数；μ 为正态分布的随机误差向量。

尽管目前存在着多种空间模型，诸如空间杜宾模型、地理加权回归模型等，但空间滞后模型和空间误差模型是最为常用的两类模型，限于篇幅，此处不再赘述。

(三)空间计量模型估计方法和模型选择

1. 估计方法

传统的计量回归没有考虑空间自相关因素，一般采用 OLS 估计方法，但由于空间计量模型纳入了空间相关性，如果继续采用 OLS 估计方法，会导致系数估计有偏甚至无效的情况。为了避免这种情况，一般需要采用极大似然法、广义最小二乘法和工具变量法等方法进行估计。Luc Anselin(1988)认为，应该采用极大似然法进行空间滞后模型和空间误差模型的参数估计。

2. 模型的选择

由于空间因素对经济属性值(因变量)的影响究竟是通过空间滞后模型还是误差模型来体现，难以依靠经验推断，因此选择和判断哪一种空间计量模型能用来计量现实的经济活动，成为需要首先解决的问题。Luc Anselin 等在 2004 年提出并建立了一个基本的判别准则，即利用两个拉格朗日乘子和稳健性检验进行判别。Anselin 认为，如果在空间依赖性检验中，空间误差模型的拉格朗日乘子 LMERR 比空间滞后模型的拉格朗日乘子 LMLAG 在统计上更加显著，且 R-LMERR 显著而 R-LMLOG 不显著，就可以推断出空间误差模型更具有解释力，反之，空间滞后模型更具有解释力。此外，经常使用的检验准则还包括赤池信息准则(Akaike information criterion，AIC)、施瓦茨准则(Schwartz criterion，SC)、似然比率(Likely hood ratio，LR)、对数似然函数值(Log likelihood，Log L)等。在进行模型估计和选择时，对数似然值越大，似然比率越小，赤池信息准则值(AIC)和施瓦茨准则值(SC)越小，则表明模型拟合也越好。

四、数据来源和变量选择

(一)数据来源说明

讨论西藏区域经济的增长，既可以从整个西藏自治区层面进行经济增长的实证分析，也可以从西藏七大地区的层面进行分析，还可以从西藏县域经济层面进行经济增长的实证分析。一般而言，县域经济是区域经济的最基本单元，县域经济对区域经济增长发挥着重要作用，“郡县治，天下安”的说法便从一个方面体现了县域管理的重要性。鉴于此，本文拟以西藏 73 个县域单元作为西藏经济增长分析中基本的空间单元，并基于空间自相关视角，利用西藏各县域近年来的相关经济数据，对西藏区域经济的增长情况进行探讨。

本文实证计量分析的数据，主要来源于《西藏统计年鉴》《西藏年鉴》《中国县域经济统计年鉴》《中国区域统计年鉴》等。其中，2012 年的西藏县域经济(GDP)的数据，由于 2013 年的《西藏统计年鉴》上没有提供，故根据西藏县域前五年的经济平均增速进行估计得到；各县域交通里程数据根据地图图例进行估算得到；农牧民收入数据来自相关年份的《西藏年鉴》；2014 年部分县域城镇居民可支配收入根据经济增长情况估计得到；固定资产投资数据来自《中国县域经济统计年鉴》；各县域海拔数据来自《西藏年鉴》。

(二)变量选择说明

传统主流经济理论认为，影响经济增长的因素主要包括土地、资本和劳动力三大要素。随着经济学的发展，技术、制度、知识等要素逐渐被纳入分析框架，新经济地理学、空间经济学的兴起则进一步强调了空间因素对经济增长的影响，并在研究中将空间因素作为一个变量纳入到经济分析框架。克鲁格曼和藤田昌久等在这方面所做的杰出工作和巨大贡献更是使空间经济学被主流经济学所接纳，空间因素也被作为影响经济增长的重要变量，进而被纳入主流经济学的分析框架。

长期以来，西藏自治区经济发展水平滞后，新中国成立以后其经济(GDP)增长主要是依靠政府投资推动，尤其是西部大开发以来，中央政府和对口支援的地方政府向西藏投入了大量的资本，固定资本已经成为西藏经济增长中举足轻重的第一要素。西藏城乡居民收入形成的消费需求，对西藏经济增长也产生了重要的拉动。因此，本研究把固定资产投资 *FI*、城乡居民收入 *CI* 和 *RI* 作为影响西藏区域经济(GDP)增长的解释变量。同时，西藏作为高原地区，其海拔高度 *HE*、交通区位(*NR*，*PR*，*RW*)条件也极大地影响着西藏区域经济增长。从具体的经验观察来看，海拔越低、越靠近交通线的县域经济也越发达，因此海拔高度 *HE* 和交通区位 *NR*、*PR* 等也被作为了解释变量。此外，在西藏经济中，虽然第二、三产业发展迅速，其经济总量远超第一产业，但从经济活动的空间范围、劳动力投入规模等来看，西藏县域经济还是以农村经济为主，大量的劳动力依然存在于农牧业中，农村(乡村)劳动力 *XC* 的投入也极大地影响着西藏县域经济的增长，因此西藏乡村劳动力 *XC* 也被作为了解释变量。

五、基于空间自相关的西藏区域经济增长的实证分析

(一)西藏县域经济的空间自相关检验

为了更准确地了解西藏区域经济增长的空间相关性,有必要进一步进行空间自相关性检验。Moran I 指数是反映空间相关性的常用指标,全局 Moran I 指数反映区域空间的整体相关性,其为正时表明空间正相关关系,即高值区域与高值区域相邻、低值区域与低值区域相邻;其为负时则表明空间存在负相关性,即高值区域与低值区域相邻,或低值区域与高值区域相邻。为了进一步探讨西藏区域经济的空间自相关关系,本文根据 Moran I 指数的计算公式,将近年来西藏县域 GDP 数据进行对数处理后进行自相关检验,以 2012 年到 2014 年的数据为例分别计算了西藏县域经济的 Moran I 指数、P 值和 Z 值,以及 2014 年 GDP 的散点图(具体情况见表 3 及图 1)。

表 3　西藏县域 GDP 的空间自相关检验

	2012 年	2013 年	2014 年
Moran I	0.30	0.313	0.311
P 值	0.001	0.001	0.001
Z 值	4.438	4.487	4.434

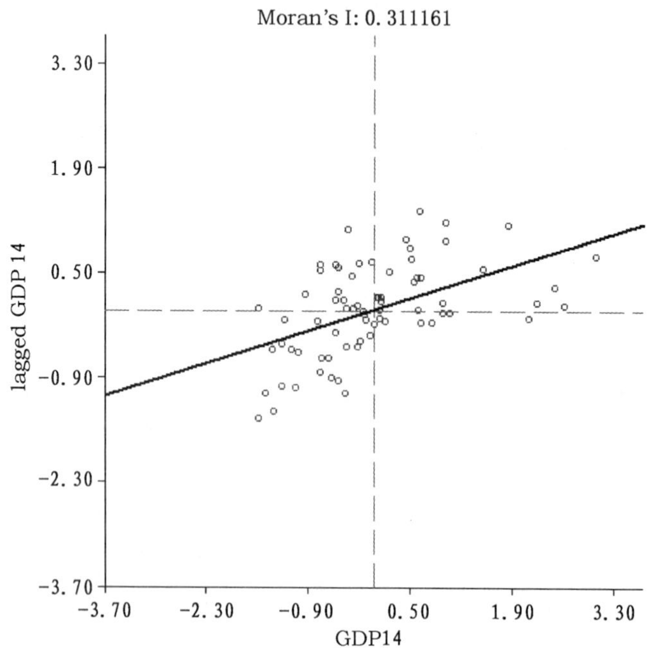

图 1　西藏县域 GDP 数据的 Moran I 散点图

根据空间自相关检验，西藏区域经济的 Moran I 指数为正，并通过了 P 值为 0.001 的显著性检验，Z 值都大于正态分布函数在 0.01 显著性水平下的临界值 1.96，表明西藏县域经济存在明显的空间自相关（即空间依赖性）；从西藏县域 GDP 的 Moran I 散点图看，大部分县域经济表现为高高集聚、低高集聚和低低集聚的空间集聚状态。因此，研究西藏区域经济增长需要考虑空间因素的影响。

（二）西藏区域经济增长的经典计量模型构建及估计结果分析

1. 经典计量模型的构建

根据相关经济增长理论，以西藏各个县域经济 GDP 总量为因变量，以各县域固定资产投资 FI、城镇居民可支配收入 CI、农牧民纯收入 RI、乡村劳动力 XC、海拔 HE、交通区位 NR 等作为自变量，构建一个经济增长的双对数线性模型如下：

$$\log GDP_n = \beta_0 + \beta_1 \log FI_n + \beta_2 \log CI_n + \beta_3 \log RI_n + \beta_4 \log XC_n + \beta_5 \log HE + \beta_6 \log NR_n + \varepsilon_n \tag{1}$$

其中，n 为 1，2，3，…，73，表示西藏 73 个县域，β 为参数，ε 为随机误差项。

2. 西藏区域经济增长的经典回归估计和空间依赖性检验

由于固定资本投资对经济增长的效应一般具有滞后性，为了检验西藏固定资本投资对县域经济增长的滞后效应，分别以 2012 年、2013 年、2014 年的 GDP 作为因变量。以 2012 年的固定资本投资 FI 和其他对应年份的城镇居民收入 CI、农牧民纯收入 RI、乡村劳动力 XC 以及交通区位 NR 等作为自变量进行 OLS 估计，发现滞后 2 期的模型拟合效果最好，因此以 2014 年的 GDP 作为因变量，具体估计结果如下表 4 所示。

表 4　西藏经济增长的 OLS 估计结果

自变量	回归系数 β	T 统计量	P 值
C	−5.454	−3.384	0.001
FI	0.156 4	2.779	0.007
RI	1.410 7	4.898	0.000
CI	0.838 1	2.042	0.045
XC	0.705 0	7.780	0.000
HE	−0.693 2	−2.477	0.016
NR	0.031 14	1.065	0.291
空间依赖性检验	MI/DF	VALUE	PROB
Moran's I(error)	0.159 8	1.981 3	0.047 55

续表

自变量	回归系数 β	T 统计量	P 值
LM-lag	1	0.118 3	0.730 90
R-LM-lag	1	0.461 0	0.497 18
LM-error	1	2.353 6	0.125 00
R-LM-error	1	2.696 2	0.100 58

根据估计结果，模型的 R 系数为 0.753，调整的 R^2 为 0.731，F 统计量为 33.61，P 值为 0.000，对数似然值 LOG L 为 27.06，赤池信息准则(AIC)值为－40.11，施瓦茨准则(SC)值为－24.08，模型拟合比较好，模型整体上通过了1%置信水平的显著性检验。需要说明的是，固定投资中有一部分属于交通投资，因此 FI 和 NR(交通区位)存在一定的相关性和共线性关系，NR 变量没有通过95%置信水平的显著性检验。

这是没有考虑空间影响因素的经典回归估计，从估计结果看，西藏各个县域固定资本投资 FI、农牧民收入 RI、城镇居民可支配收入 CI、乡村劳动力投入和交通区位，均对西藏区域经济增长具有明显的正效应。其中，农牧民收入、城镇居民收入和农村劳动力投入对西藏经济增长的影响效应较大①；其次为固定资本投资；再次为交通区位，其影响效果较弱(估计是因为西藏交通里程相对其广袤的地域而言里程太少，其效果难以显现)。各个县域海拔高度对西藏经济增长的效应为负，表明西藏区域经济增长随着海拔的提高而下降。

从空间依赖性看，Moran's I(error)值为 0.159 8，通过了置信水平为95%的显著性检验，表明西藏经济增长存在着空间依赖性，相邻区域(县域)的经济增长影响着本区域(县域)经济的增长。这意味着，传统的经典回归计量分析无法充分解释各个自变量对因变量的影响，因此需要进一步建立空间计量模型进行分析。

(三)西藏区域经济增长的空间计量分析及结论与建议

1. 空间计量模型的构建

前面的经典回归模型的分析没有考虑空间因素的影响，当把空间因素纳入模型分析的时候，还需要根据一定的相邻规则构建空间权重矩阵，并在此基础上构建相关的空间计量模型。为此，根据"边相邻的原则"建立空间相关矩阵来表达西藏县域经济的空间相关关系，并在此基础上构建空间滞后模型SLM和空间误差模型SEM。

首先是空间滞后模型SLG的构建。空间滞后模型是指，区域经济增长的

① 农牧民纯收入 RI 系数偏高的可能原因或许是受到变量量纲的影响，也可能是受到部分估计值的影响，从经验观察来看，这并不影响分析结论，因此未做进一步修正。

空间效应通过空间滞后项来体现，其基本含义就是在传统的经典计量模型中纳入空间滞后因子。空间滞后模型的基本表达式如下：

$$\log GDP_n = \beta_0 + \rho W \log GDP_n + \beta_1 \log FI_n + \beta_2 \log CI_n + \beta_3 \log RI_n + \beta_4 \log XC_n + \beta_5 \log HE + \beta_6 \log NR_n + \varepsilon \quad (2)$$

其中，$\varepsilon \sim N(0,\sigma^2)$ 为随机误差项向量；$n=1,2,3,\cdots,73$；$W\log GDP$ 为空间滞后因变量；β 反映了自变量对因变量的影响；ρ 表示相邻地区观测值间的空间依赖关系系数。

其次是空间误差模型 *SEM* 的构建。空间误差模型是指，区域之间的空间效应通过误差项来体现，空间误差模型 *SEM* 的表达形式如下：

$$\log GDP_n = \beta_0 + \beta_1 \log FI_n + \beta_2 \log CI_n + \beta_3 \log RI_n + \beta_4 \log XC_n + \beta_5 \log H_E + \beta_6 \log NR_n + \varepsilon \quad (3)$$

$$\varepsilon = \lambda W \varepsilon + \mu$$

其中，$n=1,2,3,\cdots,73$；ε 为随机误差项向量；β 为估计系数，反映各自变量对因变量的影响程度；$\mu \sim N(0,\sigma^2)$为随机误差；λ 为 $n\times 1$ 阶的因变量的空间误差系数，刻画样本观察值中的空间依赖性，以此反映邻近地区因变量的误差冲击对本区域观察值的影响程度。

2. 空间计量模型的判别和选择

根据西藏县域经济 *GDP*、固定资本投资 *FI*、农牧民收入 *RI*、城镇居民收入 *CI*、交通区位 *NR*、海拔高度 *HE* 以及农村劳动力投入 *XC* 等变量数据进行经济增长的空间回归，基于极大似然法估计的空间滞后模型和空间误差模型的结果如表5所示。

表5　西藏区域经济增长的空间计量结果

	R^2	Log *L*	AIC	SC	LR	LR P	B—P P
SLM	0.755	27.23	−38.45	−20.13	0.341	0.559	0.003
SEM	0.766	28.29	−42.57	−26.54	2.459	0.117	0.001

判别空间滞后模型(SLM)和空间误差模型(SEM)哪一个模型更适合说明西藏区域经济的增长情况，可以根据前面所介绍的判别准则来进行判别选择。根据表3空间滞后模型(SLM)和空间误差模型(SEM)估计结果，空间误差模型SEM的拟合度优于空间滞后模型SLM，空间误差模型的对数似然值大于空间滞后模型，并且空间误差模型的赤池信息准则AIC值和施瓦茨准则SC值都小于空间滞后模型。从表2中空间滞后模型和空间误差模型的两个拉格朗日乘子值LM-lag和LM-error以及相应的稳健性检验值看，空间误差模型(SEM)相对于空间滞后模型(SLM)更具有显著性。因此，根据表2和表3中的估计结果，可以认为，空间误差模型SEM比空间滞后模型SLM更适合

用来解释西藏区域经济增长。

3. 空间计量估计结果分析与建议

运用空间误差模型SEM获得的西藏区域经济增长的计量估计结果，如表6所示(空间滞后模型的估计结果略)。

表6 基于空间误差模型SEM的西藏区域经济增长的估计结果

自变量	系数	标准误差	z-值	P值
C	−5.235	1.425	−3.673	0.000
FI	0.167	0.052	3.196	0.001
RI	1.393	0.251	5.540	0.000
CI	0.792	0.380	2.083	0.037
NR	0.026	0.026	0.986	0.324
XC	0.699	0.079	8.896	0.000
HE	−0.683	0.261	−2.618	0.009

根据以上空间计量分析结果，可以得出以下基本结论：

第一，根据表6和表4数据可知，与经典回归计量结果相比，空间计量结果的各个自变量参数估计值的绝对值略低于经典回归计量结果，但相差并不太大；从*P*值来看，空间误差模型的参数估计结果的置信度高于经典回归计量结果。

第二，影响西藏区域经济增长的六个解释变量的估计参数，均基本符合预期，其变动方向也符合经验观察。

第三，在对西藏区域经济增长具有显著影响的因素之中，效应最大的因素是农牧民收入，其次是城镇居民可支配收入，第三是农村劳动力投入，第四是固定资本投入(固定资本投资的边际效应仅有0.167)，第五是交通区位的影响(其边际效应仅有0.026)，第六是西藏海拔高度，其对经济增长的影响为−0.683，表明随着海拔高度的提高，西藏经济增长逐渐降低。

第四，根据计量结果，城乡居民收入和农村劳动力投入对西藏经济增长贡献最大，因此，未来应重点提高城乡居民收入水平，并让更多的农村劳动力投入到生产活动中去。

第五，除了交通区位*NR*变量外，其余五个变量都通过了置信水平在95%以上的显著性检验，具有比较好的解释能力。交通区位变量与固定资本投资变量存在一定的共线性，一定程度上影响了该变量的显著性检验。尽管如此，交通条件对西藏经济增长的贡献依然是客观存在的，交通区位条件的改善对西藏区域经济的增长依然发挥了巨大的推动作用。

六、促进西藏经济增长的建议

根据以上结论，本文提出如下促进西藏经济发展的对策建议：

第一，大力推进乡村经济发展，提高农牧民收入水平。西藏300万人口之中，乡村人口大约有230多万，占了77%，且绝大部分为农牧民。农牧民是西藏生产和消费的最主要人口，农牧民的消费对于促进西藏经济增长具有重要作用。因此，未来西藏还需要采取措施，大力促进农牧民收入的增长。具体而言：一是加大政府对农牧业的扶持力度，增加农牧业补贴，提升农牧业产业化水平，延伸农牧业产业链；二是大力发展乡村旅游业，鼓励兴办各类藏家乐；三是加大对生态脆弱区农牧民的生态补偿。

第二，加快推进西藏的城镇化进程。城镇化因素是影响西藏区域经济增长的第二重要变量，目前西藏城镇化水平仅有27%左右，必须加快推进西藏城镇化进程，并积极发展城镇经济，推动城镇居民消费。

第三，加大西藏农村劳动力投入。目前西藏农村劳动力外流趋势逐渐加强，农村老人小孩较多，劳动力供给渐趋不足，政府应制定相应政策措施，鼓励农村劳动力的投入。

第四，加大农村固定资本投入。目前，西藏农村固定资本投入不足，导致农牧区老化的农业设施无法得到更新。建议政府通过财政补助或信贷政策等手段，鼓励农牧民进行固定资本更新，或者政府直接加大农牧区基础设施固定资本更新投入。

第五，优化西藏交通网络。受地理自然条件等因素的制约，目前西藏交通条件依然有待进一步改善，尤其是县乡公路条件较差。建议政府加大通县公路和通乡公路的建设和改造，加大村村通工程建设，合理建设乡村公路，形成更加科学的交通网络布局。

参考文献

[1]陈朴：《西藏经济增长影响因素的实证分析》，《西藏民族学院学报》2007年第3期。

[2]贡秋扎西、杨斌：《西藏经济增长方式初探》，《西藏研究》2006年第1期。

[3]吴玉鸣：《空间计量经济模型在省域研发与创新中的应用研究》，《数量经济技术经济研究》2006年第5期。

[4]宗刚、李鹏：《西藏经济增长：事实、机理与政策选择》，《中国藏学》2010年第2期。

[5]庞洪伟、巩艳红：《西藏经济包容性增长的实证研究》，《西藏发展论坛》2015年第6期。

[6]王清先：《对投资拉动西藏经济增长效应的初步分析》，《中国藏学》2005年第3期。

[7]曾健：《西藏经济增长影响因素的实证分析》，《西藏发展论坛》2011年第3期。

[8]何景熙、王文川、马红利：《基础性人力资本投资与西藏经济增长方式的转变》，《中国藏学》2006年第3期。

[9]唐沿源:《投资结构与西藏经济增长》,《西南民族大学学报(人文社会科学版)》2005年第3期。

[10]刘希章、庞加兰:《民间投资对于产业结构升级的影响——基于劳动力转移视角的实证》,《管理学刊》2019年第6期。

[11]程恩富:《全面开启建设社会主义现代化国家的若干重点解析》,《当代经济研究》2021年第1期。

[12]贾根良:《"国内大循环为主、国内国际双循环"的战略选择》,《政治经济学研究》2020年第2期。

[13]〔美〕罗伯特·M. 索洛:《经济增长因素分析》,史清琪等译,北京:商务印书馆,1991年。

[14]〔美〕J. 保罗·埃尔霍斯特:《空间计量经济学》,肖光恩译,北京:中国人民大学出版社,2015年。

[15]沈体雁、冯等田、孙铁山:《空间计量经济学》,北京:北京大学出版社,2010年。

An Empirical Study of Regional Economic Growth in Tibet Based on Spatial Autocorrelation

Yan Jie

Abstract On the basis of reviewing the theory of economic growth, and from the spatial autocorrelation perspective, this paper constructs a spatial econometric model of regional economic growth in Tibet, which discusses the different contributions of fixed capital investment, income of farmers and herdsmen, income of urban residents, traffic location, altitude and input of rural labor to the regional economic growth in Tibet, and accordingly puts forward some suggestions for promoting regional economic development in Tibet.

Key Words Tibet; Regional Economy; Spatial Measurement; Economic Growth

粤港澳大湾区技术创新对区域经济增长的影响研究

杨德云

内容提要 技术创新是区域经济增长的重要推动力。基于粤港澳大湾区 1996—2018 年面板数据,实证检验技术创新对经济增长的影响。结果表明,粤港澳大湾区技术创新对区域经济增长具有显著的促进作用;外商直接投资通过技术投资或者技术溢出效应提高技术创新对粤港澳大湾区经济增长的促进作用;中国加入 WTO 后提高了技术创新对粤港澳大湾区经济增长的促进作用;技术创新对粤港澳大湾区经济增长的促进作用主要是源自外商直接投资和中国加入 WTO。为提升粤港澳大湾区的技术创新水平以促进经济增长,提出加快形成全面开放的创新格局、推行自主知识产权优势战略、推进创新链与产业链深度融合、加大创新人才培养与引进力度等政策建议。

关键词 粤港澳大湾区;技术创新;区域经济;经济增长

中图分类号 F061.5

一、引 言

关于经济增长是经济学领域古老而前沿的研究话题,中国经济增长的原因更是国内外专家学者特别关注的课题。厘清经济增长源泉,对促进中国经济增长具有重要的理论价值和现实意义。不同的阶段,中国经济增长来源不同。在 20 世纪 70 年代末,中国经济增长主要得益于农业改革;20 世纪 80 年代末,中国经济增长主要得益于进口替代向出口替代的贸易政策转变;20 世纪 90 年代,随着改革开放的进一步深化,中国经济增长得益于对外贸易和对外直接投资的持续增长。有学者认为,中国经济增长更深层次的根源是技术创新。[①] 正如马克思深刻揭示技术对经济的决定性作用时指出:"资产阶级在它的不到一百年的阶级统治中所创造的生产力,比过去一切世代创造的全部

作者简介:杨德云,桂林旅游学院旅游管理学院副教授,中国社会科学院大学马克思主义学院博士研究生,广西师范大学历史文化与旅游学院硕士研究生导师。

基金项目:本文系国家社会科学基金项目"西南民族地区旅游产业低碳化转型机理与调控政策研究"(13XMZ038)的阶段性成果。

① 高建昆、程恩富:《建设现代化经济体系 实现高质量发展》,《学术研究》2018 年第 12 期。

生产力还要多、还要大。”①

中国改革开放40多年来,经济社会发展取得举世瞩目的成就,现已成为全球第二大经济体,很大程度上得益于技术进步导致生产力的极大发展。党的十九大历史性地提出了区域协调发展战略,粤港澳大湾区作为该战略的重要组成部分,是我国进入新时代实行高水平对外开放的重要举措。党的十九届五中全会提出,坚持创新在我国现代化建设全局中的核心地位,支持粤港澳大湾区形成国际科技创新中心,打造创新平台和新增长极,是国家赋予粤港澳大湾区在国家科技创新战略中的历史定位。习近平总书记2018年在两院院士大会上强调:“中国要强盛、要复兴,就一定要大力发展科学技术,努力成为世界主要科学中心和创新高地。”②这为科技创新指明方向,粤港澳大湾区作为国家“十四五”重点打造的三个国际科技创新中心之一,面临着重大发展机遇。从世界一流湾区演进历程看,依靠要素投入获得增长红利的空间越来越小,其经济增长的可持续性主要是通过创新驱动实现的。在当前逆全球化、贸易保护主义、新冠肺炎疫情冲击等背景下,如何通过技术创新推动粤港澳大湾区的区域经济增长,从而通过经济溢出效应带动周边区域经济发展,备受理论和实践工作者共同关注。

二、文献综述

无论是从理论角度还是从经验研究角度,现有文献都证实了技术创新对区域经济增长有显著的促进作用。创新理论的重要代表人物熊彼特认为,创新会造成生产要素或生产手段的“新组合”,是经济增长的源泉(熊彼特,1990)。新马克思经济学综合学派认为以自主创新来引导产业结构调整和升级,创造和培育知识产权优势或知产型竞争优势,最大限度地获取贸易发展的动态利益。李朝洪等(2014)研究发现技术创新与经济增长之间具有正相关关系,而且技术创新对经济增长有促进作用。张燕(2017)构建经济增长和技术创新的理论模型,以中国工业数据为样本进行实证研究,发现在中国工业的不同阶段,技术创新对经济增长的促进作用不同。宦梅丽等(2018)基于改革开放以来的省域面板数据的经验研究,发现技术创新能够促进中国地区经济增长。有学者还对FDI(对外直接投资)中国经济增长的影响机制进行研究,发现基于FDI的技术创新对中国经济增长具有重要促进作用。比如,曾慧(2012)利用2000年至2008年间中国30个省市的面板数据验证了FDI所带来的技术创新能够促进中国经济增长;陈金凤(2020)基于2003—2017年中国

① 《马克思恩格斯选集》第1卷,北京:人民出版社,1995年,第405页。
② 习近平:《努力成为世界主要科学中心和创新高地》,《求是》2021年第6期。

省级面板数据，分析了技术创新对区域经济增长的影响，发现基于FDI的技术创新与中国区域经济增长直接存在U型关系。

随着中国经济发展转型，在关注经济增长的同时，技术创新提升经济增长质量也成为学术界研究的重点。如黄志基等(2013)基于中国工业企业数据，测度中国制造业企业的全要素生产率，发现技术创新能够提升中国经济增长质量。史自力(2013)的研究发现，不同时间段内，创新在不同时间段对区域经济增长质量的影响是不同的。王竹君(2014)分别用专利受理数、R&D支出、技术市场成交额来衡量技术创新，并以任保平等人构建的经济增长质量指数衡量中国经济增长质量，指出虽然技术创新对中国经济增长具有显著促进作用，但对提升中国经济增长质量作用不强。何兴邦(2019)利用2000年至2014年中国省级层面的面板数据进行经验研究，发现技术创新在促进中国经济增长的同时，还能够优化产业结构、实现绿色平衡发展，从而提升中国经济增长质量。

关于粤港澳大湾区经济增长的研究越来越受到学术界的关注，目前研究主要集中在金融竞争力、区域经济一体化、产业结构升级、经济发展质量等方面。黎伟(2019)构建金融集聚竞争力评估体系，测算粤港澳大湾区主要城市的金融竞争力以及金融增长极的金融辐射半径，评估金融增长极对湾区内各节点城市的影响。张峰等(2019)测算了粤港澳大湾区制造业的绿色竞争力，发现粤港澳大湾区制造业的竞争力不仅具有行业差异，还具有地域差异，如何实现均衡发展是粤港澳大湾区面临的重要问题。曹小曙(2019)从智能交通一体化发展、多极化空间格局、制度创新、公平发展和生态文明建设等方面阐述了粤港澳大湾区经济一体化的历程。杨恺钧等(2019)运用系统GMM与面板门槛模型就技术创新对经济增长质量的驱动作用进行实证检验，认为技术创新对粤港澳大湾区经济增长质量的驱动作用明显，且存在双重门槛效应。倪外等(2020)分析了大湾区经济一体化的理论基础，提出需要以高端服务行业提升大湾区的经济发展质量。覃成林等(2020)构建多维的产业结构升级指标，提出粤港澳大湾区在朝着"经济服务化"转型升级的同时，要预防"去工业化"趋势。论文结合现有文献对技术创新和经济增长的相关研究，以粤港澳大湾区11个城市为样本，分析技术创新对该区域经济增长的影响，从而为粤港澳大湾区经济发展提供对策建议，对粤港澳大湾区进一步提升技术创新水平、促进经济增长具有重要的现实意义。

三、研究设计

(一)计量模型设定

借鉴黄志基等(2013)和何兴邦(2019)的经验，本文构建如下计量模型：

$$\Delta \ln GDP_{it}=\beta_0+\beta_1\Delta \ln TEC_{it}+\beta_2\Delta \ln UR_{it}+\beta_3\Delta \ln TAI_{it}+\beta_4\Delta \ln FIS_{it}+\varepsilon_{it} \quad (1)$$

其中，i 表示城市，t 表示年份，ln 表示取对数值，Δ 表示一阶差分。GDP_{it} 是城市 i 在 t 年度的生产总值；TEC_{it} 是城市 i 在 t 年度的技术创新程度，用专利申请受理量度量；UR_{it} 是城市 i 在 t 年度的城市规模，用年末常住人口衡量；TAI_{it} 是城市 i 在 t 年度的全社会固定资产投资额；FIS_{it} 是城市 i 在 t 年度的地方财政一般预算支出；ε_{it} 是扰动项。

鉴于 FDI 能够带来技术创新，而且 2001 年中国加入 WTO 后外商直接投资等有显著增加，因此本文采用如下计量模型进行拓展分析：

$$\Delta \ln GDP_{it}=\beta_0+\beta_1\Delta \ln TEC_{it}+\beta_2\Delta \ln UR_{it}+\beta_3\Delta \ln TAI_{it}+\beta_4\Delta \ln FIS_{it}+\beta_5\Delta \ln FDI_{it}+\varepsilon_{it} \quad (2)$$

$$\Delta \ln GDP_{it}=\beta_0+\beta_1\Delta \ln TEC_{it}+\beta_2\Delta \ln UR_{it}+\beta_3\Delta \ln TAI_{it}+\beta_4\Delta \ln FIS_{it}+\beta_5\Delta \ln FDI_{it}+\beta_6 WTO_t+\varepsilon_{it} \quad (3)$$

$$\Delta \ln GDP_{it}=\beta_0+\beta_1\Delta \ln TEC_{it}+\beta_2\Delta \ln UR_{it}+\beta_3\Delta \ln TAI_{it}+\beta_4\Delta \ln FIS_{it}+\beta_5\Delta \ln FDI_{it}+\beta_6 FDI_t\times\Delta \ln TEC_{it}+\varepsilon_{it} \quad (4)$$

$$\Delta \ln GDP_{it}=\beta_0+\beta_1\Delta \ln TEC_{it}+\beta_2\Delta \ln UR_{it}+\beta_3\Delta \ln TAI_{it}+\beta_4\Delta \ln FIS_{it}+\beta_5\Delta \ln FDI_{it}+\beta_6 WTO_t+\beta_7\Delta \ln FDI_{it}\times\Delta \ln TEC_{it}+\beta_8 WTO_t\times\Delta \ln TEC_{it}+\varepsilon_{it} \quad (5)$$

其中，FDI_{it} 是城市 i 在 t 年度的外商直接投资，WTO_t 是虚拟变量，如果年份 $t>2001$，则 $WTO_t=1$；如果年份 $t\leqslant 2001$，则 $WTO_t=0$。

(二)数据和变量说明

粤港澳大湾区由广东省广州、深圳、珠海、佛山、惠州、东莞、中山、江门、肇庆 9 个地级市和香港、澳门 2 个特别行政区组成，涵盖 11 个城市。为保证研究结果的科学性、合理性以及数据可获取性，选取该地区 11 个城市 1996—2018 年统计数据，所有数据来源于各相关年度《中国统计年鉴》《广东统计年鉴》。除 WTO 的虚拟变量外，其他变量均取对数。一方面，变量之间相差多个数量级，取对数能够将所有变量控制在同一个数量级；另一方面，取对数后，回归系数反映了自变量变化一个百分点所引起的因变量的百分比变化，比实际数值变化更能反映实际问题。取对数后再用一阶差分回归，回归得到的变量系数反映了自变量增长率的变化所引起的因变量增长率变化。因此，自变量的单位不影响回归结果。表 1 汇报了详细的变量描述和统计结果。

表 1 变量描述性统计

变量名称	变量描述	样本数	标准差	最小值	最大值	均值
$\ln GDP_{it}$	地方生产总值对数值	253	10.23	3.29	15.90	12.62

续表

变量名称	变量描述	样本数	标准差	最小值	最大值	均值
$\ln TEC_{it}$	专利申请受理量对数值	253	9.33	1.42	2.33	1.72
$\ln UR_{it}$	年末常住人口对数值	253	16.35	6.98	9.78	7.61
$\ln TAI_{it}$	全社会固定资产投资额对数值	253	21.58	2.62	9.95	5.53
$\ln FIS_{it}$	地方财政一般预算支出对数值	253	19.22	2.17	5.52	4.65
$\ln FDI_{it}$	外商直接投资对数值	253	43.10	2.21	15.32	8.03
WTO_t	是否加入 WTO	253	0.91	0	1	0.78

数据来源：作者根据样本数据整理得到。

图 1 是地区生产总值和技术创新之间的散点图。显然，技术创新和地区生产总值之间呈正相关，技术创新水平越高，地区生产总值越高。但是这并不能说明本文核心解释变量技术创新和被解释变量经济增长之间的关系。为分析技术创新和经济增长之间的关系，本文进一步进行实证分析。

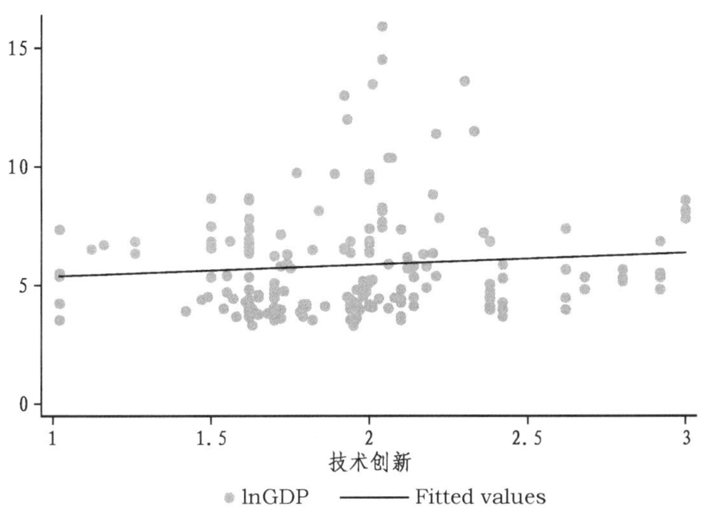

图 1　技术创新和地区生产总值的散点图

四、实证结果

(一)基准回归结果

表 2 报告了针对计量模型(1)的回归结果，回归结果与现有文献结果较为一致。整体来看，技术创新、城市规模、固定资产投资和财政支出变量系数为正，且至少在 5%的置信水平上显著。这说明技术创新、城市规模、固定资产

投资和财政支出能够促进粤港澳大湾区的经济增长。具体来看，专利申请受理量每增加1%，粤港澳大湾区的经济将增长0.024%；城市常住人口每增加1%，粤港澳大湾区的经济将增长3.551%；粤港澳大湾区全社会固定资产投资额每增加1%，该地区经济将增长2.003%；地方财政一般预算支出每增加1%，粤港澳大湾区的经济将增长2.447%。当同时控制城市规模、固定资产投资额地方财政支出等控制变量后，核心解释变量系数绝对值有所增加，而且拟合度也从最低的35.4%上升到60.5%。专利申请受理量每增加1%，粤港澳大湾区的经济将增长0.049%；城市常住人口每增加1%，粤港澳大湾区的经济将增长3.737%；全社会固定资产投资额每增加1%，粤港澳大湾区的经济将增长2.018%；粤港澳大湾区地方财政一般预算支出每增加1%，该地区经济将增长2.560%。拟合度的上升说明同时控制其他变量后，自变量的变化对因变量变化的解释程度更高。基准回归结果初步验证了技术创新对粤港澳大湾区经济增长的促进作用，但仍然存在其他因素可能影响粤港澳大湾区的经济增长，遗漏其他变量容易导致遗漏变量偏误。

表2　基准回归结果

	(1)	(2)	(3)	(4)	(5)
$\Delta\ln TEC_{it}$	0.024***				0.049***
	(0.002)				(0.002)
$\Delta\ln UR_{it}$		3.551***			3.737**
		(0.208)			(0.169)
$\Delta\ln TAI_{it}$			2.003***		2.018***
			(0.103)		(0.108)
$\Delta\ln FIS_{it}$				2.447***	2.560***
				(0.143)	(0.105)
_cons	2.313***	3.045***	1.225**	2.549***	1.201***
	(0.202)	(0.172)	(0.029)	(0.137)	(0.043)
N	253	253	253	253	253
R^2	0.523	0.354	0.510	0.464	0.605

注：* 为 $p<0.01$，** 为 $p<0.05$，*** 为 $p<0.001$。括号内为标准误，下同。

(二)稳健性检验

为解决遗漏变量偏误，提高回归结果的稳健性，本文控制年份和城市特征效应，从而进行稳健性检验。表3和表4分别是控制年份特征效应和城市特征效应后的回归结果。在表3中，技术创新、城市规模、固定资产投资和财政支出变量系数为正，且至少在 5%的置信水平上显著，这与表 2 的基准回归结果是一致的。

比较表 3 和表 2 的变量系数绝对值可以发现，在控制年份特征效应后，核心解释变量和其他控制变量系数绝对值有显著增加。具体来看，专利申请受理量每增加 1%，粤港澳大湾区的经济将增长 0.027%；城市常住人口每增加 1%，粤港澳大湾区的经济将增长 3.602%；粤港澳大湾区全社会固定资产投资额每增加 1%，该地区经济将增长 2.531%；地方财政一般预算支出每增加 1%，粤港澳大湾区的经济将增长 3.004%。当同时控制城市规模、固定资产投资额地方财政支出等控制变量后，核心解释变量系数绝对值有所增加，而且拟合度也从最低的 52.2%上升到 74.2%。专利申请受理量每增加 1%，粤港澳大湾区的经济将增长 0.050%；城市常住人口每增加 1%，粤港澳大湾区的经济将增长 4.003%；全社会固定资产投资额每增加 1%，粤港澳大湾区的经济将增长 2.274%；地方财政一般预算支出每增加 1%，粤港澳大湾区的经济将增长 2.923%。

表 3　　稳健性检验——控制年份特征效应

	(1)	(2)	(3)	(4)	(5)
$\Delta\ln TEC_{it}$	0.027***				0.050***
	(0.000)				(0.001)
$\Delta\ln UR_{it}$		3.602***			4.003**
		(0.148)			(0.215)
$\Delta\ln TAI_{it}$			2.531***		2.274***
			(0.139)		(0.202)
$\Delta\ln FIS_{it}$				3.004***	2.923***
				(0.312)	(0.283)
_cons	2.001***	2.244***	1.005**	2.120***	1.174***
	(0.192)	(0.199)	(0.023)	(0.113)	(0.037)
年份特征效应	YES	YES	YES	YES	YES
N	253	253	253	253	253
R^2	0.613	0.522	0.609	0.587	0.742

类似地，比较表 4 和表 2 的变量系数绝对值可以发现，在控制城市特征效应后，核心解释变量和其他控制变量系数绝对值有显著增加。具体来看，专利申请受理量每增加 1%，粤港澳大湾区的经济将增长 0.026%；城市常住人口每增加 1%，粤港澳大湾区的经济将增长 3.612%；粤港澳大湾区全社会固定

资产投资额每增加1%，该地区经济将增长2.510%；地方财政一般预算支出每增加1%，粤港澳大湾区的经济将增长3.134%。当同时控制城市规模、固定资产投资额地方财政支出等控制变量后，核心解释变量系数绝对值有所增加，而且拟合度也从最低的58.8%上升到78.3%。专利申请受理量每增加1%，粤港澳大湾区的经济将增长0.069%；城市常住人口每增加1%，粤港澳大湾区的经济将增长4.135%；全社会固定资产投资额每增加1%，粤港澳大湾区的经济将增长2.064%；粤港澳大湾区地方财政一般预算支出每增加1%，该地区经济将增长2.743%。

所以，无论是控制年份特征效应，还是控制城市特征效应，回归结果均与基准回归结果一致，这说明本文的回归通过稳健性检验。这更加证实了，虽然城市之间有差异，且不同年份不同城市的经济增长存在差异，但技术创新都能促进粤港澳大湾区的经济增长。

表4　　稳健性检验——控制城市特征效应

	(1)	(2)	(3)	(4)	(5)
$\Delta\ln TEC_{it}$	0.026^{***}				0.069^{***}
	(0.000)				(0.001)
$\Delta\ln UR_{it}$		3.612^{***}			4.135^{**}
		(0.113)			(0.622)
$\Delta\ln TAI_{it}$			2.510^{***}		2.064＊＊＊
			(0.103)		(0.196)
$\Delta\ln FIS_{it}$				3.134^{***}	2.743^{***}
				(0.115)	(0.154)
_cons	1.523^{***}	2.121^{***}	0.755^{**}	2.009^{***}	1.044^{***}
	(0.102)	(0.121)	(0.095)	(0.039)	(0.013)
城市特征效应	YES	YES	YES	YES	YES
N	253	253	253	253	253
R^2	0.622	0.603	0.588	0.642	0.783

进一步地，本文选择技术市场投资额代替专利申请受理量来衡量技术创新水平，进行稳健性检验。回归结果见表5。可以看出，核心解释变量技术创新、控制变量城市规模和固定资产投资以及财政支出变量系数为正，且至少在1%的置信水平上显著。这说明技术创新、城市规模、固定资产投资和财政支出能够促进粤港澳大湾区的经济增长，这一点与基准回归结果和其他稳健性检验结果是一致的。这也进一步说明本文的计量回归通过稳健性检验。

表 5　　稳健性检验——改变核心解释变量度量方式

	(1)	(2)	(3)	(4)	(5)
$\Delta\ln TEC_{it}$	0.024***				0.026***
	(0.000)				(0.000)
$\Delta\ln UR_{it}$		4.535***			5.534***
		(0.025)			(0.936)
$\Delta\ln TAI_{it}$			1.435***		1.360***
			(0.111)		(0.049)
$\Delta\ln FIS_{it}$				2.946***	2.193***
				(0.028)	(0.038)
_cons	2.685***	1.053***	1.350***	3.837***	2.830***
	(0.231)	(0.039)	(0.030)	(0.401)	(0.266)
城市特征效应	YES	YES	YES	YES	YES
N	253	253	253	253	253
R^2	0.573	0.600	0.635	0.712	0.734

(三)拓展回归

现有文献在研究技术创新时发现外商直接投资能够提升区域的技术创新水平,因此本文在计量模型中加入对外直接投资变量,以进行拓展回归。此外,本文的样本年份是 1996—2018 年,其中包含了中国加入 WTO 的 2001 年。因此,本文在计量模型中加入 WTO 虚拟变量。表 6 的第(1)至(3)列是控制年份特征效应的回归结果,第(4)至(6)列是控制城市特征效应的回归结果。首先,整体来看,无论是加入外商直接投资,还是加入 WTO 虚拟变量,无论是控制年份特征效应,还是控制城市特征效应,核心解释变量技术创新系数显著为正,与表 2、表 3、表 4 和表 5 的稳健性检验结果是一致的。其他控制变量,比如城市规模、固定资产投资额和财政支出系数显著为正,也与表 2 的基准回归、表 3 和表 4 以及表 5 的稳健性检验结果是一致的。外商直接投资和 WTO 虚拟变量的系数也显著为正,这说明外商直接投资能够显著提高粤港澳大湾区的经济增长,而且在中国加入 WTO 后粤港澳大湾区的经济增长有显著的提升。

详细来看,专利申请受理量每增加 1 个百分点,粤港澳大湾区的经济将增长 0.035 至 0.045 个百分点;城市常住人口每增加 1 个百分点,粤港澳大湾区的经济将增长 2.135 至 2.529 个百分点;粤港澳大湾区全社会固定资产投资额每增加 1 个百分点,该地区经济将增长 1.245 至 1.574 个百分点;地方财政一般预算支出每增加 1 个百分点,粤港澳大湾区的经济将增长 1.238 至 1.636 个百分点;粤港澳大湾区外商直接投资每增加 1 个百分点,该地区经济将增长 0.477 至 0.567 个百分点;中国加入 WTO 后,粤港澳大湾区的经济将增长 0.927 至 1.475 个百分点。

表 6 **拓展回归 1**

	(1)	(2)	(3)	(4)	(5)	(6)
$\Delta \ln TEC_{it}$	0.041***	0.042***	0.045***	0.035***	0.036***	0.038***
	(0.000)	(0.003)	(0.000)	(0.003)	(0.002)	(0.001)
$\Delta \ln UR_{it}$	2.424**	2.466**	2.529**	2.135**	2.341**	2.523**
	(0.251)	(0.200)	(0.196)	(0.353)	(0.423)	(0.395)
$\Delta \ln TAI_{it}$	1.245***	1.252***	1.564***	1.515***	1.253***	1.574***
	(0.110)	(0.100)	(0.152)	(0.103)	(0.124)	(0.146)
$\Delta \ln FIS_{it}$	1.238***	1.239***	1.342***	1.543***	1.636***	1.546***
	(0.106)	(0.114)	(0.123)	(0.125)	(0.152)	(0.166)
$\Delta \ln FDI_{it}$	0.477***		0.492***	0.523***		0.567***
	(0.041)		(0.030)	(0.035)		(0.027)
WTO_t		0.927***	1.071***		1.175***	1.475***
		(0.053)	(0.060)		(0.014)	(0.045)
_cons	0.660***	0.705***	0.223**	0.596***	0.329**	0.209***
	(0.052)	(0.022)	(0.097)	(0.017)	(0.033)	(0.043)
年份固定效应	YES	YES	YES	NO	NO	NO
城市固定效应	NO	NO	NO	YES	YES	YES
N	253	253	253	253	253	253
R^2	0.603	0.604	0.632	0.683	0.677	0.725

但是，表 6 的回归结果并不能说明外商直接投资和加入 WTO 提高了粤港澳大湾区的技术创新对粤港澳大湾区经济增长的促进作用。因此，本文在计量模型中分别加入外商直接投资和 WTO 虚拟变量与技术创新的交互项，表 7 汇报了回归结果。表 7 的第(1)至(3)列是控制年份特征效应的回归结果，第(4)至(6)列是控制城市特征效应的回归结果。

一方面，核心解释变量技术创新、外商直接投资和 WTO 虚拟变量，控制变量城市规模、固定资产投资额和财政支出等变量系数均显著为正，与稳健性检验结果以及表 5 的拓展回归结果是一致的。粤港澳大湾区专利申请受理量每增加 1%，该地区经济将增长 0.010 至 0.015 个百分点；城市常住人口每增加 1 个百分点，粤港澳大湾区的经济将增长 2.043 至 2.413 个百分点；粤港澳大湾区全社会固定资产投资额每增加 1 个百分点，该地区经济将增长 1.033 至 1.341 个百分点；地方财政一般预算支出每增加 1 个百分点，粤港澳大湾区的经济将增长 1.013 至 1.213 个百分点；粤港澳大湾区外商直接投资每增加 1 个百分点，该地区经济将增长 0.264 至 0.384 个百分点；中国加入 WTO 后，粤港澳大湾区的经济将增长 0.125 至 0.321 个百分点。从变量系数绝对值来看，在加入交互项后，核心解释变量和控制变量系数均有所下降。

另一方面，无论是控制年份特征效应，还是控制城市特征效应，技术创新与外商直接投资和 WTO 虚拟变量的交互项系数均显著为正，这说明外商直接投资和加入 WTO 提升了技术创新对粤港澳大湾区经济增长的促进作用。具体来看，外商直接投资每增加 1 个百分点，技术创新对粤港澳大湾区经济增长的促进作用将提高 0.106 至 0.195 个百分点。而在加入 WTO 后，技术创新对粤港澳大湾区经济增长的促进作用提高了 0.102 至 0.135 个百分点。结合表 5 和表 6 的技术创新、技术创新和外商直接投资交互项、技术创新与 WTO 虚拟变量的变量系数来看，技术创新对粤港澳大湾区经济增长的促进作用主要是源自外商直接投资和中国加入 WTO。这说明，要进一步促进粤港澳大湾区经济增长，必须提高粤港澳大湾区的技术创新水平。技术创新一方面来自本地的技术投资，另一方面来自外商直接投资和开放型经济的外溢效应。因此，粤港澳大湾区应依托中国构建创新包容的开放型经济，进一步提高粤港澳大湾区技术创新水平，从而促进粤港澳大湾区经济增长。

表 7　　拓展回归 2

	(1)	(2)	(3)	(4)	(5)	(6)
$\Delta\ln TEC_{it}$	0.010***	0.011***	0.012***	0.011***	0.014***	0.015***
	(0.000)	(0.000)	(0.000)	(0.001)	(0.000)	(0.001)
$\Delta\ln UR_{it}$	2.053**	2.323**	2.183**	2.202**	2.043**	2.413**
	(0.064)	(0.164)	(0.200)	(0.134)	(0.218)	(0.174)
$\Delta\ln TAI_{it}$	1.043***	1.033***	1.124***	1.341***	1.234***	1.243**
	(0.102)	(0.068)	(0.035)	(0.096)	(0.64)	(0.32)
$\Delta\ln FIS_{it}$	1.101***	1.042***	1.053***	1.139***	1.013***	1.213***
	(0.057)	(0.079)	(0.121)	(0.006)	(0.055)	(0.135)
$\Delta\ln FDI_{it}$	0.384***		0.322***	0.264***		0.353***
	(0.040)		(0.000)	(0.015)		(0.021)
$\Delta\ln FDI_{it}\times$	0.195***		0.163***	0.106***		0.132***
$\Delta\ln TEC_{it}$	(0.021)		(0.014)	(0.015)		(0.010)
WTO_t		0.321***	0.295***		0.125***	0.241***
		(0.003)	(0.000)		(0.004)	(0.000)

续表

	(1)	(2)	(3)	(4)	(5)	(6)
$WTO_t \times \Delta \ln TEC_{it}$		0.135***	0.102***		0.124***	0.103*
		(0.013)	(0.010)		(0.011)	(0.045)
_cons	0.025**	0.005**	0.032**	0.093**	0.091**	0.009***
	(0.000)	(0.000)	(0.000)	(0.000)	(0.000)	(0.000)
年份固定效应	YES	YES	YES	NO	NO	NO
城市固定效应	NO	NO	NO	YES	YES	YES
N	253	253	253	253	253	253
R^2	0.712	0.685	0.694	0.722	0.783	0.858

五、结论和政策建议

本文以粤港澳大湾区11个城市为样本,通过实证分析验证了技术创新对粤港澳大湾区经济增长的影响。研究发现:第一,粤港澳大湾区的技术创新对区域经济增长具有显著的促进作用。用专利申请受理量衡量技术创新时,专利申请受理量每增加1个百分点,粤港澳大湾区的经济将增长0.035至0.045个百分点。第二,外商直接投资会通过技术投资或者技术溢出效应提高技术创新对粤港澳大湾区经济增长的促进作用。外商直接投资每增加1个百分点,技术创新对粤港澳大湾区经济增长的促进作用将提高0.106至0.195个百分点。第三,中国加入WTO后提高了技术创新对粤港澳大湾区经济增长的促进作用。在加入WTO后,技术创新对粤港澳大湾区经济增长的促进作用提高了0.102至0.135个百分点。最后,技术创新对粤港澳大湾区经济增长的促进作用主要是源自外商直接投资和中国加入WTO,说明通过优化创新环境,技术创新对经济增长的作用更为明显。

基于以上研究结论,本文提出如下政策建议:

第一,加快形成全面开放的创新格局。粤港澳大湾区是中国改革开放的发源地,也是创新发展的示范区,应充分发挥综合优势,加快形成全面开放的创新格局。一是优化科技、产业与区域创新布局,建设广深港澳科技创新走廊,打造以香港、澳门、深圳、广州等城市为支点的梯度创新格局,创新对外投资合作方式,优化外商投资环境,加强与发达国家和地区的科技合作,积极主动融入全球创新网络。二是正确处理自力更生和对外开放的关系,坚持在开放环境下推进自主创新,更好地引进外资和支持企业积极稳妥走出去,带动科技、产品、服务的输入与输出,最大限度地用好国际创新资源。三是发挥企业创新主体地位，在先进技术、管理经验、高水平人才引进上加强对科技创新企业尤其是行业领军企业的政策引导，加强企业在创新领域的各种协同合作，推动企业嵌入全球创新链、产业链和价值链。

第二，推行自主知识产权优势战略。在当前逆全球化趋势以及关键零部件和核心技术断供的背景下，推行自主知识产权优势战略至关重要。一是加大对战略性、关键性、原创性领域的财政科技投入支持，打造拥有自主知识产权的核心技术，将粤港澳大湾区建设为原始创新的策源地和具有全球重大影响力的创新高地，提升源头创新和产业创新能力。二是“以知识产权优势理论作为应对经济全球化和发展对外贸易的战略思想，在结合比较优势与竞争优势的基础上，大力发展‘控股、控技、控牌’的三控型民族企业集团，突出培育和发挥自主知识产权优势”①。三是构建严格的知识产权保护体系，推动专利技术的市场化，完善知识产权评估制度，提高知识产权维权意识，增强知识产权保护执法效果。

第三，推进创新链与产业链深度融合。推进创新链产业链深度融合发展，在关键核心技术突破和战略性新兴产业发展方面形成协同布局。一是围绕产业链部署创新链，重点围绕产业基础高级化、产业链现代化布局建设创新基础设施，积极发展战略科技、先进科技，瞄准未来前沿科技制高点。二是围绕创新链布局产业链，特别是在现有重大科技创新战略平台、重大科技基础设施、重大产业创新发展平台基础上，前瞻性地部署一批战略性、储备性技术研发项目。三是“打造自主可控、安全可靠的产业链、供应链，力争重要产品和供应渠道都至少有一个替代来源，形成必要的产业备份系统”②。

第四，加大创新人才培养与引进力度。技术创新的基础是高素质技术创新型人才，应坚持引育并举，形成海外人才和本土人才的优势互补。一是注重加强创新人才自主培养，重视青年人才培养，造就一批具有世界影响力的顶尖科技人才和创新团队。二是全力集聚全球“高精尖缺”优秀人才特别是华人科学家，采用“一人一策、一事一议”的方式，有计划、有目标、有针对性地实行重点产业精准引才。三是为科技创新人才创造良好的工作条件，重点构建宜居、宜业、宜游的优质生活圈，完善境外高端人才住房、教育、医疗、文化、旅游、交流等优质公共产品和服务供给，畅通人才服务衔接渠道，让创新人才“来得了、留得住、发展好”。

---

① 程恩富：《改革开放以来新马克思经济学综合学派的十大政策创新》，《河北经贸大学学报》2021年第3期。

② 程恩富：《新马克思经济学综合学派关于中外经济关系的理论与政策》，《武汉科技大学学报（社会科学版）》2021年第1期。

参考文献

[1] Groves, T., Hong, Y., Naughton, M. M., Autonomy and Incentives in Chinese State Enterprises. *Quarterly Journal of Economics*, 1994, Vol. 109, No. 1.

[2] Hay, et al, *Economic Reform and State-Owned Enterprises in China 1979－1987*, Oxford: Oxford University Press, 1994.

[3]〔美〕约瑟夫·熊彼特:《经济发展理论——对于利润、资本、信贷和经济周期的考察》,何畏等译,北京:商务印书馆,1990年。

[4]〔美〕约瑟夫·熊彼特:《资本主义、社会主义与民主》,吴良健译,北京:商务印书馆,1999年。

[5]程恩富、吴文新:《论自主创新的若干问题》,《红旗文稿》2019年第18期。

[6]程恩富:《改革开放以来新马克思经济学综合学派的若干理论创新》,《政治经济学评论》2018年第6期。

[7]李朝洪、李侃蔚:《技术创新与经济增长相关关系实证研究》,《企业经济》2014年第4期。

[8]张燕:《技术创新对工业经济增长的贡献研究——基于不同的工业化发展阶段》,《技术经济与管理研究》2017年第6期。

[9]宦梅丽、侯云先、曹丹丘、韦开蕾:《FDI、技术进步与中国地区经济增长:基于1979—2013年省际面板数据》,《当代经济科学》2018年第2期。

[10]曾慧:《基于技术创新能力的FDI与中国经济增长》,《浙江工商大学学报》2012年第3期。

[11]陈金凤:《FDI、技术创新与区域经济增长——基于省际面板数据的实证研究》,《西安建筑科技大学学报(社会科学版)》2020年第2期。

[12]黄志基、贺灿飞:《制造业创新投入与中国城市经济增长质量研究》,《中国软科学》2013年第3期。

[13]史自力:《区域创新能力与经济增长质量关系的实证研究》,《重庆大学学报(社会科学版)》2013年第6期。

[14]王竹君:《中国技术创新对经济增长质量的影响分析》,《生产力研究》2014年第6期。

[15]何兴邦:《技术创新与经济增长质量——基于省际面板数据的实证分析》,《中国科技论坛》2019年第10期。

[16]黎伟:《粤港澳大湾区城市金融竞争力与辐射力研究》,《海派经济学》2019年第3期。

[17]张峰、宋晓娜、董会忠:《粤港澳大湾区制造业绿色竞争力指数测度与时空格局演化特征分析》,《中国软科学》2019年第10期。

[18]曹小曙:《粤港澳大湾区区域经济一体化的理论与实践进展》,《上海交通大学学报(哲学社会科学版)》2019年第5期。

[19]杨恺钧、闵崇智:《技术创新对经济增长质量的驱动作用研究——以粤港澳大湾区为例》,《当代经济管理》2019年第12期。

[20]倪外、周诗画、魏祉瑜:《大湾区经济一体化发展研究——基于粤港澳大湾区的解析》,《上海经济研究》2020 年第 6 期。

[21]覃成林、潘丹丹:《粤港澳大湾区产业结构升级及经济绩效分析》,《经济与管理评论》2020 年第 1 期。

Research on the Impact of Technological Innovation in Guangdong-Hong Kong-Macao Greater Bay Area on Regional Economic Growth

Yang Deyun

Abstract　Technological innovation is an important driving force for regional economic growth. Based on the panel data of the Guangdong-Hong Kong-Macao Greater Bay Area from 1996 to 2018, we empirically test the impact of technological innovation on economic growth. The results show that technological innovation in the Guangdong-Hong Kong-Macao Greater Bay Area has a significant role in promoting regional economic growth; foreign direct investment enhances the role of technological innovation in promoting economic growth in the Guangdong-Hong Kong-Macao Greater Bay Area through technology investment or technology spillover effects; China's accession to the WTO has improved the role of technological innovation in promoting the economic growth of the Guangdong-Hong Kong-Macao Greater Bay Area; the role of technological innovation in promoting the economic growth of the Guangdong-Hong Kong-Macao Greater Bay Area is mainly derived from foreign direct investment and China's accession to the WTO. In order to improve the level of technological innovation in the Guangdong-Hong Kong-Macao Greater Bay Area to promote economic growth, this paper puts forward some policy suggestions, such as accelerating the formation of a comprehensive and open innovation pattern, implementing the strategy of independent intellectual property rights advantage, promoting the deep integration of innovation chain and industrial chain, and strengthening the cultivation and introduction of innovative talents.

Key Words　Guangdong-Hong Kong-Macao Greater Bay Area; Technological Innovation; Regional Economy; Economic Growth

论陕甘宁边区贸易管理制度的新民主主义经济形态特征

张国义　严孟娇

内容提要　陕甘宁边区贸易管理制度经历了由抗战初期的自由贸易向皖南事变后统制贸易的变迁,其间贸易管理部门和公营贸易机构也进行了相应变革,呈现出新民主主义经济形态的基本特征,即坚持党对贸易管理工作的集中统一领导,公营商业在边区贸易活动中逐步成为领导力量,推动合作社贸易、引导私人贸易,为向社会主义贸易管理制度过渡奠定了基础。研究陕甘宁边区贸易管理制度的变迁及其新民主主义经济形态特征,不仅为探究新民主主义经济理论与实践的互动提供实证案例,也可为应对当下"百年未有之大变局"提供历史镜鉴和启示。

关键词　陕甘宁边区;贸易管理制度;新民主主义经济

中图分类号　F729;K26

1937 年 9 月,根据国共合作协议,中共成立陕甘宁边区政府,至 1950 年 1 月西北军政委员会成立,陕甘宁边区政府结束工作,边区政府存在近 13 年。边区长期作为党中央的驻在地,领导和见证了中国革命的伟大斗争和最终胜利。在 13 年的边区历史中,边区政府在经济建设中始终贯彻"发展经济,保障供给"的基本经济方针,为了发展经济,党中央和边区政府"一手抓生产,一手抓交换",开展大生产运动,并大力发展边区贸易,搞活商品交换,为赢得抗日战争、解放战争胜利提供了较为充足的物质保障。目前学界对于陕甘宁边区贸易管理制度的研究散见于有关陕甘宁边区经济、商业、贸易的研究中,本文尝试系统梳理陕甘宁边区贸易管理制度变迁的过程,分析其新民主主义经济形态特征,总结其历史经验,可能有助于我们理解新民主主义经济理论与实践的互动关系,认识新时代中国特色社会主义经济理论的历史渊源,为应对当下"百年未有之大变局"增添信心和力量。

作者简介:张国义,上海对外经贸大学马克思主义学院副教授;严孟娇,上海对外经贸大学马克思主义学院硕士研究生。

基金项目:本文系国家社科基金后期资助项目"中国近代对外贸易管理制度研究(1840—1949)"(19FZSB006)的阶段性研究成果。

一、陕甘宁边区贸易管理制度的变迁

在13年的陕甘宁边区历史中，贸易管理制度是随着政治、经济、军事形势的变化而由自由贸易不断向管制贸易收紧的过程。其间的分水岭是1941年的皖南事变，皖南事变发生后国共关系急剧恶化，国民党政权停发八路军军饷并封锁边区，造成边区财政和物资供应的极大困难。边区被迫采取"对外管制，对内自由"的贸易政策，对食盐、土产等大宗贸易产品实行统销专卖，以换取法币和物资，贸易管理制度也围绕前述的贸易政策有所变化，其变迁过程大致可分为如下三个时期。

(一)自由贸易时期：由中央贸易总局至陕甘宁边区合作总社、光华商店(1936.1—1941.2)

1935年10月，中央红军到达陕北，11月成立中华苏维埃中央政府西北办事处，辖陕甘省、陕北省、关中特区和神府特区4个行政区域。1936年1月，设立中央贸易局，归中央国民经济部管辖，总局设于瓦窑堡(今子长县)，在陕甘省设立贸易分局，在绥德、清涧、子长、延水、延长等县设贸易支局。贸易总局拥有自己的护卫队和运输队，既是贸易管理机构，也是公营商业组织，负责党政军机关除粮食外的一切物资采买。1937年9月，按照国共协议，中华苏维埃共和国西北办事处改组为陕甘宁边区政府，中央国民经济部改组为边区政府建设厅，贸易总局也改组为陕甘宁边区合作总社，归建设厅领导。1938年3月1日，合作总社与边区银行所属光华书店合并，改组为光华商店，归边区银行领导。光华商店既是贸易管理机构，也是边区的第一家公营商店。光华商店以运销土产出口来换取必需物资为首要任务。由于中央允许党政军学等机关单位经营边区的内外贸易，光华商店失去垄断地位，只需补充一些机关单位自购物资的不足部分，供给任务有所减轻。因光华商店对外采购的资金主要来自国民党政权拨付的军饷，对于出口物资换取法币的需求并不迫切，因而也缺乏贸易管制的动力。正如1948年2月西北财经处在《抗战以来陕甘宁边区贸易工作》中总结："当时的贸易机关实际上是采办处。它的任务是保障公用物品的采办，贸易方针与管理是谈不到的。对外贸易完全是自流的。"[①]

(二)向统制贸易过渡时期：边区贸易总局(1941.2—1943.2)

皖南事变后，八路军军饷被国民党政权停发，边区也被严密封锁，物资输入及外援均被阻断。为解决迫在眉睫的财政困难，党中央和边区政府一方面意图加强贸易管理，采取"统一领导"，于1941年2月设立边区贸易局，在边区

① 中国财政科学研究院：《抗日战争时期陕甘宁边区财政经济史料摘编》(第四编商业贸易)，武汉：长江文艺出版社，2016年，第47页。

各贸易重镇设支局，光华商店归属贸易局领导，光华商店的分支机构与贸易局分支机构是两块牌子、一套人马，贸易局成了典型的政企合一机构。但在1941年5月边区政府出台的《关于贸易局工作决议》中，一方面赋予贸易局"具体执行政府贸易政策"之责，称贸易局是"有计划领导各机关部队、公营商业和消费合作社及团结私商的机关"。另一方面又规定"贸易局在营业上只是整个边区公私商业之一部分，并无什么特权""不赞成用国家资本或权力来垄断或统制"。[①]使得贸易局并无统一管理贸易之权。贸易局在所承担的责任和所赋予的权力方面的不对等也体现了当时党中央和边区财政经济工作面临的两难之境，一方面希望通过加强贸易管理掌握更多的物资资金，另一方面又试图通过"分散经营"，允许党政军学各单位自谋出路，尽力解决自身资金物资需求。正如西北财经处在《抗战以来陕甘宁边区贸易工作》中所指出的：皖南事变前后的"这一年多当中，各单位的财政经济极端困难，在分散经营的方针状态之下，的确是解决穿衣吃饭及工作日用需要上的问题，统一管理又似乎不必(当时条件实际上也不可能)，故当时的贸易仍然是处于被动与自流的状态，贸易政策的决定也充分地表现了这一思想上的犹豫"[②]。

毕竟"分散经营"是党中央为应对各根据地之间相对隔绝、不易统一管理的实际情况，也为激发根据地内部党政军学各单位主动性、积极性的需要而订立的政策。虽然在一定程度上缓解了各机关部队的吃饭穿衣问题，但也造成了各自为政、损害大局的现象层出不穷，特别是军队走私、囤积居奇的事件时有发生。1942年边区政府开始逐步采取"计划贸易"，并完善了具体的贸易管理制度，如会计制度、进出口商品许可制、外汇许可制等，还建立了公营商业联合会，设盐业公司、土产公司，对边区的食盐、土产实行对外统销，尽可能掌控边区的大宗输出商品。1943年2月，边区政府决定撤销贸易局，成立物资局。食盐公司、土产公司归属物资局，由物资局统一领导和管理边区的贸易，采取更严格的统销政策。综合来看，本期的边区输出入贸易政策处于由自由贸易向统制贸易过渡的时期。

(三)统制贸易时期：物资局(1943.2—1944.5)、边区贸易公司(1944.5—1947.10)、西北贸易公司(1947.10—1950.1)

根据《物资局组织暂行规程》(1943.2)，物资局任务主要包括：管理与加强出入口贸易；稳定金融，平抑物价；协助财政保证实物供给；加强管理物资与商业；辅助国民经济之发展。职权则有10项之多，如管理检查许可物资的输出入、规定商品质量标准及检验权、管理贸易口岸之权、专买专卖及统购统销输

---

① 中国财政科学研究院：《抗日战争时期陕甘宁边区财政经济史料摘编》(第四编商业贸易)，武汉：长江文艺出版社，2016年，第128页。

② 中国财政科学研究院：《抗日战争时期陕甘宁边区财政经济史料摘编》(第四编商业贸易)，武汉：长江文艺出版社，2016年，第3页。

出入物资权、管理全边区商业及物价的定价权等。[①]可见，与此前的光华商店相比，物资局的任务范围更广，与贸易局相比，职权则更大。物资局颁布《陕甘宁边区战时管理进出口货及过境物品暂行办法》，将进出口货物分允许、特许、禁止三类，加强对出入口的物资管理。由其所属盐业、土产两公司推行食盐、土产的统销。物资局通过掌握边区的主要输出物资来完成边区政府赋予的物资供给和稳定金融、物价等主要任务。

1944年春，中共中央西北局召开边区高干会议，决定对边区的出入口贸易由部分管理转向全面管理。5月，边区政府将物资局改组为贸易公司，与土产、盐业公司并列。给予贸易公司的定位是统一管理边区的对外贸易并争取出超，扶助公营商店与合作社，发展国民经济，稳定金融，调剂物价。特别提到须坚持公私合作、公私兼顾的原则，应扶助公营商店与合作社，使合作社成为贸易公司的群众基础。[②] 1945年10月，边区又将贸易公司、土产公司、盐业公司合并为贸易公司，任命原贸易公司副经理范子文为新组建的贸易公司经理。各地区原三个公司的分公司也合并为贸易分公司。[③]抗战胜利后，因边区周边国统区曾被日军切断的食盐运输路线逐步恢复等原因，边区废除食盐统销，贸易公司更多地利用经济手段储备物资、法币金银等战略资源。

1947年春陕甘宁边区自卫战争爆发，贸易管理工作进入战时保障状态，随着战争形势发展，陕甘宁边区与晋绥边区政治、经济联系日益紧密。1947年10月，中共中央西北局决定将陕甘宁边区贸易公司与晋绥边区的西北贸易公司合并为西北贸易公司，并与两边区银行合组的西北农民银行在组织上合二为一，只是分挂两块牌子。11月，西北局常委办公厅发出《通知》，任命喻杰为西北贸易公司经理兼西北农民银行行长。西北贸易公司仍由边区政府和西北财经办事处直接领导，行使贸易管理职能。贸易政策方面依旧是“对外管制，对内自由”，有计划地争取必需品入口，组织土产出口，争取出入口平衡乃至出超，以经济手段打击投机操纵者，以法令制裁走私违法者。更加强调经济独立自主，要求优先从其他解放区购入必需品，减少对国统区的经济依赖。与边区之外的贸易在原则上采取以物易物或本币交易，禁止使用法币交易，以维护本币为边区唯一合法货币的地位。[④] 1949年5月西安解放，边区职能部门纷纷迁往西安。随着陕甘宁边区于1950年1月撤销，西北贸易公司的贸易管

---

① 中国财政科学研究院:《抗日战争时期陕甘宁边区财政经济史料摘编》(第四编商业贸易)，武汉:长江文艺出版社，2016年，第305—306页。

② 星光、张杨:《抗日战争时期陕甘宁边区财政经济史稿》，武汉:长江文艺出版社，2016年，第402页。

③ 《陕甘宁边区政府批答——准予将贸易、土产、盐业三公司合并为贸易公司》[批字第549号](一九四五年十月十三日)，陕西省档案馆、陕西省社会科学院:《陕甘宁边区政府文件选编》(第9辑)，北京:档案出版社，1990年，第267页。

④ 《西北贸易公司陕甘宁边区业务经营方针及计划(1948年3月26日)》，星光、张杨主编:《解放战争时期陕甘宁边区财政经济史资料选辑》(下册)，西安:三秦出版社，1989年，第121、125页。

理也扩及整个大西北，已不在本文研究范围。

纵观陕甘宁边区时期，边区的贸易政策由内外贸易自由逐步调整为“对外调剂，对内自由”，再至“对外管制，对内自由”。贸易管理机构从光华商店、贸易局等主要带有供给职能的机构逐步调整为抗战后期被赋予更多贸易统制职能的物资局、贸易公司。边区的贸易管理也逐步由自由贸易向统制贸易转变。这也是在抗战和解放战争的艰苦环境中集中一切力量克服财政困难，集中物资和资金支持战争的唯一选择。而边区的贸易管理制度在边区的出入口平衡和物资供应方面总体上起到了积极作用，在抗战的最后两年，加上特产输出，已经实现了贸易出超。特别值得注意的是，在战争环境下，边区形成财政、银行、贸易三位一体的经济组织，充分体现了党对经济工作的集中统一领导，这是边区新民主主义经济形态最根本特征。研究陕甘宁边区的贸易管理制度尤其应该关注其新民主主义经济形态特征，这也是边区贸易统制制度与日伪政权、国统区贸易统制制度的本质区别所在。

二、陕甘宁边区贸易管理制度的新民主主义经济形态特征

贸易管理制度建设是陕甘宁边区进行新民主主义经济制度建设的一部分，是在新民主主义经济理论指导下的制度建设，体现了新民主主义经济形态的基本原则。具体可归纳为三条：坚持党对贸易管理工作的集中统一领导；确立公营经济在贸易中的领导地位；推动合作社贸易，引导私营贸易，为向社会主义贸易管理制度过渡奠定基础。

（一）坚持党对贸易管理工作的集中统一领导

中共领导人历来非常重视苏区和根据地的贸易政策的制订。1934年1月毛泽东的《我们的经济政策》一文结合中央苏区的实际情况指出：“我们有计划地组织人民的对外贸易，并且由国家直接经营若干项必要的商品流通，例如食盐和布匹的输入，粮食和钨砂的输出，以及粮食在内部的调剂等。”①也就是说，苏维埃政府必须控制重要物资，进行有计划的贸易，从中可见新民主主义经济理论的萌发。1940年，毛泽东的《新民主主义论》强调：无产阶级领导下的新民主主义共和国的国营经济是国民经济的领导力量。②实际上点明了确立国营经济在国民经济中的主导地位是党领导经济建设的重要方式。1942年12月，毛泽东在《经济问题与财政问题》的报告中提出：“发展经济，保障供给，是我们的经济工作和财政工作的总方针。”③自此，“发展经济，保障供给”成为贯穿延安时期的经济政策和贸易政策。陕甘宁边区及其他中共领导的根

---

① 《毛泽东选集》第1卷，北京：人民出版社，1991年，第133页。
② 《毛泽东选集》第2卷，北京：人民出版社，1991年，第678页。
③ 《毛泽东选集》第3卷，北京：人民出版社，1991年，第891页。

据地、解放区的经济建设和贸易活动基本围绕“发展经济、保障供给”展开。

党对边区贸易管理工作的领导主要通过中共西北局高干会议等中共高层级会议进行宏观指导部署，由西北财经处等职能部门具体落实，通过制订贸易政策、改组贸易管理机构等方式，将党对贸易管理工作的领导制度化。如1942年10月至1943年1月的西北局高干会议虽主要是有关全党整风和检讨党的历史问题，但也集中讨论了经济和财政问题，前述《经济问题与财政问题》即为毛泽东为高干会议撰写的书面报告。为落实“发展经济，保障供给”，加强对边区重要物资的出入口管理，1943年2月西北财经处和边区政府将贸易局与禁烟监督局合并，改组为物资局。1944年4月，任弼时在西北局高干会议上指出，边区经济正逐步摆脱对外依赖而过渡到完全的自力更生，边区的贸易、金融、财政政策都必须从这一特点出发。[①] 不久，物资局被改组为贸易公司，在保留其贸易统制职能之外，强调贸易公司的经营功能。1947年10月，中共中央西北局兴县会议决定统一陕甘宁、晋绥两边区的金融贸易管理，两边区的贸易公司被合并为西北贸易公司，作为两边区的贸易管理和经营机构。可见，贸易政策的制订和贸易机构的调整都是落实党的高层会议精神的结果，体现了党对贸易管理工作的集中统一领导。正如任弼时在1944年4月的西北局高干会议上所强调的：“这些成绩，没有高级干部会的整风，毛主席关于财经工作的指示，西北局和财经办事处的领导和督促，以及全党同志的努力，那是不可能取得的。”[②]

(二)公营商业在贸易活动中逐步成为领导力量

新民主主义经济理论主张在贸易活动中公营、私营、合作社等所有制并存，但公营商业应在贸易活动中居于领导地位，这也是坚持和加强党对经济工作的集中统一领导的重要体现。在新民主主义社会，公营商业有责任，也更有能力保障新民主主义社会的贸易和金融、财政安全。因为公营商业的资本来源于财政拨款，而且像陕甘宁边区商品长期处于供不应求的状态，属卖方市场，资本周转快，获利丰厚，资本得以不断扩充，公营商业资本雄厚，能够在稳定边区的物价、金融中起主导作用。再有，公营商业避免了私人资本以追求商业利润和剩余价值为唯一目的的弊端，能够积极贯彻党的贸易政策，将维护边区的贸易安全作为首要任务。此外，公营商业占主导地位有利于将来的社会主义公有制改造，为向社会主义经济形态过渡创造条件。在陕甘宁边区的贸易管理实践中，能够看到公营商业在贸易活动中逐步建立和发展起来，并在保障边区党政军各部门的物资供应、稳定物价金融和对敌经济斗争方面起到了

---

① 任弼时：《陕甘宁边区财政经济工作的基本方针(节录)(1944年4月)》，杨德寿主编：《中国供销合作社史料选编》(第2辑)，北京：中国财政经济出版社，1990年，第345页。

② 任弼时：《陕甘宁边区财政经济工作的基本方针(节录)(1944年4月)》，杨德寿主编：《中国供销合作社史料选编》(第2辑)，北京：中国财政经济出版社，1990年，第343页。

非常关键的作用。

首先，公营商业是边区最重要的贸易活动主体，在边区的贸易活动中居于主导地位。1942年12月，毛泽东在西北局高干会议上指出，财政问题本质上是经费供给问题，"如果不发展人民经济和公营经济，我们就只有束手待毙。财政困难，只有从切切实实的有效的经济发展上才能解决"[①]。因此，党中央和边区政府积极发展公营商业，除边区政府直接掌管的光华商店、贸易局、物资局、贸易公司及所属盐业、土产等公司外，边区各部队、机关、学校大多经营商业，公营商业特别是边区政府经营的所谓"大公营"资金来源于边区政府，并负有向边区政府各机关和部队供应物资和垄断食盐、土产等大宗商品输出的特权，因而主导了边区的内外贸易。如抗战后期边区贸易公司下属有光华商店、盐业公司、土产公司、南昌公司、陇东联合商店等。这些公营商业的资本极大，1944—1945年，以边币计算，盐业公司资本约11亿元、土产公司资本约21亿元、南昌公司资本约2.8亿元、陇东联合商店资本约1.3亿元。而且规模可观，仅盐业公司至1944年9月就拥有骡马店123个[②]，运输能力相当强大，其营业点更是遍布边区各口岸。党中央和边区政府正是凭借强大的公营商业掌控了边区的内外贸易，这也是它们能够"发展经济，保障供给"的底气所在。

其次，公营商业是边区保障物资和维护金融、物价稳定的主力军。1942年5月中央局、军委和边区政府共同发布《关于公营商店的决定》，要求"所有公营商店均负有平抑物价、巩固边币的艰巨任务"[③]。解放战争时期的西北贸易公司通过多年的经营已积累了相当可观的物资和资金，1947年12月，西北贸易公司在给各分支公司经理的通知中颇为自信地透露："由于公司手上掌握有相当数量的物资，如花（案：棉花）、布、油、盐、纸张等，足够保证大公（案：边区的党政机关）半年消耗而有余。由于银行手上控制着占发行总数70%以上的准备金，如法币、金子、白洋、物资等，足以充分兑换。"在该《通知》中总公司对于稳定物价金融也有具体指示，要求绥德分公司在棉花市价猛涨时抛出棉花、布匹，在市价稳定一个时期后再收购棉花、布匹，机动掌握棉花和布匹的价格。并要求各分公司通过当地合作社向群众出售相当数量的棉花、布匹、油、盐、火柴等日用品，而且只准以贸易公司商业券和边币交易，禁止法币和白洋流通。[④] 1948年8月，针对国民党推出"金圆券"，边区政府发布紧急通知，要求西北贸易公司和西北农民银行将所储存法币和民间所存法币组织输出换回

① 《毛泽东选集》第3卷，北京：人民出版社，1991年，第891—892页。

② 中国财政科学研究院主编：《抗日战争时期陕甘宁边区财政经济史料摘编》（第四编商业贸易），武汉：长江文艺出版社，2016年，第17页。

③ 中国财政科学研究院主编：《抗日战争时期陕甘宁边区财政经济史料摘编》（第四编商业贸易），武汉：长江文艺出版社，2016年，第127页。

④ 《西北贸易公司关于陕甘宁贸易公司与晋绥贸易公司合并经理已到职工作给各分支公司经理的通知（1947年12月1日）》，星光、张杨主编：《解放战争时期陕甘宁边区财政经济史资料选辑》（下册），西安：三秦出版社，1989年，第49、51页。

必需物资，并动员群众抵制法币和金圆券流入边区。[①] 可见，在抗战后期和解放战争时期，边区贸易管理和经营机构已经积累了可观的物资和资金，并在稳定物价金融和对敌经济斗争中积累了丰富的斗争经验。

(三)推动合作社贸易、引导私人贸易，为向社会主义贸易管理制度过渡奠定基础

新民主主义经济作为向社会主义经济的过渡形态，特别强调提升公营经济、合作社经济的比重，为向社会主义经济形态转型奠定基础。西北财经办事处在 1945 年 8 月的《抗战阶段中边区贸易工作经验》中指出，在边区的出入口贸易中，应以公营为主、私营为辅，合作社为公营助手。并强调国家商业资本必须占主导地位，与合作社合作有计划地走向集体经济，以发展新民主主义贸易。[②] 在边区的贸易活动中，公营商业主导的贸易活动离不开合作社、私商的协助、支持。合作社、私商是边区贸易活动不可或缺的角色。

自 1935 年，陕北苏区开始组织群众参加消费合作社，联络私商从苏区外采购必需品。中央红军到达陕北后，颁布《发展合作社大纲》，鼓励发展农民消费合作社。1939 年中共中央颁布《各抗日根据地合作社暂行条例示范草案》，规定："消费合作社，为供给社员日用生活上所必需的生产品与制造品及收买本地之土产出口以交换外来之工业品，但于必要与可能时应附设信用、生产、运销各部门。"[③]鼓励发展功能更齐全的综合性的合作社。合作社的业务主要是作为公营机构与群众之间的经济桥梁直接参与公营机构的贸易活动。合作社从农民手中收购羊绒、药材等土产品交由公营贸易机构出口，并从公营贸易机构购进生活必需品。基于抗战后期和解放战争时期边区"对外管制，对内自由"贸易政策，合作社和私商也可在领取出入口许可证后在公营机构的组织下直接从事出入口贸易，也可在不违反法律政策的前提下在边区内部自由购销。从边区的贸易实践看，基本达到了发展合作社贸易的初衷，即"发展交换，便利人民购买，抵制商业资本的过多剥削，从经济上组织上教育人民，并起发展工业农业的桥梁作用"[④]。

私营商业是活跃边区内部商品流通、沟通边区出入口贸易的重要力量。因而边区采取了一些奖励和保护私商的具体举措，例如"提供低息或无息贷款；减免税金，保护私商的正当利益；吸引和奖励边区外商人到边区开办商业

① 《陕甘宁边区政府紧急指示(1948 年 8 月 27 日)》，星光、张杨主编：《解放战争时期陕甘宁边区财政经济史资料选辑》(下册)，西安：三秦出版社，1989 年，第 198 页。

② 中国财政科学研究院：《抗日战争时期陕甘宁边区财政经济史料摘编》(第四编商业贸易)，武汉：长江文艺出版社，2016 年，第 408 页。

③ 中国财政科学研究院：《抗日战争时期陕甘宁边区财政经济史料摘编》(第七编互助合作)，武汉：长江文艺出版社，2016 年，第 110 页。

④ 《一九四一年的陕甘宁边区经济建设计划(1941 年 2 月 20 日)》，甘肃省社会科学历史研究室编：《陕甘宁革命根据地史料选辑》(第 2 辑)，兰州：甘肃人民出版社，1983 年，第 165 页。

网点；武装护送私商出入根据地；廉价批发货物给小商人，给予购买原料及推销产品的便利。[①] 边区贸易机构还以巨额利润吸引私商穿越敌人封锁线将边区的土产、食盐输出，帮助边区输入日用必需品。尽管边区的"大生产运动"一定程度上缓解了边区必需品的供给困难，但棉花和布匹的输入直到1944年、1945年还占到边区总输入额的68.58%、63.60%。[②] 国民党政权在国统区与边区的交界处都设有商品检查站，严禁棉花、布匹等必需品向边区输送，如果没有私商的运作，则从边区外输入如此多的棉花、布匹是不可想象的。曾任陇东贸易分公司经理的梁爱民回忆说，国统区的商人在重利的刺激下，不仅向边区输出棉花、布匹、染料和西药，甚至枪支弹药也可以买到，这对打破国民党的经济封锁起到很大作用。[③]

推动合作社贸易，鼓励和保护私营贸易的政策总体上是与边区落后的生产力状况和农村经济条件相适应的。公营商业通过合作社与广大的农民个体经济发生联系，形成深植于人民群众的贸易网络，能够最大限度地动员边区群众参与食盐、土产的生产、运输、统销环节，并将生活必需品以平价兜售给广大群众。因私商参与贸易，既加速了边区的商品流通，又可利用私商在边区外的商业网络消化输出边区的土产、食盐，还可根据边区所需组织货源，打通关卡将必需品输入边区，切实做到了"利益均沾"、"公私兼顾"。边区的贸易管理机构和公营商业通过发展合作社贸易，引导私营贸易，为新中国成立后的经济恢复和社会主义改造提供了历史经验，1949年9月通过的《共同纲领》规定新中国成立初期贸易政策为"实行对外贸易管制，并采用贸易保护政策"，大体延续了延安时期的贸易统制政策。

三、陕甘宁边区贸易管理制度建设的经验、启示

历史是现实与过去之间不断的对话，研究历史问题并非仅止于怀旧，更重要的是为了回应现实的关切，后来者总是希望能够从历史中找寻一点信心和力量，从前人那里获得一些经验和启示。在陕甘宁边区存在的13年里，由于日伪侵略和国民党军队袭扰，稳定的辖区面积不到10万平方公里，人口约150万，土地贫瘠，生产落后。1936年9月，初到陕北的毛泽东等致电朱德、张国焘、任弼时介绍陕甘宁苏区的情况时说：苏区"各县论地形，则山多、沟深、林稀、水缺，土质松，人户少，交通运输不便"，"物产一般贫乏，农产除小米外，小

---

① 田霞：《抗日战争时期的陕西经济》，徐州：中国矿业大学出版社，2002年，第231页。

② 星光、张杨：《抗日战争时期陕甘宁边区财政经济史稿》，武汉：长江文艺出版社，2016年，第403页。

③ 梁爱民：《对陕甘宁边区商业情况的一些回忆》，李灯台主编：《社会主义市场经济的源头——陕甘宁边区的商业》，西安：陕西人民教育出版社，1994年，第63页。

麦、杂粮均缺”。[①] 在如此艰难困苦的环境中，偏居西北一隅的共产党能够领导中国革命取得成功，除了自力更生的“南泥湾精神”，应该还有些制度建设方面的“延安经验”可供总结发扬。以下就陕甘宁边区贸易管理制度建设的经验略作阐发，以启来者。

（一）“集中领导，分散经营”，加强党对贸易工作的集中统一领导

如前述，陕甘宁边区经济主要是极为落后的个体农业，本来就是极端贫困，随着中央机关和经过长征的红军到来，军政人员骤然增加，陕甘宁边区的财政压力很大，要想在短期内发展工商业，解决棘手的财政问题，必须有党的坚强领导，发挥集中力量办大事的体制优势，这就需要“集中领导”，强化边区政府直接掌握的“大公营”商业的力量，在维护边区的贸易安全和经济安全中发挥稳定器的作用。再如，因边区的贸易与金融、物价关系密切，相辅相成，银行与贸易管理、财政等部门也需要紧密合作、相互协调。陈云曾在 1944 年底的西北局高干会议上说：“银行、财政厅、贸易公司的工作要集中，如果各搞各的，就容易垮台。”[②]而要将银行、贸易公司和财政厅的工作集中协调，自然是离不开党中央的集中统一领导。“分散经营”则有利于激发各机关单位创办自给性商业的积极性，达到了减轻边区财政负担的目的，但也造成了走私和破坏统销等损害大局现象的出现。为此，党中央和边区政府强化贸易管理部门和“大公营”商业的权力，并协调大、小公营商业的利益分配，最终还是依靠党中央的“集中领导”解决了这个问题。

从延安时期贸易管理经验看，坚持和加强党对贸易工作的集中统一领导是应对经济困局的最根本保障，不但有利于统一思想、凝聚力量、攻坚克难，而且党中央通过统揽全局，协调各方，统筹规划，因应时势，改革和完善贸易管理制度，促进贸易流通，为经济发展提供重要动力。

（二）“一手抓生产，一手抓交换”，坚持自力更生与内外贸易相辅相成

自力更生被党中央视为陕甘宁边区能够生存发展的根本路径，以“大生产运动”带动边区农业、工业和手工业发展，通过投入更多的劳动力挖掘现有资源，增加自我补给的能力，确实也取得了显著成绩。使得陕甘宁边区能够从一个分散小农经济的地区发展成为输出皮毛制品、棉丝制品、肥皂等轻工业品的地区。但也正是由于边区底子太薄，仅靠自力更生还远远不够，1948 年西北财经处在报告中写道：虽然边区历年号召组织产棉，但棉花和布匹历年占进口值仍为 65%。[③] 也就是说，边区军民最基本的被服需求很大程度还是需要从

① 郝成铭、朱永光：《中国工农红军西路军·文献卷》（上册），兰州：甘肃人民出版社，2004 年，第 176 页。

② 中共中央文献研究室：《陈云文集》第 1 卷，北京：中央文献出版社，2005 年，第 384 页。

③ 中国财政科学研究院：《抗日战争时期陕甘宁边区财政经济史料摘编》（第四编商业贸易），武汉：长江文艺出版社，2016 年，第 51 页。

边区外输入,因而中共中央很清醒地认识到应该"一手抓生产,一手抓交换"。使原料和产品在边区内外流通起来,生产与交换形成良性互动,坚持自力更生与内外贸易相辅相成是延安时期的重要经验。新中国成立后,继承和发展了自力更生的思想,在改革开放之前的30年里通过自力更生建立了完整的国民经济体系。改革开放以来,国内、国际两个市场得以融通,对外贸易成为拉动国家经济增长的重要引擎,对于国内的产业结构调整、资源优化、科技进步都起到了非常关键的推动作用。当前,党中央提出"加速形成国内大循环为主体、国内国际双循环相互促进的新发展格局"的战略决策是破解当前困局的制胜之策。70余年的新中国史已经证明自力更生和改革开放是中国发展的主要途径,也是推动"双循环"良性互动的正确途径。

(三)"公私兼顾,劳资两利",筑牢经济统一战线

"公私兼顾,劳资两利"是新民主主义经济形态的基本原则之一,在边区的内外贸易中就是要处理好不同经济成分贸易主体之间的关系。正是基于"公私兼顾"的原则,边区的公营贸易主体与合作社、私商合作,利益均沾,建立起主要基于市场规则的统一战线,有力地推动了边区的内外贸易。新中国成立之初,"公私兼顾,劳资两利"等新民主主义经济基本原则得以继承。后来的社会主义改造按照经典社会主义社会形态理论,追求单一的公有制,却忽视了生产力高度发展是实现社会主义的基本条件。但正如有学者指出的,马克思关于经典社会主义的论述是指已建成的社会主义,而新中国成立后所建设的社会主义是未完成的状态,我们可能存在认识与现实的错位。[①] 在改革开放后提出以公有制为主体、多种所有制经济共同发展是我国社会主义初级阶段的基本经济制度。这是对新民主主义经济理论的继承和发扬。鼓励、支持和引导非公有制经济,既有利于社会主义市场经济体制的完善和发展,也有利于建立国内经济统一战线,推动国内经济循环。推而广之,我们还需要建立国际经济统一战线,以世界最大规模、不断开放的中国国内市场吸引外资,扩大外贸,发展我国的外部经济循环,有利于打破霸权国家以意识形态划线,威逼西方国家"归队",孤立中国的企图。

今日之中国,在中国共产党的坚强领导下,有中华人民共和国成立70余年来所构建的世界上体系最完备、规模最大的制造业产业链和供应链,有改革开放40多年来培育的各类人才和科技创新体系,只要我们保持战略定力,着力构建"双循环"相互融通促进的新发展格局,应可从容应对当下"百年未有之大变局"。

① 王朝科:《中国特色社会主义基本矛盾论》,《四川大学学报(哲学社会科学版)》2019年第4期。

参考文献

[1]刘顺、孙洁:《马克思对资本主义自由贸易的四重哲学批判——始于亚当·斯密古典自由主义的考察》,《当代经济研究》2021年第1期。

[2]《毛泽东文集》第2卷,北京:人民出版社,1996年。

[3]《毛泽东文集》第3卷,北京:人民出版社,1996年。

[4]《陕西省志·商业志》编纂委员会:《陕西省志·商业志》,西安:陕西人民出版社,1999年。

[5]商业部商业经济研究所:《革命根据地商业回忆录》,北京:中国商业出版社,1984年。

[6]万立明:《抗战时期陕甘宁边区的通货膨胀及成因》,《江苏社会科学》2015年第5期。

[7]杨尚华:《抗战时期陕甘宁边区的对外贸易研究》,西安:西北大学硕士论文,2015年。

[8]赵沛:《全面抗战时期陕甘宁边区经济政策研究》,西安:西北大学博士论文,2019年。

The New-Democratic Economy Characteristics of Trade Administration in Shaanxi-Gansu-Ningxia Border Region

Zhang Guoyi　Yan Mengjiao

Abstract　Trade administration of Shaanxi-Gansu-Ningxia Border Region transformed from free trade policy in the early period of War of Resistance Against Japanese Aggression to controlled trade after the Southern Anhui Incident. In the process, the government of Shaanxi-Gansu-Ningxia Border Region carried out many necessary reforms related to the trade administration agencies and public trade enterprises, which reflected the basic characteristics of New-Democratic Economy, such as adhering to the party's centralized and unified leadership over trade administration, the public enterprises playing the leading role in the trade activities of this region, promoting cooperatives trade, guiding private trade companies, which laid a foundation for the transition to socialist trade administration. Research on the transition of trade administration in Shaanxi-Gansu-Ningxia Border Region and its New-Democratic Economy characteristics not only provides a historical case for exploring the interaction between practice and theory of

New-Democratic Economy, but also provides historical experiences and enlightenment for dealing with the situation in the unprecedented changes in a century.

Key Words Shaanxi-Gansu-Ningxia Border Region; Trade Administration System; New-Democratic Economy

习近平城市生命有机体的中国文化解析

李笑野　王　浩

内容提要　“城市是生命体、有机体”命题,包容着让城市具有发展持续性、宜居性,让人们记得住乡愁等等丰富内涵。它不仅是对城市自身存在与发展规律的洞见,也是对中国文化精神的萃取,是文化自信的具体表达。作为生命体的城市是自然、社会、个体等构成的完整有机体。城市检验着人与自然的和解、和谐水平,但人的感性体验昭示着城市生命体的意义还是在于人自身,也就是价值理性;城市又因文明而化人,个体、社会在此融合而成为健康的生命组织并且成就了城市作为生命有机体的存在。《诗经》、《史记》、《周易》等均有记载周人热情高涨地筑室筑城、营建宜居的都邑家园,并以此感召着周边部族、小国,最终成就中国文化早期的辉煌。

关键词　习近平;城市;生命有机体;中国文化

中图分类号　D24

习近平在对城市问题的关注中,提出了“城市是生命体、有机体”命题,它包容着让城市具有发展持续性、宜居性,让人们记得住乡愁等等丰富内涵。城市有机体,从文化史的角度观察,它依然是自然的人化,人化的自然,是人为了自身的生存、发展而产生的创作物。伴随着人对自身的认知、科技的进步、文化的积淀,文明史中从未间断过对这一创作物的实践与探索,无论是古代城邑、都会的建设与发展,还是现代文明下的城市创制,都是人对自身认识的深化与实践。作为当代各区域文明的最高标识,它们共同展示着人类历史性进步的幅度。

对每一阶段城市创制与发展根本的检验,均离不开对人自身生存的安顿水平和推动社会发展、进步水平这一观察点。城市作为生命体,是自然整体、社会环境、个体人生等部分构织成的完整有机体。城市的存在,只有置于三者有机圆融、充分自适的程度之中,才有可能观察、判断其本身的价值内涵和发展动力。本文从个体生命体验与城市有机体关系、城市文明对周边感召而形

作者简介:李笑野,哈尔滨工业大学(深圳)人文社会科学学院教授;王浩,上海财经大学人文学院博士研究生。

成更为广大的关联的角度，尝试论说习近平城市生命体、有机体论述中文化自信的价值与意义。

一、人的生命体验与自然整体

人具有“自然存在”和“社会存在”的两重属性。

从“自然存在”的属性看，人在个体生命体验上，是自然的一部分，具有清晰的感性存在特性，离不开自然的规定与影响。衣、食、住、行、生息绵延，既是生命的基本需求，也是生命的基本体验，幸福指数与之有不可分割的必然联系。

中国古典哲学用“天人合一”学说来概观人的生命体验。“天”即“气化流行，生生不息”的自然大生命，人与天是有机的组织，是整一的生命体，人离不开“天”，犹如任何有机体的组织成分都离不开整体，一旦离开就失去了自己的生命存在。“天人合一”这一学说，特别关注到了人的自然特性，引导了基于感受、体验、经验而实现的实践理性精神，看到了一切文明创造，都延伸、强化着人自然属性的能力，增强了人自我体验的超越。换句话说，文明创造是为了人的自我体验而生成的，是人在更高的层次上升华着自我与自然的融合能力，在与自然的融合中获得自由与自适；个体生命体验全息地折射着文明的整体水平，他的自由与自适的获得水平，就是当时社会文明能够提供的水平。

城市作为文明的标识，是人的自我体验的创造物，为人而存在的创造物。它本身就应当是有机体，其本性也必然是有机体，是一个在当时条件下最大化地把人与“天”融合恰切的环境，这样才会承当人对文明水平的真实的生命感受的个体体验。

人与环境互为依存，和所有的有机体一样，人在任何时候都不能终止同环境的联系，并在环境当中获得自己作为生命体的生存条件。城市的创制过程，集中表达了人在更高级形态上对自然环境的挑战和抉择，是“自然的人化”、“人化的自然”过程，是人自己凭借着思想、凭借当时最大可能的认知程度而再造了一个既融入自然整体又富于个性化的全新的宜于个体生命保障、生命体验、推动社会进步的环境。

由是，城市的创制不能离开其所坐落的自然环境整体，是当地自然环境的延伸和个性化创造，成就为当地自然环境的有机部分，是表达着具有创造性本质属性的人，对自然的挑战和应战的“第二自然”的创制品。

这是对人创造能力和当时文明水平的检验。约在公元前4000年，世界进入了城市文明时代，充分舒展了人类理性精神，开启了人类新的历史进程。这里，以中国古代城市文明的创制为例，剖析我们华夏精神中的文化理解，基于此种精神而推动的文明创造，以及对城市文明的属性及其特色的展现。

考古发现，河南偃师二里头文化是中国古代最早的城市文明体，属于史书记载中的距今几近四千年以来的夏、殷时代。遗址有规制井然的城邑道路网络，有宫殿区、居民区、制陶作坊、铸铜作坊、窖穴、墓葬等遗存，这些遗存在无言地述说着一种社会秩序的建立，表达着人们营造自己生活的能力。在这里改造自然，从自然中分割出属于自己的空间，比之原始的穴居野处能更加安全优渥地安顿生命，同时这一切，又是自然的延伸，利用自然，创造了属于人的"第二自然"。而出土大量的石器、陶器、玉器、铜器、骨角器及蚌器等遗物，又在说明着，人使用工具，改造自然，享有自己创造物的能力。城市、城市里的一切，都是人自己的创造物，都是自然的延伸，正因如此，它升华了人自身作为"自然存在"属性的感性生命的体验。城市标识着当时人对自己理解、升扬的最高的精神文明、物质文明水平，是人类前行的纪程。

相对比而言，虽然当时生产力低下，人们挑战自然的能力有限，实现自己愿望的程度有限，但还是表达了人的本质力量。人既对抗着征服着自然，也在对抗中表达着对自然的敬畏，理性地把城市创制为自然大生命有机体的组成部分，人与"天"合，以顺应自然之规律的创造性融入而解放了自己、主宰了自然。改造、征服自然的执念及其成就的根本点，源于人自身改进生命体验的激情和理性力量，也不断落实在优化自我生命体验水平的检验之中。

史迹遗存无声，传世文献却是声情并茂、情理昭然地表达了这些想法和理念，以及为这些而不避艰难地奋然实践的图景。

《诗经》叙写了周人先祖营作城邑的过程及其理念。早在夏代末年的时候，周先祖公刘，继承其先祖的农耕遗业，并开始规划、建造大都大邑——"师"，由蛮荒走向文明。《大雅·公刘》叙述了公刘作邑造城的自觉理念，那就是在更为文明的水平上安顿自己的部族，让人们获得更为优质的感性生命体验，而完成这一体验的前提就是营造个人、社会与自然的有机整体。

诗篇如纪实长卷，一幕幕铺展了周人由"戎狄"之间摆脱野蛮，迁居豳地，造城营田的这一过程，以及过程中的体验与精神风貌。诗首言迁居的准备，次即描绘了审慎选择迁居地与安民。然后描写在豳地——水量丰沛的泾河、渭河之间那广袤的沃土上，筹划乡野，建造房舍。又重彩突出建造宗庙，人们祭祀宴飨，执礼如仪，在这里，经营了不可取代的心灵归向的精神世界。在此基础上，诗篇渲染了这个大都大邑——京师。京，大；师，都邑。这里所谓"大"是豳地"百泉"、"溥原"的广大高台之地，而在这片土地上创制的宏伟都邑即为"师"，这样的大都大邑，就是人们能够获得最好体验的载体。注家说是"阴阳寒煖所宜，流泉浸润所及，皆为利民富国"①。诗篇说人们"既庶既繁，既顺乃

① 王先谦：《诗三家义集疏》，吴格点校，北京：中华书局，1987年，第899页。

宣，而无永叹”——“民皆安今之居，而无长叹，思其旧时也。”[①]

诗篇描绘的整体场景，原田、京师都邑，都轮廓式地展现了在泾水、渭水之间坐落着的人们自己的创造物，人们的创制与自然融结，形成了能够安顿人的“第二自然”。场景虽然轮廓，人们的心理体验却具体而真切。那是彻底的安顿，“无永叹”，“于时言言，于时语语”。在新的居所，获如归之安，环境阴阳寒暖之适宜，流泉浸润之润泽，宜耕宜居之安稳，不仅令族人惬意地忘掉旧时、旧居，而且在这里能够笑语喜乐，欢畅谈论以通情愫，个体体验达到了最动人的境地。

诗篇一直在用“笃公刘”领起各章，反复咏叹公刘这位周部族领袖的笃诚仁厚，只有笃诚仁厚才会以人们个体生命体为最高价值，调动全部聪明才智，完成与自然合一，让生命圆融自适于自然、社会整个生命有机体之中。在这里得到的是人的被确认与发展、社会价值的发掘与发展，而城市就成为了当时文明下最高水平的有机体。

这是一个基本原理——人能否成为与自然融结的有机体，是人能否生存与发展的前提，解决了这个基本问题，在与自然斗争中，才找到了正视人自身的关键。

这个问题的反证也很清楚。史学家、思想家汤因比纵观人类文明的时候，看到了当人们不能与自然有机融合，在与自然的对立中没能够有效抉择，即应战失败的时候，那里的文明就停滞了——没有了人自身的发展与社会的发展。如相伴于早期人类文明史的波利尼西亚等民族，他们均因为没有创造性地改变自己，没能使自己成为自然的有机体，仍停留在与自然对立的状态，而宣告了失败。最早探索航海的波利尼西亚人，被停滞在了复活节岛上，与世隔绝，直到航海再度活跃、地理大发现的时代才被重新发现。[②]

这种现象清楚地说明，作为具有“自然存在”属性的人离不开自然，但又不是在自然界中的被动存在，人的存在表达为对环境的挑战与自身的抉择。游离自然就将永远做自然的奴隶，而有所抉择改变自己、改造自然，使自己成为大自然生命体的有机体部分，人与自然环境达到了和解，甚至是和谐，这才有了人自身的生存与发展。城市是人类杰出的创作物，它更加检验着人与自然的和解、和谐水平。在必然受到自然规律制约的宿命下，只有圆融无间地吻合于大自然的生命体，成为其有机部分，才能使代表人类创制水平最高标志的城市，获得生命，获得意义。人的生命体验是感性的，就是说，这个理性实践所创制的作品的全部意义，是以完全符合人们的感性体验为前提，是以人本身为价值的创作物，这也就是《诗经》里旌扬的“笃公刘”的仁厚与诚恳的原因。谓之

① 王先谦：《诗三家义集疏》，吴格点校，北京：中华书局，1987年，第901页。
② 汤因比：《历史研究》，曹未风等译，上海：上海人民出版社，1966年，第206页。

“仁厚”、谓之诚恳、谓之智慧，紧紧扣住了这个城市生命体的意义就是人自身的意义，是在人自身生命体验的优质与否的视野下获得意义的，也就是人所追求的价值理性，这也是人以外，所有生命体均不能企及的人自身的伟大。

二、个体人的生命体验与社会环境体

作为具有“自然存在”属性的人的个体生命体验，受到能否使城市与自然融结，成为大自然生命体而安顿人生的制约，同时也还会受到人具有“社会存在”属性这另一特性的制约。人自我营造的社会的水平，也是城市生命体水平的标识，城市社会的能力是影响着个体生命体验无法逃避的另一个客观环境体——社会环境体。

城市是人口集中的聚居地，如春秋时晏子描述齐国的临淄城——“张袂成阴、挥汗成雨、摩肩接踵而在”，城邑、都会，人集中而稠密；城市建设提供的又是当时最为高级的物质文明的创制，有着当时最为宜居的物理设施，它集中了人口、集中了物质文明，但仅仅这些并不就必然意味着个体生命体验的圆满，并不就必然能使人获得完足的感性体验，得到更高的幸福指数。属于人的社会环境的良善，也是幸福指数的基本保障，而这一保障的根本，又在于良好文化的建设。形成合理的人们共同认可的文化心理结构，达成人与人彼此的理解，良善的交流，由此令人获得作为“社会存在物”、作为“社会关系总和”的存在感，获得个体生命的社会意义，获得共同营造的良善的心理秩序，才会使人安定、安稳。

文化即是人化，用一切人类文明的成果来化育自我，塑造自我，使自我走向文明，赖此而离开自然存在物的蛮武、暴戾，不至于毁坏环境的安全保障，由个体的良善而让社会走向良善的秩序。城市又因自己的文明而化人，这样的个体、社会融合而成为健康的生命组织，成就了城市作为生命有机体的存在——人化了的个体成就了城市，城市实现着每一个人的价值，达于以人为本位的价值的实现，这些即是社会环境生命体的内涵和意义。

这一点，在过去文明的实践中，也已经有了尝试、探索——创造第二自然，首先要创造人；为人而存在的第二自然，也只有求证于人本身。

古史记载当中的案例，都在说明这种理性自觉。公刘之后，古公亶父，在殷商晚期率领周人由豳而迁于岐，由西土部落性质的聚族集团，走向万方之王的文化中心，它的显著标志，就是修筑文明中心的城郭，建造当时最为宜居的宫室——营造城市。

《诗经·大雅·绵》里面讲，古公亶父谋及众人（“爰始爰谋”），谋及神明（“爰契我龟”），如此用心规划城市的主旨，就是建筑一个文明中心而吸引其他部族、群类。让人们明白，这里因文化而离开野蛮，因文明而富有感召唤力量；

这里具有最好的安全感,最可发展的条件,最为适宜的人生体验。

事实如此,《诗经》《史记》等均记载,周人不仅自己热情高涨地筑室筑城,营建了宜居的都邑家园,而且还感召着周边部族、小国。到了古公亶父的孙子周文王的时候,周人已经彻底获得了这些邻人的信任,甚至是依赖,纷纷归向于周人,以周人为榜样,以周人的做法为准则,而依靠暴力抢劫的蛮族则已经被吓得逃亡远遁,这时的文王成为了实际上的“万邦之方,下民之王”(《诗经·大雅·皇矣》)。这些描述其实是说明着文化、文明的感召——能够对周部族人之外的远居他乡的人们具有如此的凝聚力量,周人城邑内部的个体人生体验的文明魅力之原因实不言而喻。它证明了,周人城邑是在当时达到了最高水平的自然生命有机体和社会生命有机体的完璧。

如果说史诗之笔描述的是壮丽、宏观的图景,那么周人设计的具体建筑便已经细腻地述说清楚了,周人的文明自觉和这建筑给城邑注入的内涵,给凝聚人们带来的力量。

虽然在当时的文明水平下,城市的主体是住宅建构,但无论人类如何进步,社会怎样发展、发达,随着人类进步使城市增加了多少内容,城市的灵魂、生命力依旧是人。古今城市形制、建筑形态、含有的内容或可富于差异,但其为人而存在的理念是根本的、内在的力量。为人寄托而构治、为人而营造社会环境,依旧是它鲜活动人的力量。

在周人那里就已经成熟的中华住宅建构,实际上是人自身理解、社会自我营构的物化形态,其凝固的住宅物质形式,以及由此为核心而附设的城邑其他内容,都因这种住宅的理念而从不同角度,整体地张扬着人的精神与追求。

史籍的记载和考古的遗址,共同体现着周人住宅的富有诗意、富有理性。诗意在于,它是一曲舒展的生命乐章,一帧铺开的人生画卷;理性则在于,它也是对人自身理解与关怀的哲思。《诗经·小雅·斯干》记录了当时典型的住宅——在茂林修竹、山水清幽的大自然环境里,修宅筑院。由门、庭、堂、室构成的“四合院落”,作为一个从自然中独立出来的物理世界,涵纳着人生,浓缩着社会。诗中的理念,修造住宅,不仅仅是为了生人的安居、安寝,更主要的是要“似续妣祖”——绵绵不绝于种族的繁衍生息,遵从先祖,建设良好的家庭、社会秩序。这种做法既是当下的践履,它也指引着未来,因为其理念是谁都回避不了的生命感知的根本问题、根本思考。这种生命感知,叔本华曾揭示得很清楚:生物关心的不是个体生命,而是种的繁衍;个体生命任其凋谢,重要的是种的不绝,这是生命的根本特性。[①] 唯物史观的说法更周全而深刻。恩格斯在《家庭私有制和国家的起源》中也申明了人类活动的两种生产——为了人自身生命体维系的物资资料的生产与再生产,人的生命自身的生产和再生产,归

---

① 叔本华:《作为意志和表象的世界》,石冲白译,北京:商务印书馆,1982年,第378页。

根到底是生命体的维系与生产。[①]

见之于文献记述与考古发掘，周人的住宅就是这种人类最基本追求的落实。能够保障种的绵延，人类自身所依靠的，真正强大的力量是文明，其中社会秩序与环境显现了文明体的骨骼、血脉，而城市环境、住宅，就搭建、营造了这样一个骨骼与血脉。那个封闭的城邑、封闭的四合院落，那里的宫室及其内部格局构造着一部无字的人伦宣言[②]，各组成部分交织为用，成为一个完整的、功能健全的社会环境的有机体。

住宅是城市构建的细胞，而人居之四合院与政权标志的宫室，为基本同构的形制，不过规模大小而已，解剖一下作为人居的细胞，透视其形制与功能，也便说明了以此构成的社会的形制与功能，它解说了在这样一个社会环境里，人的个体生命的体验情形。

它的形制与功能是这样的：当大门之处有屏风一样的影壁墙，既可屏绝外部视线，保障家庭生活不受外部干扰，也可作为宾主送迎的暂时逗留行礼之所而保持有分寸地与社会顺畅联接。被屋顶覆盖的大门，两侧的左右室为“塾”，后来辟“塾”为教育子弟的场所。进了大门的开阔院落即是“中庭”，在《诗经》时代，中庭大院就已经用砖墁地。这个场所是最为庄严、隆重的所在，因为中庭的左右两厢设有祖庙，在宫廷是社稷，这个开阔的庭院就是行大礼、鼓舞娱神之处，也是正式接遇宾客行礼的场所。文献记载了，在这里作为一个舞台而演绎的奏乐、歌舞、行礼的盛大场面。在一般居宅，这里也呈现着这样的功能，是凝聚家族、纽结社会关系的舞台。由中庭向前，就是中堂。中堂高大敞亮，追求的是堂堂正正的气概和行礼、议事、运行家族、家事，抑或政事的庄重场所。堂后为后庭，东西两庭没有中庭宽敞，但却是私家生活的宁静、闲雅的空间。与后庭相连接的就是寝宅，后庭东西两边是两排厢房。院落为一大家人，包括家长和各个兄弟自己单独的生育之家。

这样的住宅(形制及其功能)，考古发现于西周，先秦文献均有记录，是典型的中华式的自我理解，因其成熟与相对合理，即成为我们华夏文化史、文明史的重要部分，而在其后的社会中一直保留着。

在这样一个微观形态里，它包含了我们民族文化对自己安顿、发展的全部理解，是一个活泼泼的有机生命体，骨骼、血脉、精神俱全，在历史的行程中行行不居，生生不息。

作为骨骼，居所的物理结构，支撑起人们、群类的个体生命体，由“陶复陶穴，未有室家”的穴居野处，生命时时遭遇威胁的时代，走向了文明，获得了生命的保障，撑起了人自己的世界，并且是一个完全符合人类居处、生存的牢固

---

① 《马克思恩格斯选集》第 3 卷，北京：人民出版社，1972 年，第 2 页。

② 扬之水：《诗经名物新证》，北京：古籍出版社，2000 年，第 164 页。

世界；它不仅保障了个体人，而且保障了人自身的绵延生息，在当时是一个代表人自身文明探索最高水平的优越的理想世界。

作为血脉，在这样的物理空间里，从容地展演着人类社会必要的、标志文明水平、显示生命力量的礼仪，由礼仪的跃动，支撑着人类社会的生命前行。家庭作为社会的细胞形态，映现着社会；微观住宅，就涵纳着家庭这个社会细胞的全部状貌。

封闭院落中的礼仪，从大到祭祀天、祖先神明，维系宗族血缘关系，强化着亲情，到折冲樽俎应对宾客，绾合着社会链接，再细微至家人往来，保证家庭的稳定，无微不至地维系着人与天，人与人，人与社会的沟通、对话，让这些联系构成着一种良性关系。礼仪文明成为润滑家庭、社会运行的链条，保障人际、社会的安定。个人的生命体验，就在这运行当中获得了伴随自然生命的安定与成长而从容深化。礼仪文明在营造人与人联系的社会中成为了血脉，承担着需求沟通、现实对话、心灵交往的渠道，流淌着生命的健康与活力，而这一切，都有赖于作为城市细胞的居所、院落。院落容纳着血脉，血脉永动着生命，使住宅变成富有生命活力的有机体。

这个有机体是有精神世界的，作为个体的居所，它寄托着人的生存、生活，人令这个物理空间、物理构造有了生气，由这样的一个个居宅“细胞”的组织连接就构成了城邑，城邑便成为一个有着精神的有机体。这个精神，就是人所追求的环境良善，其价值是人本身，人的生存、生命的体验。

由此看出，社会营造能力与人自己所营造的社会环境，同样是个体人生体验不能回避的重要条件。中国古典哲学对人所建设的秩序用“和”的标准来观察。“和”是人与人、人与自然高度协调、圆润、律动而成的严整生命体系的最高准则，是健康的生命体之于生命存在与和畅运行的尺度。“和”即是“美”，因而，“和”也是中国古典美学所追求的最高境界，这种境界，说到个体人生，就是他所享有的幸福指数。倒过来看，也可以说，个体人生只有在这样的社会环境下，作为生命组织的一部分，参与生命运动，才会有社会的良善和个体人生的良好体验。这样的社会环境，保障着个体人生的圆满，对内、对外才会有它的社会生命力与感召力。城市是文明形态的最高体现，城市环境营造成这样的生命有机体，才会安顿个体生命，个体才会成为城市的积极力量，个体与环境互动，才可能构织出一个完善的城市有机体。

周人及其传统文化中的城市文明探索，无论在科学技术的应用，还是在社会制度的先进性方面都有着历史的局限，但它没有离开城市这个客体自身作为人类文明的品格、特性。这告诉了我们一个客观规律，城市是一个有机体环境的存，个体人的生命体验与社会环境密不可分。

作为一个有机体的环境塑造，不仅安顿了个体生命，同时也塑造了个体人生的心理结构，人与家庭、城邑达到了一种文化心理的同构，遵循共同的价值观念。这样的同构,又构成了亲情、乡情,情感成为城市有机体的标识,成为环境陶冶出的人的个性,如荀子说:"习俗移志,安久移质……居楚而楚,居越而越,居夏而夏"①。无论走到哪里,他的方俗个性就表达着他的气质,带着他的文化基因,顽强地、无法掩饰地表达着他自己,而他本人也就有了无法割舍的乡愁——永久的文化记忆与深切的眷恋。这甚至是携带一生的文化品质,辨识个性与自我存在感的确证。唐代诗人贺知章以标志性的乡音为文化符号,抒发了自己的人生体验——"少小离家老大回,乡音无改鬓毛衰。儿童相见不相识,笑问客从何处来",诗篇获得了历代人们体验生命时的深切认同,成为历久不衰、妇孺皆知、脍炙人口的名章锦句。作为生命有机组成部分的乡情力量,正是这件艺术品拨动人心、令人旷代共鸣的深层次的文化原因。个体生命体验与既有普遍性又富有自己个性的社会文化成为了互生互存的关系,这种关系的内涵包容与塑造,落实到具体人,就成了个体生命体验的至佳境界。

城市作为生命有机体,社会文化与文明的水平及其感召力、凝聚力、创造力,所能够塑造心理同构,孕毓乡情的能力,也便成为了检验其有机体水平的天然标志。换句话说,作为城市有机体的每一个细胞——人,他的个体体验,是整个城市水平——自然、社会综合水平的天然表达。

三、城市环境的塑造与对周边的文化引领

城市环境的塑造,在中国文化中,不仅有前述的价值理念,也有其深刻的方法论认识。被称为群经之首的《周易》,出现在殷末周初,较《诗经》的结集要早约近六百年,而《周易》里承载着的先哲思想结晶要比它本身成书的时间更早,其思想大概可以同周人早期诗篇记述的先祖营造都邑实践一道观察。

《周易》这部经典,最重要贡献的一个方面就是方法论,其中具有一般指导意义的方法论思想,也可以用来观察、体悟前述对城邑大都营造,这种具体实践的思想方法自觉。《周易》中最为重要的方法追求就是"中"与"贞",它是辩证思维的指引。这里从《涣》、《节》一对个案中的方法论认识,相对具体地窥见、说明与营造生命有机体的城邑及由城邑引领而辐射营造的有机文化区域的思想指导意义。

《涣》卦以巽上(风)坎下(水)两个自然现象的关系构成卦象,用以表达《周易》的创作者们——诸先哲对自然界、人之现象、关系的认识。卦象是一个人们详熟亲切的画面,"风行水上",吹皱水面而使水呈现离披涣散的景象,它既是自然现象,也是人类社会的现象。下卦"坎"的特性是险;上卦"巽"的特性是顺,该卦警示人们,顺天道人意而拯救涣散,济险渡难。将天下离披涣散,险难

① 荀子:《宋本荀子》,北京:国家图书馆出版社,2017年,第298页。

不安的当前状况,按人的意志创造、整理成具有精神的为人所居处的存在,就必当遵循有效力、有价值的方法。面对这一现象,卦辞给出的判断是“涣:亨,王假有庙,利涉大川,利贞。”卦辞大义是说:险难于前,是可以顺遂亨通的,前提是要建筑一种美德精神,感召合于神明、天人,便能够保有自己,能够涉越大河巨流之险。在这样的践履过程,得益于始终坚持“贞”——正道。[①] 贞,即正,守正、持正。这是《易经》的重要思想观念,也是其重要的方法论思想,循此则顺遂得通,悖此则结果适得其反。[②] 卦中各个爻的性质、处位状况和在实现济险意志、创造新环境的关系中,共同表达了这个理念和方法。下卦居中的“九二”一爻,以阳刚劲健、奋身作为、守正守中的正确态度和方法去努力,居于水流不穷的凶险之中而不穷困无为,刚中居内,为坎险之中坚固的主心骨,凝聚精神,在散乱离披的当前状况下居中位得中道而坚守。它上面的一爻“六三”,阴爻居凶险之位,在涣散待拯的时候,能够“涣其躬”——涣散自身,忘身忘掉一己之私利,“志在外”——归向代表拯救涣散,董理秩序的一卦之主“九五”,而自己则获得“无悔”的结果,即自身远离凶咎祸害,归向安稳。这里面包涵了《老子》述说的道理,“吾所以有大患者,为吾有身,及吾无身,吾有何患”(《老子》十三章)。在涣散的大背景下,在一己阴柔处位凶险的情况下,该爻涣散一己之私,忘身徇上,既拯救了自己,也提供了济涣救险的功用,忘小我而济群类。它象征了执着私利,看重自我,在群体面临险难时的风险,能够破除私利自我,将可以拯救自我、拯救群类。再上的“六四”一爻,居位得正,又顺遂阳刚“九五”,散掉其更大的“躬”——自我群类的利益,归向“九五”。小群体的利益是放大了“躬”,以利益为核心的更大的自我,与前面“涣其躬”的“躬”是同质的,不过是更大体量的自我而已。爻辞说,“涣其群,元吉”。能“涣其群”,“六四”与代表最高意志的一卦之主“九五”合德合志,自己及其群类得到的结果是“元吉”,是根本的、最大的吉祥顺遂。而“九五”,作为涣时之主,一卦之主,能够居中位,得中道,上合天、神之义,下合民情,更是“涣其躬”——没有自己,如《孟子》言:“居天下之广居,立天下之正位,行天下之大道。”(《孟子·滕文公下》)将自己彻底合乎天道人意,甚至不以王位为私,让自己成为表达天下意愿的标识,这样才能发号令,济险救涣。爻辞说“涣汗其大号,涣王居,无咎”。他的号令是人们的意志,所以象汗出周浃,“至诚恳恻,发号施令”令出而不返,通透地凝聚人们,得天下之元气,创造出一个崭新的环境使人安定平稳。全卦通过诸爻各自的品质、态度、施为,完整地表现了济涣救险的过程及其含义。

《涣》卦展现的过程图景,在表达人的自我创造过程中,至少突出了两个要义:一是守正拯涣,二是得中的方法。

---

① 参见黄寿祺、张善文:《周易译注》,上海:上海古籍出版社,1992年,第481页。今译:《涣》卦象征涣散;亨通,君王以美德感召神灵而保有庙祭,利于涉越大川巨流,利于守持正固。

② 李笑野:《〈周易〉的观念形态论》,上海:上海古籍出版社,2016年,第159页。

守正即“贞”,守持为人而创造的天人正义,从天之正,从人之正。遵从、敬畏天人环境,得到治理的正道,而不是从一己之私的利益出发去判断,为了营造自己的利益、小群类的利益而遮蔽了整体存在的互依互存,这是济涣的根本。任何个体,放大了的个体——小群类的自身利益都将阻碍天人之正道,毁坏整体、有机的生命和谐,没有正(贞)就没有真正意义的创造。诸爻处涣散离乱之时,均放弃一己之私,为公,为合于天道正义,如此才能居涣而济涣。

得中的方法又是卦中成就济涣的根本大义。两阳刚得处下、上卦的中位,不偏不倚,守持自己处理问题的度,得到引领事物方向的最佳途径、方法,保障了济涣事物的可行。这既是以贞为基础的路径寻求,也是人自身的领悟力、智慧力的表征。《易》中的精髓即是悟得中、守持中的智慧。后来儒家专门集中论述中道的价值和意义,认为“中也者,天下之大本也;和也者,天下之达道也。致中和,天地位焉,万物育焉”(《礼记·中庸》)。中为不偏不倚、无过无不及,遵循事物规律,得到自身行为之度,由此而达到事物的和谐。它是检验人的智慧、考察诚恳端正的尺度,得此方法而行之,则事无不利;得此方法也即得天之道,天之道即为得法而守中、和谐。得到了上述两种要义,也就得到了人自身的理解与理性自觉,在天道大义之下,人们获得了自我把握的智慧,终究能够会解到在济涣大势面前的去私、去自我利益的意义,也便具有了“涣其躬”、“涣其群”、“涣汗其大号”“涣王居”而为公、为天下人的自觉态度,保证着济涣救险,凝聚天下的成功。

《涣》卦象倒过来即是《节》的卦象,两个是一对,从不同角度看问题。《涣》为散乱图景与整理原始散乱的人为努力;《节》则是提供了如何稳定过程、稳定结果的见解,两者互补,共同说明问题。“节”之义为“止”,《周易正义》说:“节者,制度之名,节止之义。制事有节,其道乃亨。”面对事物,深入地理解,真正地把握,领悟到其规律精髓,就是合于大生命有机存在与运行的天道法则,立制度,知守节,遏止非分的存在与运动,才能构成有序良性,以保障散乱的整理,有机体的健康。《象》传阐释其意义:“天地节而四时成,节以制度,不伤财不害民。”天道运行四时不爽,恰到好处地以节制来构成生命的运动,春种、夏长、秋收、冬藏,时节推移,构成律动。“节者,事之会也。”①是对事物发展,性质转换之机的把握与确认,体现了对事物体会、认识的深切与处理事物的果断。制度作为屏障,摒除了生命体的负面、恶性因素,保障了生命体的生生不息,连绵健旺,它是“其道乃亨”的必要条件,也是对人自身理性、智慧水平的检验。

《涣》、《节》卦讲述的是具有一般意义的道理,它也弥纶涵盖了城市有机体创造等的具体实践。上述“笃公刘”的形象,“爰始爰谋,爰契我龟”的场景就是

① 参照苏轼:《东坡易传卷六》,“四库全书”本。

这种思想、智慧的具体而形象的画卷。其中既有贞正的坚守,为天下人呕心沥血的无私仁厚,也有揣度天人营造家园之方法;既有敬畏自然,使自己的抉择与自然融结、和谐而获得自然生命的适宜、妥帖,也有民俗礼仪节制、整理社会,令社会有序,乡情生动。这一切,构成了当时城邑都会的完整有机体,表达了当时文明的最高水平。我们从《周易》所承载的文化理念、先哲智慧,看到了《诗经》、史籍所述的动人画面的背后,是深刻的理性精神,正是这种理性认知作为精髓,才使人们自觉体验自己、把握自己,创造性地制作了他们的生活家园和精神家园。画面的呈现与背后的精神合在一起,就是城邑都会这个有机体的全部内涵。

周人如此内涵的城邑营造,代表了当时最高文明水平,它也因此而生发着巨大的吸引力、凝聚力,强烈地感召着周边同样追求更好生活状态、更好生命体验的人们,使周人的创作和周人自己成为了事实上的"万邦之方,下民之王。"

同时,这一现象也揭示了名都大邑的另一个文化特质,那就是,它是当时文明的最高标志,是四方追求的范型,它起到了塑造所辐射区域文化的作用。"万邦之方,下民之王"的意义,就是以此文化、文明而使四方从风向化,让人们和这个最高标准看齐、同化,以此为美,以此为高尚。这种引领效应,涉及人们生活的一切方面。汉代民歌曾直白地道出了这一现象:"城中好高髻,四方高一尺;城中好广眉,四方且半额;城中好大袖,四方全匹帛。"(《后汉书·马援列传》引)城中的风尚吸引四方,四方踵事增华,追之如恐不及。文化、文明的向心力、塑造力又使城邑自身的有机体,延展构造了与其影响区域精神同构的体量更为宏大健硕的大有机体。

综合上述,以我们自己文化史为重点所观察到的现象,使我们看到了城市文明是在人类维系自身生存与发展的历史过程中,人与自然、人与人斗争、融结的各种探索选择与努力实践的结果。无论在什么程度的发展阶段,个体生命的切实感受都是检验城市文明水平的天然试金石,而城市自身所创建的自然、人、人与人的有机、完善水平,又是个体人生体验的适宜水平的前提,城市的生命力,就是城市作为有机体的生命显现。城市为人而存在,人是城市事物中的最高价值,个体生命的体验程度就是城市文明水平的天然尺度。城市文明的程度,又未尝不是整个社会文明程度的标识。

因此,"城市是生命体、有机体"的命题,让城市具有发展持续性、宜居性,让人们记得住乡愁的内涵,就中国城市文化发展精神而言,正是在对城市存在与发展规律深刻洞见中,饱含着中华文化精神精华的内涵,是文化自信的具体表达。

参考文献

[1]《道德经》，王弼注，北京：中华书局，1998 年。
[2] 杨伯峻：《孟子译注》，北京：中华书局，2010 年。
[3] 孙希旦：《礼记集释》，北京：中华书局，1989 年。

Chinese Cultural Analysis of Xi Jinping's City-Life-Organism

Li Xiaoye　Wang Hao

Abstract The proposition that "the city is the living organism" has the rich content of making the city achieve sustainable development and livability, and letting people feel "nostalgic". It is not only a profound insight into the law of city existence and development, but also an extraction of Chinese culture spirit and a concrete expression of cultural confidence. As a living body, city is an integral organism composed of nature, society and individual. The city tests the level of reconciliation and harmony between man and nature, but man's perceptual experience shows that the meaning of city living organism lies in man himself, that is, value rationality; the city becomes human because of civilization. The individual and society merge here to become a healthy life organization and enable the city to exist as a living organism. It is recorded in the Book of Songs, Historical Records and the Book of Changes that the people of Zhou dynasty built houses and cities with great enthusiasm, built livable cities and homes, inspired the surrounding tribes and small countries, and finally achieved the early glory of Chinese culture.

Key Words Xi Jinping; City; Living Organism; Chinese Culture

准确理解马克思与恩格斯的正义批判思想

戴圣鹏 张 旭

内容提要 “正义”既是表征合理性的形式话语,也是指涉具体原则的价值规范。马克思与恩格斯并不拒斥以“正义”一词来进行价值表达,更不拒斥“正义”所承载的正向价值,但他们强烈拒斥将“正义”视作一切社会的基础并从空洞的“正义”概念中思辨出具体主张的做法。唯物史观不仅以对社会结构的划分区分了正义的不同层次,从而使得正义问题的讨论时刻与具体的社会内容结合在一起;而且还从更高层面上反思了正义的合理性可能,提出了一种判断正义主张本身之所以合理正当的根据,从而避免了以往诸多正义理论的相对主义困境。马克思和恩格斯认为一切非历史的正义理论都是应当摒弃的,这也为我们当下所应坚持与贯彻的基本经济制度和分配制度提供了科学的理论指导。

关键词 马克思和恩格斯;正义;唯物史观

中图分类号 A81

在关于马克思与恩格斯的正义批判思想的理解与把握上,是有不同的认识的。有观点认为,马克思与恩格斯将正义视为不切实际的虚幻物加以拒斥;也有观点提出,他们形成了自己的与唯物史观无涉的正义主张。但在笔者看来,这两种观点都是不确切的。事实上,正是基于唯物史观所体现的历史性与现实性的统一,马克思与恩格斯从更高层面上反思了正义的合理性与现实性,批判了各种抽象或永恒的正义观。

一、马克思与恩格斯拒斥什么样的正义

正义问题的出现由来已久,在西方文化传统中,正义自古希腊柏拉图起就是标志着善的四美德(明智、节制、勇敢、正义)之一,意指城邦各成员各司其职、各守其序的社会和谐状态。随着历史的演进,正义逐渐超越其他美德,被

作者简介:戴圣鹏,华中师范大学马克思主义学院副教授;张旭,华中师范大学马克思主义学院研究生。

基金项目:本文系国家社科基金项目“作为哲学史家的马克思研究及其当代价值研究”(18BZX020)的阶段性成果。

当作最恰当合理的状态的代名词，成为对社会事实的合理性的最高表述。尤其是近代以来，“正义”贯穿诸多思想家的社会政治理论始终，构成了它们的基础、核心与目标。但是，在马克思和恩格斯的文本中，却频繁地出现另一种景象，读者们时常可以见到他们对“正义”的消极态度，比如将“正义”看作“虚无缥缈的幻想”[①]、“空话”[②]，评价德国工人党内出现的谈论“正义、自由、平等、博爱”的行为是“腐败的风气”[③]。因此，在部分研究者看来，马克思和恩格斯是拒斥正义观念的，将“正义”视作“社会有机体存在缺陷的一种症候”、“准宗教和意识形态”。[④] 甚至，马克思和恩格斯也“不认为资本主义是非正义的”，因为马克思“谴责资本主义的理由，包含在他关于资本主义生产方式的历史起源、组织功能和未来趋势的综合理论中”，而将正义视作特殊的受生产方式支配的政治或法权概念加以拒绝。[⑤] 换言之，他们最伟大的理论成果——唯物史观作为一门从根本上揭示了历史发展规律的“历史科学”与虚弱的道德批判是水火不容的。

事实果真如此吗？这种判断在多大程度上是成立和可信的？或者说，为马克思和恩格斯所批判、拒斥的“正义”，有没有什么特定的所指？为了讨论这个问题，我们就需要重新回到“正义”本身的内涵表达，并在此基础之上探究马克思与恩格斯在谈论正义问题时的具体语境和批判对象，如此才能更精准地把握他们对“正义”的真实判断。

一般来说，正义具有双重的价值意义和意涵，就其“话语形式”来说，它具有指称合理性的评价性意义，表达对事物的一种正面肯认；就其“内容指涉”来说，它还具有涉及具体主张和原则的规范性意义，表达“应当”与“要求”的实际内容。这两种意义就正义本身的正价值来说是统一的，但是借助这种划分，我们就更加容易理解在人类历史上出现的以下现象：一方面由于正义所代表、指称的合理性肯定，使得其成为所有人向往、追求的道德“桂冠”。几乎所有个人、群体或者阶级都标榜自己是正义的，并竭尽所能地为自己进行正义性辩护，把非正义的帽子扣在对手的头上，以获得更多的支持，维护自身的利益；但是另一方面，正义作为最抽象的社会意识形式话语，它是一个外延并不明确的名词，我们无法从对其本身的分析中得出任何有价值的评价或规范标准。换言之，作为指称合理性的“正义”什么也没有表达，它只有和实际的某种环境、条件和社会状况联系在一起，才能真正获得某种确定性的指向。否则，即使人们谈论得再多，也始终只是一种空想与空想的争锋，正如恩格斯在谈论泛斯拉

---

① 《马克思恩格斯全集》第 6 卷，北京：人民出版社，1961 年，第 325 页。

② 《马克思恩格斯全集》第 19 卷，北京：人民出版社，1963 年，第 188 页。

③ 《马克思恩格斯选集》第 4 卷，北京：人民出版社，2012 年，第 522 页。

④ 林进平：《再论马克思为何拒斥、批判正义》，《学术研究》2018 年第 1 期。

⑤ 〔美〕艾伦·伍德：《马克思对正义的批判》，李惠斌、李义天编：《马克思与正义理论》，北京：中国人民大学出版社，2010 年，第 38 页。

夫主义时所言,"'正义'、'人道'、'自由'、'平等'、'博爱'、'独立'……这些字眼固然很好听,但在历史和政治问题上却什么也证明不了。'正义'、'人道'、'自由'等等可以一千次地提出这种或那种要求,但是,如果某种事情无法实现,那它实际上就不会发生,因此无论如何它只能是一种'虚无缥缈的幻想'"①。再者,被不同的时代、阶级和群体塞进"正义"之框的内容也是具有相对性的。不同的人因其所处的时代、阶级、社会环境等一系列因素的不同,对这个名词所表征、肯认的实际指涉(比如具体的行为准则)就可以产生不同的主张与表达,由此提出的规范要求也就有很大的差别,甚至是互相矛盾的。比如在有些人眼里"弱肉强食"是正义,而在另一些人眼里"劫富济贫"才是正义;在封建社会中,等级制是社会正义的体现,并且对诸多臣民来说,忠诚是代表正义的最不可或缺的品质,而在近代资本主义社会,正义的首要含义即是人人平等地享有"天赋人权",在不损害他人相同权利的前提下,充分行使个人自由。"希腊人和罗马人的公平认为奴隶制度是公平的;1789年资产者的公平要求废除封建制度,因为据说它不公平","所以关于永恒公平的观念不仅因时因地而变,甚至也因人而异"。②

基于"正义"概念本身的空洞性和其具体指向相对主义特征,马克思与恩格斯对其如此严苛就不难理解了。但是,我们同时也说到,"正义"是合理性的正价值的表征或代名词。那么,当马克思与恩格斯以一种消极的态度谈论正义问题的时候,是否意味着他们要拒斥一切道德的表达?笔者认为,答案自然是否定的。首先,马克思和恩格斯对资本主义社会的剥削现象也做过很多基于无产阶级立场的价值性的判断,比如将资本家对剩余劳动的占有说成是"诡计"③、"盗窃"④、"抢夺"、"榨取"⑤等等。他们的文本不仅仅是在"描述规律",同时也鲜明地表达着无产阶级的诉求与理想,作为无产阶级的战斗武器而存在。因此,那种认为唯物史观与正义不兼容的论断,无疑是夸大了马克思和恩格斯的批判态度,走向了滑坡谬论。其次,回到马克思和恩格斯批判正义的文本语境,我们或许可以看得更加清楚明白。恩格斯在批驳海因岑时,提出了共产主义者"嘲讽所有那些神圣高超的思想、操守、正义、道德等等",这似乎表明他认为正义是应当被摒弃的,但是恩格斯随后指明的是,"海因岑先生以为,正是这些东西构成了一切社会的基础"⑥。所以,恩格斯的批判与其说是针对"正义"本身,不如说是针对海因岑这样的小资产阶级错估了"正义"在社会历史当中的地位,将空洞的"正义"词汇视作是一切社会的基础的行为。马克思

① 《马克思恩格斯全集》第6卷,北京:人民出版社,1961年,第325页。
② 《马克思恩格斯选集》第3卷,北京:人民出版社,2012年,第261页。
③ 《马克思恩格斯选集》第2卷,北京:人民出版社,2012年,第21页。
④ 《马克思恩格斯选集》第2卷,北京:人民出版社,2012年,第783页。
⑤ 《马克思恩格斯选集》第2卷,北京:人民出版社,2012年,第75页。
⑥ 《马克思恩格斯选集》第1卷,北京:人民出版社,2012年,第288页。

也是如此，当他提出德国党内存在谈论正义的“腐败风气”时，他给出的具体指责是党内“同一帮不成熟的大学生和过分聪明的博士妥协……想用关于正义、自由、平等和博爱的女神的现代神话来代替它的唯物主义的基础(这种基础要求人们在运用它以前进行认真的、客观的研究)”[①]。也就是说，使得马克思不满的是，受“大学生和博士”的影响，党内同志变得天马行空地从“正义”出发谈论应当如何，而不再实际地去“认真、客观地研究”这些东西的“唯物主义基础”，从历史的教益与现实的条件出发，脚踏实地探索与开拓符合无产阶级理想的社会。

所以，准确来讲，马克思与恩格斯拒斥的并不是作为正价值表征的正义本身，也不排斥对社会现象做出道德判断，他们拒斥的是不以唯物主义的基础研究为前提的“正义论”，是将一种脱离了现实条件的空想性目标作为“一切社会的基础”的具体行为。要而言之，他们反对的是颠倒“正义”与其现实基础之间的关系，或者直接撇开它自身的现实基础而谈“正义”。从“正义”出发设想正义，一方面会把一种狭隘的正义解读加以永恒化；另一方面也只能抽象地建构一种社会改良理想。人们所进行的斗争也就首先是观念的说服与被说服，而停留在观念领域的斗争往往会使得革命力量的视界被局限于眼前的事实，却看不到历史的现实。当现存的顽固力量裹挟着坚实的社会基础而来时，没有“唯物主义基础”的正义愿望自然是一碰就碎。

只有从这个角度去理解，我们才能明白马克思的如下“矛盾”：在《协会临时章程》与《国际工人协会共同章程》中，他一字不差地写下了“加入协会的一切团体和个人，承认真理、正义和道德是他们彼此间和对一切人的关系的基础，而不分肤色、信仰或民族”[②]。之后，在致恩格斯的信件当中，却又表示“不过我必须在章程导言中采纳‘义务’和‘权利’这两个词，以及‘真理、道德和正义’等词，但是，对这些字眼已经妥为安排，使它们不可能造成危害”[③]。这并不意味着马克思在反对自己，而只是表明，马克思有他自己的正义主张，但同时，他又深知所有的正义理念都必须建立在一定的历史现实基础之上才获得其意义。因此才谨慎地“安排”“正义”一词，以避免使得人们重新颠倒这种关系，回归到以往的正义思辨当中去。

二、唯物史观对正义的高阶反思

如上所述，马克思与恩格斯并不拒斥正义所承载的道德价值，也并不拒斥用正义这个词来代指崇高的价值。他们也有着自身的道德表达，并以此来批

---

① 《马克思恩格斯选集》第4卷，北京：人民出版社，2012年，第522页。
② 《马克思恩格斯选集》第3卷，北京：人民出版社，2012年，第172页。
③ 《马克思恩格斯选集》第4卷，北京：人民出版社，2012年，第452—453页。

判资本主义社会的不合理性。但是,当小资产阶级思想家们以此为出发点泛泛地空谈"正义是什么"、作为崇高价值的正义"要求达到什么"的问题时,马克思与恩格斯强烈拒斥这种从空洞的概念字眼出发理解与建构正义并将其作为一切时代与社会的基础的做法。在他们看来,小资产阶级思想家的正义逻辑不过是黑格尔历史哲学的拙劣变种,他们不在历史本身中寻找催动历史人物的表面动机和真实动机的深层动力,"反而从外面,从哲学的意识形态把这种动力输入历史"①。这种建构不仅引申出许多"纯属空谈的说明",而且也无法解决诸多正义理论之间的相对主义矛盾,最终沦入"公说公有理,婆说婆有理"的困境。由此看来,正义绝不是能够解释历史事变与历史发展的最终原因,更重要的问题是去探究"什么是正义"、哪些因素是决定"正义"的内涵变动的背后根据。

对这个问题的回答自然是以唯物史观为基础的,或者更准确地说,马克思和恩格斯对唯物史观的创建,使得此类问题统统迎刃而解。对于正义问题来说,唯物史观的重大意义在于它提供了一种高阶反思。具体来讲,唯物史观不仅以对社会结构的划分区分了正义的不同层次,从而使得正义问题的讨论时刻与具体的社会内容结合在一起,而且还以沟通起历史现实与道德价值之间的桥梁的方式,提出了一种判断正义主张本身之所以合理正当的标准,从而为人们的道德表达找到了摆脱相对主义的根据。

让我们继续回到马克思的文本来说明这两点。在《哥达纲领批判》中,针对拉萨尔等人空喊"公平分配劳动所得"的行为,马克思提出"消费资料的任何一种分配,都不过是生产条件本身分配的结果;而生产条件的分配,则表现生产方式本身的性质"②。在《资本论》中,针对吉尔巴特提出的借钱付息的正当性是由于其符合"自然正义"时,马克思认为经济交易的正义仅仅是因为它符合了现行的生产方式,即"生产当事人之间进行的交易的正义性在于:这种交易是从生产关系中作为自然结果产生出来的。这种经济交易作为当事人的意志行为,作为他们的共同意志的表示,作为可以由国家强加给立约双方的契约,表现在法律形式上,这些法律形式作为单纯的形式,是不能决定这个内容本身的。这个内容,只要与生产方式相适应、相一致,就是正义的;只要与生产方式相矛盾,就是非正义的。在资本主义生产方式的基础上,奴隶制是非正义的;在商品质量上弄虚作假也是非正义的"③。这充分说明,"正义"所指向的内容在马克思的视野中具有鲜明的层次性,分配方式是否正当合理直接取决于生产方式的性质。

但需要指出的是,如果根据这两段材料,提出马克思认为"只要符合生产

---

① 《马克思恩格斯选集》第4卷,北京:人民出版社,2012年,第255页。
② 《马克思恩格斯选集》第3卷,北京:人民出版社,2012年,第365页。
③ 《马克思恩格斯全集》第25卷,北京:人民出版社,1974年,第379页。

方式即正义”，因此分配正义问题不在马克思的视野之内，那就未免有些忘却了辩证法从而失之偏颇了。以上述《资本论》中的论断为例，它不仅是在说分配相对于生产来说只是一种“形式”，因而分配方式的正义性体现在其对生产方式的符合程度上；而且还指出了这种正义性不是一成不变的，随着生产方式的变化，原来被视作正义的分配方式就可能会变成不正义的，即生产方式本身也有其历史性，也存在着是否合理、正当的问题。后一层实际上是对前一层的进一步说明，所以，既要强调前一层基于现实生产方式的肯定，也不能忽略后一层基于生产方式的历史性的否定。简单来说，由于生产方式的决定作用，在封建时代的某些阶段等级制是正义的，但是这并不妨碍到封建社会末期随着市民阶级的产生和交往的不断扩大，这种视等级制为正义的观念就不再合乎时宜，等级制就成了不正义的存在。资本主义社会中的剥削性质的雇佣劳动亦是如此，当资本主义本身的生产方式尚具有历史必然性并且可以推动社会历史进步时，与之相适应的剥削也就尚具有历史正当性和正义性，但是资本主义的生产方式已经不再适应生产力的发展，无法支配它“用法术呼唤来的魔鬼”时，当马克思科学预言了资本主义终将灭亡、共产主义终将胜利时以一种社会主义和共产主义的视角批判剥削为不合时宜、不正义也就理所当然了。关键在于，应当以历史和现实、肯定和否定的辩证眼光看待生产方式本身构成的时代背景和需要进行评价的具体分配方式之间的对应关系。当生产方式本身随着生产力的进步而变得不再合乎时宜，不再具有历史必然性，从而被新的生产方式取代时，旧有的分配方式自然也就丧失了对变动的生产方式的“适应”，从而也丧失了其正义性。这种思想在恩格斯那里得到了精要的论述：“一个社会的分配总是同这个社会的物质生存条件相联系……当一种生产方式处在自身发展的上升阶段的时候，甚至在和这种生产方式相适应的分配方式下吃了亏的那些人也会欢迎这种生产方式……当这种生产方式对于社会是正常的时候，满意于这种分配的情绪，总的来说，会占支配的地位……当这种生产方式已经走完自身的没落阶段的颇大一段行程时，当它多半已经过时的时候，当它的存在条件大部分已经消失而它的后继者已经在敲门的时候——只有在这个时候，这种越来越不平等的分配，才被认为是不正义的……”①这不仅仅是对人们“因何而相信某种正义”做出“社会学上的”解释，而且也是马克思判定某种社会存在的正义性的根据：“马克思承认古代奴隶主、中世纪封建主等的历史必然性，因而了解他们的历史正当性，承认他们在一定限度的历史时期内是人类发展的杠杆；因而马克思也承认剥削即占有他人劳动产品的暂时的历史正当性；但他同时证明，这种历史正当性现在不仅消失了，而且剥削不论以什么形式继续保存下去，已经日益妨碍而不是促进

① 《马克思恩格斯选集》第3卷，北京：人民出版社，2012年，第527—528页。

社会的发展，并使之卷入愈来愈激烈的冲突中。”[1]因此，在马克思历史观的视野下，是否正义、合理、应当的价值性问题，归根结底是以历史必然性为根据的。分配正义的成立在于其是否符合当时的生产方式，但更重要的是，这种生产方式本身是否具有历史必然性所决定的历史正当性。无论是分配方式还是生产方式，其正义性都不是一成不变的，应对其进行历史的、现实性的理解。

因此，我们也可以说，依据唯物史观，马克思实际上提出了不同于以往正义论者的、判断具体的正义观是否合理的标准。当马克思指出“与生产方式相一致是正义”——分配方式的正义性取决于生产方式的演进时，这个判断并没有表达任何“实际的”内容，没有告诉我们哪些具体的事物和现象是正义的、合理的它与“借钱付息是正义”和“保障个人的自我所有权是正义”诸如此类的断言所阐述的对象显然有重大差别。如果说后者是具体的正义规定、主张、诉求或判断原则，那么前者就是判断这些具体的规定、主张、诉求或判断原则是否理与应当的外在标准。非要做个比较的话，符合历史必然性的生产方式标准而和吉尔巴特所提出的借钱付息的正义性所来自的“自然正义”处在相似维度上，当然区别还是有的，吉尔巴特和形形色色的小资产阶级正义论者实际要么将正义看作了自证的最高准则，要么搬出上帝或者自然等某种“永恒的存在物作为正义的最高保证，马克思则是为正义提供了外在的现实依据。《哥达纲领批判》中我们能更加容易理解此种区分。我们可以看到，马克思对其中提出的“要求集体调节总劳动并公平分配劳动所得”的条目，在质问竟“什么是‘公平的’分配”之后，紧接着指出了“难道资产者不是断言今天的配是‘公平的’吗？难道它事实上不是在现今的生产方式基础上唯一‘公的’分配吗？难道经济关系是由法的概念来调节，而不是相反，从经济关系生出法的关系吗？难道各种社会主义宗派分子关于‘公平的’分配不是也种极不相同的观念吗？”[2]很明显，马克思首先是在批驳拉萨尔把公平分为口号而不表述具有实际意义的主张的行为，他以反问的句式表达了自不满：不同的人对何为公平正义的分配有着不同的看法，但归根结底这些主张都是从经济关系中产生并受经济关系所调节的，它的合理与否也应现实的生产方式作为判断依据。根据这样的标准，在“现今的生产方式-资本主义生产方式的基础上，资本主义的分配方式就是唯一“公平的以拉萨尔究竟是在何种意义上主张“公平的”分配方式？在不触及生产方前提下，它怎么就能更加“公平”呢？但是与往常不同，马克思并没有停留正义的这种历史标准的强调上，为了彻底批判拉萨尔的错误观点，马克思步分析了拉萨尔表达出的具体分配正义主张的荒谬性——“劳动所得

马克思恩格斯全集》第21卷，北京：人民出版社，1965年，第557—558页。
马克思恩格斯选集》第3卷，北京：人民出版社，2012年，第361页。

应当不折不扣和按照平等的权利属于社会一切成员”,这纯粹是自相矛盾的、“凭空想象的陈词滥调”。并且终于根据历史性的现实标准,提出了他对未来社会的分配原则的设想:将来的共产主义社会,首先要经过一个刚刚脱胎于资本主义社会的阶段,在这个阶段,实行的应当是“按劳分配”的分配原则,即劳动者按照他所给予社会的个人劳动量从社会领回报酬,这虽然在内容上来讲依然默认了个人天赋和某些社会方面的差别,但却是这一阶段上符合历史必然性的最佳方式,因为“权利决不能超出社会的经济结构以及由经济结构制约的社会的文化发展”①;只有到高级阶段,集体财富的一切源泉都得以充分涌流,才能完全超越资产阶级权利的狭隘性,实行“各尽所能,按需分配”的分配原则。但紧接着,马克思意识到实际上自己已经在分配问题上做了文章——尽管这是批驳拉萨尔的错误观点所必需的,并且所提出的具体主张也严格遵照了历史必然性原则——所以又重新加以强调“消费资料的任何一种分配,都不过是生产条件本身分配的结果”,当下所面临的时代问题是资本主义的生产方式丧失了其历史必然性,在生产方式本身变得不正义的条件下,应当现实地推动生产方式的变革,而不是不切实际地在分配领域寻求另一种“公平”。

三、马克思与恩格斯正义批判思想的当代启示

综上所述,马克思和恩格斯实际上从三个层面展示了他们的正义思想:首先,揭示了正义的实质,即它是历史的产物,是随人类社会的产生而出现的、相对稳定地代表正向意义的话语形式,是一种对社会合理性的最高肯定,但其内容指涉总是变动的,每个时代、每个阶级均有着不同的正义观念,并且作为一种应然的愿望,人们往往会出现夸大或是幻想,提出形形色色不合时宜的正义诉求或判断原则。这也就引出下一个问题,即正义之所以是正义,一种正义主张之所以成立,它的标准是什么?所以更深一层地,马克思和恩格斯以其唯物史观的科学态度为这个问题提供了一种与众不同的检查方案,即正义原则的有效性不是与生俱来的公理,也不是依靠上帝或自然的某种永恒规定,它归根到底与现实的历史条件相联系,应当符合历史必然性标准。最后,依据以上两点,马克思和恩格斯也形成了自己的正义主张和判断:在将要取代资本主义社会的更高社会形态中,依据历史条件的不同而应当分别实行按劳分配和按需分配的分配方式。可见,总的来说,马克思和恩格斯既没有以唯物史观拒斥正义,也没有在唯物史观之外论述自己的正义倾向,而是辩证地、历史地为我们揭示了正义的多重原像。

马克思和恩格斯关于正义的多层面认识也为我们当下的分配问题提供了

---

① 《马克思恩格斯选集》第3卷,北京:人民出版社,2012年,第364页。

重要的启示。毋庸置疑,社会正义意指社会的公正合理,是我们应当不断追求的目标。但与此同时,在谈论社会正义问题时,不能像庸俗社会主义者一样把正义加以神化,空泛地幻想一种完美的理想社会并以此来指导现实,从而一味地着眼于"公平的分配",落入就分配谈分配的误区。正义桂冠的争夺,归根结底体现在具体内容的合理性上,而具体的正义原则和正义主张是否合理有效,其所指涉的那种社会事物和现象究竟能否被看作是正义的,这离不开马克思的历史观(历史性和现实性——社会历史阶段及其生产方式)作为检验标准。根据唯物史观,某种社会分配方式之所以是公平合理的,在于它与现实地体现了历史必然性的生产方式相符合。我国现在正处于社会主义的初级阶段,这一特殊而又复杂的社会历史时期决定了我们要实行以按劳分配为主体、多种分配方式并存的分配制度,这是符合当前生产方式发展水平的必然选择。

首先,社会主义社会是共产主义社会的第一阶段,按劳分配是这一阶段应当一以贯之的分配原则,这是由生产资料的公有制性质和社会主义阶段的时代特性决定的。作为共产主义社会的起步阶段,社会主义社会和资本主义社会的根本区别就在于生产资料的所有权归属不同,所以坚持生产资料公有制为基础是保持社会主义性质必不可少的前提。但是除此根本性质外,社会主义并不是"在它自身基础上已经发展了的,恰好相反,是刚刚从资本主义社会中产生出来的,因此它在各方面,在经济、道德和精神方面都还带着它脱胎出来的那个旧社会的痕迹"①。正因此,社会主义的这种时代特性决定了其社会财富的分配只能实行按劳取酬,而不能实现完全的各取所需,也就是说,在分配方式上尚不能实现完全的"公有"。虽然按劳分配已经不承认任何阶级差别,消除了实质上的剥削,平等权的"原则和实践在这里已不再相互矛盾"②,但由于这种按劳取酬的原则在实质上通行的依旧是"商品等价物的交换中的同一原则,即一种形式的一定量劳动同另一种形式的同量劳动相交换"③,所以它实际上既默认"劳动者的不同等的个人天赋,从而不同等的工作能力,是天然特权"④,也还不得不容许像家庭、子女的存在所导致的社会性差别。也因此,它所体现的平等就内容来讲依旧是不平等的,还是被限制在"资产阶级的框框里"⑤,是一种"资产阶级权利"⑥。但是,这种不平等的弊病,是由社会主义的时代特性决定的,是历史的必然,"在经过长久阵痛刚刚从资本主义社会产生出来的共产主义社会第一阶段,是不可避免的"⑦。所以,我们不能因

---

① 《马克思恩格斯选集》第3卷,北京:人民出版社,2012年,第363页。
② 《马克思恩格斯选集》第3卷,北京:人民出版社,2012年,第364页。
③ 《马克思恩格斯选集》第3卷,北京:人民出版社,2012年,第363页。
④ 《马克思恩格斯选集》第3卷,北京:人民出版社,2012年,第364页。
⑤ 《马克思恩格斯选集》第3卷,北京:人民出版社,2012年,第364页。
⑥ 《马克思恩格斯选集》第3卷,北京:人民出版社,2012年,第363页。
⑦ 《马克思恩格斯选集》第3卷,北京:人民出版社,2012年,第363—364页。

此就否定按劳分配的正义性，而应当坚定不移地将按劳分配作为贯穿社会主义各阶段的主要分配原则。但在此基础上，我们也必须做好相应的补充措施，必须建立健全社会保障体系，这是整个社会主义阶段都必须落实好的一项重大举措。马克思在批判拉萨尔所谓“不折不扣的劳动所得”[①]时，指出这在共产主义的第一阶段是不可能实现的，除了后续的生产资料补充所需，还必须在全社会的消费资料中扣除少部分的管理费用、满足共同需要的部分亦即为丧失劳动能力的人等等设立的基金——为了避免社会主义阶段依旧存在的“不平等弊病”，“权利应当是不平等的”[②]。

另一方面，更具体地讲，我国正处于社会主义这一共产主义第一阶段的初级阶段，因而有着更加特殊的国情，比起马克思和恩格斯所设想的整体上“脱胎于资本主义社会”的历史阶段来说，带有更多旧社会的痕迹，面临着更加现实而又具体的建设任务。我们是在经济上十分落后的水平上建立起社会主义的，生产力发展水平低下而又不均衡的状况，决定了以经济建设为中心、进一步解放和发展生产力是我们的根本任务，而这也就意味着，应当利用好个体经济、私营企业等一系列非公有制经济的积极作用。也就是说，发展社会主义市场经济，实行以公有制为主体、多种所有制共同发展的基本经济制度，是我国当前发展阶段上符合历史必然性的选择。与之相应地，在分配方式上，也只能是以按劳分配为主，并且允许其他要素参与分配。毫无疑问，允许私有制的存在进而允许按各种要素参与分配，必然意味着存在资本获得利润、工人获得工资的分配情况，亦即存在着资本家对工人的剥削关系，这是无需否认的，但也不能将其妖魔化，夸大为社会的倒退，以此来否定我国当前的生产方式和分配制度，斥为“不正义”。究其原因，这归根结底是由生产力比较落后的客观状况决定的，在社会主义初级阶段具有不可避免性，当资本依旧可以促进社会生产力的进步、对国民经济的发展起着积极作用时，就依然有其存在的合理性。当然，承认资本及剥削在一定限度内存在的合理性，不等于为一切剥削现象做辩护，那些违背市场经济基本规律，为了逐利不惜破坏市场甚至无视公序良俗的剥削是应当坚决加以打击的，所以必须对社会主义市场经济秩序加以严格的监管。另外，我们不难发现，只要允许私有制和资本要素参与分配，随着资本的积累，贫富差距的扩大、财富的两极分化就是一种必然趋势。因此，还需要利用好税收和再分配制度，与社会保障体系互为补充，实现对实质不平等的抑制。

---

① 《马克思恩格斯选集》第3卷，北京：人民出版社，2012年，第361—362页。
② 《马克思恩格斯选集》第3卷，北京：人民出版社，2012年，第364页。

Accurately Understand Marx and Engels's Critical Thoughts of Justice

Dai Shengpeng　Zhang Xu

Abstract "Justice" is not only a formal discourse of rationality, but also a value norm of specific principles. Marx and Engels did not refuse to use the word "justice" to express value, nor to reject the positive value carried by "justice", but they strongly refused the practice of regarding "justice" as the basis of all societies and thinking out the specific way of doing it from the empty concept of "justice". Historical materialism not only distinguishes the different levels of justice by dividing the social structure, so that the discussion of justice is always combined with the specific social content; it also reflects on the rationality of justice from a higher level, and puts forward a basis for judging the rationality of justice itself, so as to avoid the relativism dilemma of many previous justice theories. Marx and Engels believe that all ahistorical theories of justice should be abandoned, which also provides scientific theoretical guidance for the basic economic system and distribution system that we should adhere to and implement.

Key Words Marx and Engels; Justice; Historical Materialism

中美战略博弈的本质特征及其策略选择

吴庆军　陈红梅　肖宛晴

内容提要　中美战略博弈的表象是贸易战、科技战、信息战，直接本质是霸权帝国与新崛起国的世界主导权之争，深层本质是资本主义与社会主义的制度之争，最根本本质是国家层面的国际阶级斗争之争。在美国强势打压下，中国是从此一蹶不振，还是能如期实现复兴？本文进行科学分析，认为中国崛起和美国衰落是世界历史发展必然客观规律。但是必然中会存在偶然。中国如果想化危为机、转危为安，就应把矛盾论和持久战思想灵活运用到中美战略博弈中去。中国首先不主动发起挑衅，但面对无端进攻要敢于有效还击。面对美国强势打压中国要敢于反击，同时要讲究斗争方法，注重原则的坚定性和策略的灵活性相统一，有理有利有节，斗而不破。矛盾双方博弈最终胜利不取决于双方绝对静止实力的表面差距，而取决于动态实力的相对比较，其中关键因素是人心向背、能动性的有效发挥和双方的"势"的变化。这个"势"既包括双方力量动态发展势头，也包括双方力量布局是否动态最优，还包括关键局部优势的有效及时发挥。如果中国要确保中美博弈的最终胜利，就需要有一个清醒的、完整的多重战略预案。中国最根本的是做好自己的事，不犯颠覆性的错误。

关键词　中美战略博弈；本质特征；战略选择；矛盾论；持久战

中图分类号　D81

美国前任总统特朗普推行美国优先政策，不择手段肆意打压中国。美国新任总统拜登上台后，联合盟友对中国的打压变本加厉，对华展示强硬态度，一副要和中国展开全面对抗的姿态。美国国务卿布林肯说中国是美国 21 世纪最大的地缘政治挑战。美国众议院议长佩罗西对中国长期不断污蔑和打击。连向来水火不相容的美国民主党和共和党也在对待中国的态度上罕见形成了共识，美国参议院外交关系委员会高票通过了《2021 年战略竞争法案》，

作者简介：吴庆军，曲阜师范大学管理学院副教授，中国社会科学院马克思主义学院博士，中国政治经济学会理事；陈红梅(通讯作者)，陕西财经职业技术学院马克思主义学院院长，教授，校社科联秘书长；肖宛晴，吉林大学经济学院。

基金项目：本文系国家社科基金重大项目(20&ZD052)、陕西省职业教育研究规划课题(SZJZD 19—001)、陕西省教育科学"十三五"规划重点课题(SGH20Z052)和日照市人文社会科学重点课题(2021006)的阶段性研究成果。

这个法案旨在遏制中国崛起。民主党还提出了《美国领导法案》,共和党抛出了《战略法案》,从多领域反制中国。也就是说,不管是前任美国政府还是现任美国政府,不管是共和党还是民主党,尽管在其他领域严重分歧,但打压中国的态度却高度一致。出现这种美国政治势力联合打压中国的局面到底是何原因?要弄清楚美国政府及共和党和民主党两党联合打压中国的根本动机,就要首先分析中美战略博弈的多层本质特征。

一、中美战略博弈的本质特征

本质是事物的根本性质,现象是本质的外部表现。贸易战、科技战、信息战只是中美战略博弈的表象特征,而中美战略博弈的直接本质特征是霸权帝国与新崛起国之争,深层本质特征是资本主义与社会主义的制度之争,最本质特征是国家层面的国际阶级斗争之争。

(一)中美战略博弈的直接本质是霸权帝国与新崛起国的世界主导权之争

中美战略博弈的直接本质是美帝国妄图维系对世界永久统治而遏制正在崛起的新兴大国。中美战略竞争是综合国力变迁而导致的世界主导权之争。

纵观国际关系的长期历史,可以看到世界霸主与崛起大国之间从来都是水火不容的,崛起大国被当作霸主天然的挑战者,遭受霸主无情的遏制与打压,这是世界历史的必然客观规律。美国国家战略就是专打崛起国家。第二次世界大战后,美国成功崛起成为世界名副其实的老大而称霸世界,就利用多种手段打压现实以及潜在的竞争者。英国、日本、苏联在不同阶段都曾成为美国的打击对象,美国不仅打压潜在对手扼制其成长与发展,甚至将其置于死地而后快。

首先,美国对英国的打压。美国崛起之后,对曾经世界的霸主英国实行了残酷的打压,防止英国东山再起而威胁到其世界霸主地位。美国利用在两次世界大战中对英国的债权—债务关系,吸干了英国的黄金。黄金大量流失导致英国出现通货紧缩,经济萎靡不振。“布雷顿森林会议”宣告了英镑作为国际货币的黄金时代的终结。然后,美国利用“马歇尔计划”输出美元,取代英镑的国际货币地位,至此英国彻底失去了昔日的世界货币霸权。

其次,美国对日本的打压。20世纪60、70年代,日本开始成为资本主义世界第二,发展势头非常迅猛。日本当时在美国大肆购买地产,甚至要买下好莱坞、纽约洛克菲勒中心,于是美国开始打压这一新的挑战者。20世纪整个80年代,美日经济关系几乎是贸易摩擦。除了汽车和钢铁等摩擦外,美国接着又展开了计算机和高科技等零部件以及金融等行业的对日本的打压。为了消除在经贸领域的竞争优势,美国国会制定了一系列贸易法案,用“超级301

条款”大棒威吓日本。同时，在日元汇率、金融市场开放等方面向日本施压，以换取美国在贸易领域的让步。日本最终接受了《广场协议》《卢浮宫协议》和《巴塞尔协议》，然后日本出现了经济泡沫的膨胀与破灭，之后日本繁荣的经济从此一蹶不振。从此，日本经济经历了失去的二十年。1995年日本GDP占美国GDP最高时达到71%①，而到了2020年上半年，日本GDP占美国GDP已经下降至23%。② 美国当时之所以发动对日本的贸易战和货币战争，是因为日本当时的实力已经挑战了美国的帝国地位。

从历史经验看，一旦崛起的国家经济总量达到了美国经济总量的60%③左右，美国就要开始实施大规模的打击。2020年中国经济总量已经占美国经济总量的70%④，大大超过了60%的战略界限，面对国力日益强大并且未来十年经济总量有可能超越美国的中国，无论中国做什么或不做什么，美方对华遏制是不可避免的事情。

最后，美国对苏联的打压。苏联于1922年12月30日成立，到1981年苏联的国民收入、工业产值和农业产值已经相当于美国的67%、80%和85%。⑤ 1985年戈尔巴乔夫上台，美国颠覆势力实施对苏联的瓦解和破坏，拉拢和腐蚀高层干部，高级领导层背叛了马克思列宁主义，最终导致1991年苏联国家分崩离析。美国对苏联遏制和打压，一手逼着产油国压低油价，一手对苏联贸易封锁，连翻打压下，苏联经济急剧下滑。苏联解体前，1990年苏联经济总量为美国的约40%⑥，而解体9年后，俄罗斯经济仅为美国经济总量的2%⑦。2000年俄罗斯GDP比1990年下降38%，工业生产减少65%，农业生产减少60%，人均收入减少50%。⑧ 1992年俄罗斯通胀率为2 000%—2 200%⑨，发生恶性通货膨胀，全国物价飞涨。卢布迅速贬值，使得人民所持有的银行存款和货币“一夜之间”价值几乎为零，社会财富迅速蒸发和被国外掠夺。苏联解体后，黑社会盛行，犯罪增加，人均寿命显著减少，大部分人的生活水平急剧恶化，许多俄罗斯人从原来富足生活状态跌入贫困状态，甚至赤贫。

需要说明的是，美国对英国、日本的打压是资本主义体系内部矛盾的斗争。而美国对苏联的打压带有两重性。一是世界霸权对新崛起国的打压，二是帝国主义对社会主义的打压。因此，美国对英国和日本的打压仅仅是从经济角度，打而不死。但是美国对苏联的打压不仅是经济打压，更重要的是政治

---

① 数据来源：世界银行数据库，http://www.worldbank.org. 2021年6月1日。
② 数据来源：世界银行数据库，http://www.worldbank.org. 2021年6月1日。
③ 黄树东：《认清美国对华发动贸易战的真正意图和目的》，《红旗文稿》2018年第16期。
④ 数据来源：世界银行数据库，http://www.worldbank.org. 2021年6月1日。
⑤ 康晏如：《苏联经济危机的谎言与真相》，《红旗文稿》2016年第12期。
⑥ 数据来源：世界银行数据库，http://www.worldbank.org. 2021年6月1日。
⑦ 数据来源：世界银行数据库，http://www.worldbank.org. 2021年6月1日。
⑧ 康晏如：《苏联经济危机的谎言与真相》，《红旗文稿》2016年第12期。
⑨ 许新：《俄罗斯1992年经济形势及其前景分析》，《世界经济与政治论坛》1993年第1期。

打压、军事打压，打而必死。而且，苏联内部的修正势力掌握国家的政权和主导权后，在意识形态上放弃了马克思列宁主义的指导，在政权上放弃了共产党的执政和领导，在经济上放弃了公有制经济彻底转向私有制经济，从而不仅是国家分崩离析，而且是社会制度发生根本变化，人民生活水平急剧下降而陷入苦难。

如果仅仅是老大与老二的斗争，在同一制度内，老大把老二只是打伤、打残。如果除了老大与老二斗争之外，同时又是不同制度之争，则帝国主义必然想要把社会主义打死、肢解，然后吞掉。在苏联解体后，中国自然就成为下一个目标。

(二)中美战略博弈的深层本质是资本主义与社会主义的社会制度之争

习近平总书记说："尽管我们所处的时代同马克思所处的时代相比发生了巨大而深刻的变化，但从世界社会主义500年的大视野来看，我们依然处在马克思主义所指明的历史时代。"[①]而马克思主义所指明的历史时代就是世界资本主义与社会主义相互博弈，社会主义最终取代资本主义的时代。当今的世界政治依然是走社会主义道路还是走资本主义道路的两条道路世纪之争，中国和美国之争其实就是道路和制度之争。

习近平强调，中国特色社会主义是社会主义而不是其他什么主义，科学社会主义基本原则不能丢，丢了就不是社会主义。

虽然中国的基本经济制度名称里含有"市场经济"，但是西方始终不认可中国的市场经济是他们所认可的市场经济。中国特色社会主义的市场经济，终究属于社会主义性质，而美国的市场经济终究属于资本主义性质。因此，美国奉行自由放任的以私有制为主体的市场经济，与中国政府主导的以公有制为主体的中国特色社会主义市场经济制度存在根本性矛盾。因此，美国必然把中国当作敌手。

为了缓和中美矛盾，国内有人主张放弃社会主义制度，走完全的资本主义的市场经济道路，以为这样就可以减轻美国对中国的敌意。回看一下苏联崩溃的历史就清楚了。在苏联解体前夜，戈尔巴乔夫、叶利钦在灵魂和国家利益上全面向美国屈服，按照全套美国模式改造苏联，放弃了道路、制度、意识形态，甚至放弃了华约组织和部分主权，以为归顺美国就能成为西方资本主义阵营，由敌人转化为朋友和盟友。但是事实证明，他们完全想错了。美国为首的西方从来没有放弃过肢解苏联，不仅肢解了苏联，洗劫了苏联人民的财富，而且北约不断东扩，持续压缩俄罗斯的生存空间，当下仍然不断加码实施经济制裁。美国当下战略图谋是再次肢解俄罗斯，消灭俄罗斯的核武器。这就说明

① 《习近平十八届中共中央政治局第四十三次集体学习时的讲话》，《人民日报》2017年9月29日。

放弃公有制为主体的社会主义制度、放弃共产党的执政地位、放弃马克思主义的国家意识形态并不能换来美国对中国的和平相处,而是会变本加厉进一步肢解中国,从而让中国作为一个完整的国家不复存在,彻底消除社会主义在世界上的影响力,让资本主义制度永存于世界,从而永享世界霸权的好处。

社会主义和资本主义的斗争本质上就是你死我活的斗争,这一普遍规律在当今世界依然适用。社会主义和资本主义作为两种社会制度,是根本对立的,两者之间是一种取代关系。这一点西方政客比我们一些人看得更清楚、更透彻。

(三)中美战略博弈的最根本本质是国家层面的国际阶级斗争之争

1848年马克思、恩格斯发表了举世震惊的《共产党宣言》,在第一章“资产者和无产者”的首句话就是:“一切社会的历史都是阶级斗争的历史。”①习近平总书记一上任就指出:“科学社会主义基本原则不能丢,丢了就不是社会主义。”②习近平总书记还说:“马克思主义政治立场,首先就是阶级立场,进行阶级分析。”③

社会的发展纷繁复杂,似乎无法把握。马克思主义指出了有效分析方法,这个有效的分析方法就是阶级斗争理论。离开阶级与阶级分析法,就不可能有科学正确的对社会现象的分析。当今世界还有没有国际间的阶级斗争?还需不需要用马克思主义的阶级观点和阶级分析方法来观察和分析社会问题?这是必须解决的重大理论和实际问题。

显而易见,世界范围内一直就存在国际垄断资产阶级和世界各国范围内广大劳动人民的劳动阶级。只要还存在私有制,阶级对抗和阶级斗争就会客观存在。国际垄断资产阶级以其少量的人口占据着世界绝大多数财富,有些人的财富富可敌国。只要有国际间阶级对立的存在,就会有国际间的阶级斗争。这是一种客观存在,决不以人们的主观意志为转移。在有阶级的国际社会里,阶级斗争理论是整个马克思主义理论体系的核心,抛弃阶级观点和阶级分析方法就会导致马克思主义理论体系的崩溃。只要存在国际间的阶级斗争,阶级观点和阶级分析方法就是研究一切重大问题的不可缺少的根本观点和根本方法。抛弃阶级观点和阶级分析方法,就不能透过现象把握事物的本质,不能预见未来的走向,也提不出正确的应对对策。新帝国主义的霸主美国依靠美元霸权和知识产权攫取全球财富④,正是国际间阶级斗争的直接表现。

---

① 《马克思恩格斯选集》第1卷,北京:人民出版社,2012年,第400页。

② 《习近平在学习贯彻党的十八大精神研讨班开班式上的重要讲话》,《人民日报》2013年1月5日。

③ 《习近平在省部级主要领导干部专题研讨班上的讲话》,《人民日报》2014年2月17日。

④ 程恩富、鲁保林、俞使超:《论新帝国主义的五大特征和特性》,《马克思主义研究》2019年第5期。

中美之间的战略博弈，表面上是两国之间的博弈，但实质上是以美国政客为代表的国际垄断资产阶级与中国共产党为代表的世界劳苦大众两大阶级的博弈。中国共产党一经成立，就把马克思主义写在自己的旗帜上，把实现共产主义作为最高理想和最终目标，义无反顾地肩负起实现中华民族伟大复兴的历史使命，把党实现中华民族伟大复兴的民族国家历史使命与共产主义的世界历史远大使命有机统一起来。习近平总书记说："我们所做的一切都是为人民谋幸福，为民族谋复兴，为世界谋大同。"①为世界谋大同就是维护全世界劳动人民的根本利益，通过构建人类命运共同体建立广泛的国际统一战线，最终全世界实现共产主义。

中国共产党为何能代表世界劳苦大众的根本利益？是因为中国共产党领导的社会主义国家是为人民谋幸福的，而不是为国际垄断资产阶级谋幸福的。中国共产党领导中国人民找到了一条不通过发动战争、不通过掠夺他国、通过自身努力就能实现全体人民共同富裕的现代化道路。这条道路一旦走得通，中国一旦站到世界之巅，中国全体人民如果真正实现了共同富裕过上了幸福美满的生活，而资本主义国家的人民却生活在贫富分化严重、阶级压迫和剥削严重的社会，底层百姓必然不满，就会向往中国先进和文明的社会主义制度和美好的生活模式。就必然促使世界各国人民向往社会主义，当本国人民自觉到一定程度，必然会爆发社会主义革命而推翻资本主义政权，从而国际垄断资产阶级靠剥削而过上的好日子就会到头。这一切，国际垄断资产阶级是万万不想看到的。所以说，中国共产党虽然只是直接领导了中国人民为自己的幸福美好生活而奋斗，但其成功却间接影响了世界广大劳苦大众，使得他们懂得只有走向社会主义道路才能取得人的真正解放和过上美好生活。所以从这个意义上说，中国共产党代表了全世界劳苦大众的根本利益，是全世界劳动人民阶级的忠实代表，与国际垄断资产阶级根本对立。

中美战略博弈从最根本、最核心的角度看，不是两个国家整体之间的博弈，而是美国执政者所代表的国际垄断资产阶级与中国共产党所代表的全世界劳动人民阶级之间的博弈。

因此，中美战略博弈的最本质特征是国际垄断资产阶级与世界劳动人民阶级之间的国际间阶级斗争在国家层面的表现。

当然，中美战略博弈还有其他层次的特征，由于篇幅所限不再一一列举，图示如下：

① 《习近平谈中国共产党的初心》，《人民日报(海外版)》2018年7月4日。

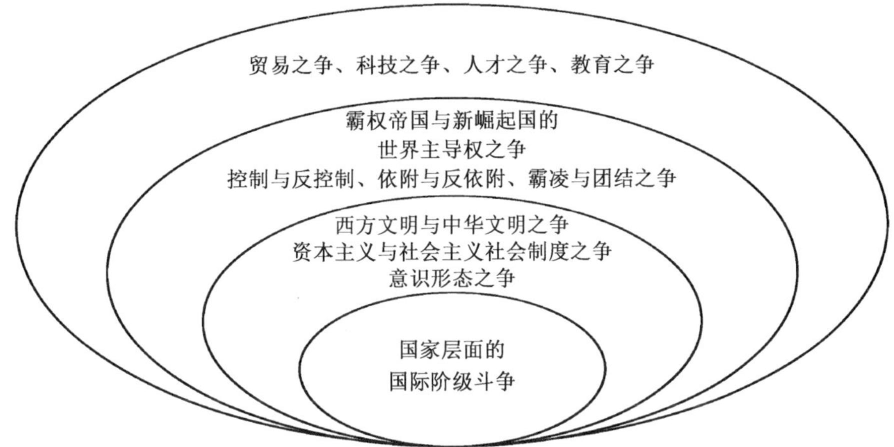

图 1　中美战略博弈内在本质与外显特征谱系图

二、中美关系不会再回到以前的相对宽松期

(一)中美关系为何以前存在相对宽松时期

中美之间在历史上曾经存在过一段相对缓和时期,即从 1978 年中国实行改革开放开始到 2008 年美国爆发金融危机。这段时间,中美之间虽然也有摩擦,但总体来说是中国有一个相对稳定的国际外部环境。为何会出现这样的相对稳定的外部环境?这是因为,这段时期,美国对中国相对缓和的态度是基于三个理由。第一个理由是当时中国经济落后太多,几乎没有可能挑战美国在全世界的经济优势地位。第二个理由是美国认为中国在改革开放过程中会逐渐西化,走向和平演变的道路,最终蜕变为资本主义国家。第三个理由是无论是苏联还是后来的俄罗斯都是美国为主的西方的主要敌对势力,苏联和俄罗斯拥有毁灭西方的核武力量。要解体苏联,彻底打垮俄罗斯,当时美国的策略就是联合中国以抗衡苏联,联合中国以彻底打败俄罗斯。正是基于上述三种原因,促使美国在历史上一段时期内放松了对中国的打压,在思想和文化领域采用隐秘的手段对中国和平演变的同时,在经济领域放松了对中国的打压。中美这段宽松时期被有的人称为蜜月期,甚至有人用夫妻关系来形容中美关系。然而,中国始终坚持中国共产党的领导、马克思主义和社会主义,让美国政客看不到和平演变中国的希望。中国的逐渐强大让美国感觉到中国已经成为美国最大的现实威胁,把中国视为挑战其霸权的国家。

(二)中美关系未来不会存在相对宽松时期

随着中国经济的发展和国家综合实力的不断壮大,中国经济相对于美国经济已经从很小到了非常庞大的程度。中国发展太快，日本GDP占美国GDP比重从8%上升到60%用了32年①，而中国GDP占美国GDP比重从8%上升到60%只用了22年②。如今中国GDP相当于美国的70%③，已经具备了与美国争锋的条件。加上中国的社会制度、发展模式及发展道路、价值观与传统西方完全不同，所以美国对中国的长期不断打压更不可避免，由于社会制度的根本差异，美国对中国的打压力度要远远超过对日本的打压力度。即便是出现了美国对中国打压短暂的停手，也是因为美国国内出现了困境或者由于选举的需要，需要稳定美国经济以换取民众投票支持，或者在美国国内两党斗争中，疲于应付而无力打压中国，需要暂时缓解国内压力才与中国暂时缓和。一旦美方摆脱危机，腾出精力，一定会继续打压和扼制中国，目的是要把中国打压到完全失去竞争力，完全沦落为经济附属国和政治附庸国，甚至重演苏联国家解体的悲剧为止。美国长期打压中国是未来中美关系的政治新常态，暂时的平静只是后续暴风骤雨的前夜，这是不以人的意志为转移的客观规律。

三、中美战略博弈的前景预测

（一）在美国强势打压下，中国是从此一蹶不振，还是能如期实现复兴

中美的战略博弈就类似于20世纪中日之间一场持久战。当时日本的军事实力、科技实力及综合国力都远胜于中国。于是中国国内出现了“必亡论”和“速胜论”。在这种情况下，毛主席写下了光辉著作——《论持久战》。《论持久战》中所阐明的光辉思想，在当今对于指导这场中美贸易战和中美战略博弈，仍然具有强大的生命力和重大的现实指导意义。

中美战略博弈中，中国是应该积极斗争还是消极妥协？是斗则必败还是斗会胜？是速胜还是缓胜？客观依据何在呢？

现在一类人极力散布“斗争没有胜算，面对强大美国中国绝对承受不起”，“斗争一旦开启，中国将痛失第三次发展机遇期”，担心失败和承受重大损失，主张无原则妥协和重大利益的割让，这是一种非常错误的言论和主张。

实际上，即便是中美经贸关系真变为最差的状况，也不是一些人想象的世界末日的来临，仿佛天都要塌下来一般，好像中国经济将面临严重倒退或者崩溃。之所以存在这些想象，都是一些人不能全面了解真实的中美贸易全局所导致的。即使中美贸易变得最糟糕，对中国经济的影响也完全在可控和可自我修复的范围之内。最主要原因是，中国对美出口和中国对美进口以及中美

① 数据来源：世界银行数据库，http://www.worldbank.org.2021年5月2日。
② 数据来源：世界银行数据库，http://www.worldbank.org.2021年5月2日。
③ 数据来源：世界银行数据库，http://www.worldbank.org.2021年5月2日。

顺差占中国经济总量很小一部分份额。2020 年国家统计局数据显示,中国对美国货物出口仅占中国 GDP 的比重为 3%,中国对美货物进口占中国 GDP 的比重不到 1%,中国对美货物贸易顺差占中国 GDP 的比重仅为 2.2%,若考虑中国对美国服务贸易逆差,中国对美国综合贸易顺差占中国 GDP 的比重为 2%左右。[①] 退一万步讲,假设中美贸易出现最差的情况,即便是中美贸易完全中断,对于中国经济增长也是影响有限并且可控。那种认为贸易战会让中国经济增速断崖式下滑的悲观论断缺乏现实依据,是站不住脚的。因此,中美贸易关系即便变得最差,对中国经济的影响也完全在可以控制和可以自我修复的范围之内。这就为我们采取正当的防卫增强了底气。况且中国已经采取了以国内大循环为主体、国内国际双循环相互促进的新发展格局的发展战略,因此,应对外部冲击,充分发挥中国规模市场优势和内需潜力,中国完全可以应对自如。

事实上,中美两国已形成结构高度互补、利益深度交融的经济关系,中美贸易几乎没有完全中断的可能性,在中美贸易中,美国对中国实际生活物资的需求远远大于中国对美国的需求,因此美方执意那样做的话,受伤害最大的最终是美国自身。这就为我们采取积极有效的斗争策略吃了定心丸。

中美贸易战对中国经济真实影响完全在可控和自我修复的范围内。之所以产生中美贸易关系变差会给中国难以承受的印象,是长期神话美国、美化美国、迷信美国、膜拜美国的结果,是长期崇洋媚外的心理作祟,民众对贸易战实际影响不太了解,从心理层面无限放大了中美贸易战的负面影响,加之一些证券投机商和外汇投机商见风使舵,兴风作浪也放大了其负面影响,民众变得心理恐慌,而采取一些非理性行为,加大了负面影响。因此,我们的舆论要正确引导民众预期。

综上所述,宣扬中国若采取应对措施进行有效斗争会导致中国经济崩溃的论调,是不了解中美双方实际情况,散布的极其错误的言论。

中美博弈,中国会最终胜利吗? 矛盾双方博弈最终胜利往往并不取决于双方绝对静态实力的表面差距,而是取决于双方相对动态实力的变化,关键取决于人心向背、双方指挥者能动性的有效发挥和双方的"势"的变化。这个"势"既包括双方力量的发展势头,也包括双方力量布局是否动态最优,还包括关键局部优势的有效及时发挥。

美方不顾国家信用,肆意撕毁国际社会长期遵守的国际条约,随意向世界各国发难,这说明美方已经丧失国际道义的制高点,所谓得道多助,失道寡助。美国在战略上严重误判中国人民的决心和意志,错估中国的综合国力,错把中国当成昔日的日本。当今中国不是当年的日本。

① 数据来源:国家统计局数据库,http://www.stats.gov.cn/tjsj/.2021 年 1 月 29 日。

中国创造了世界上持续最长、增速最高、波动最小的经济奇迹。中国已经是世界头号制造业大国,世界500种主要工业产品中,中国有220种工业产品产量居世界第一。① 中国主要工业品四成左右产量全球第一,制造的商品遍布世界各地。中国是世界外汇储备第一大国,是美国最大的债权国。2000年美国消费市场规模是中国的7倍②,2020年中国与美国市场规模相当,将成为全球最大消费市场。2020年中国人均GDP已经超过1万美元③,中等收入群体数量已经超过4亿人④,中国13亿人口要走向共同富裕,具有巨大的经济潜力,这是我国应对外部形势变化的最大底气。中国拥有最强大和最有发展前景的世界市场,拥有世界上最完整的独立的工业体系,因此拥有强大的抗挫折能力。中国具有社会主义国家集中优势力量办大事的优势和能力,能够广泛和迅速地凝聚人心,形成磅礴之力应对一切暴风骤雨。中国共产党积累了无数以弱胜强的斗争经验。综合上面所有主客观因素,中国最终会取得中美博弈的胜利,不过这个过程可能会比较漫长。

中美长期博弈已是不变的事实,对于中国是一场考验,也是一次历练的机会,从世界强国发展规律来看,我国目前正处在爬坡过坎的关键性阶段。在这个阶段受到世界霸主打压,不是有没有的问题,而是力度大小的问题。中国也完全有信心有能力跨过这道"坎"。生于忧患死于安乐,中国人对于压力和挫折从来都不会惧怕。关键在压力面前不能乱了阵脚,一定要有信心,既敢于斗争,又善于斗争。

美国过高地估计了自身的优势。现阶段美国的军事实力虽然很强大,但由于中国拥有强大的核二次反击能力,如果美方胆敢发动战争,就意味着双方的相互毁灭,所以美方根本不敢对华发动全面战争。中国强大的核打击和反击力量从根本上保证了中国将长期处于和平的国际发展环境。所以那种一提与美方斗争,就意味着中美全面战争和中国全面溃败的想法是非常错误的。美国经济上虽仍号称世界第一,但是制造业高度空心化,经济数据靠股票金融市场支撑,经济泡沫大,外强而中干。美国政府想从贸易战中捞取好处攫取利益,想把中国隔离在国际贸易体系之外。因为其非正义性,违背世界发展潮流,丧失了国际道义制高点,失去国际号召力和响应力,其结果必将是走向其期望的反面,美国主动挑起的中美这两个超级经济体之间的贸易战,其结果必将因这场贸易战而愈加使美国自己逐渐走向衰败。中国经济体量如此巨大,经济部门如此完备,中国人民如此众志成城,不管美方如何压制,都挡不住中国经济发展的步伐。历史早已证明并继续证明,逆历史潮流者必被历史所淘

① 数据来源:国家统计局数据库,http://www.stats.gov.cn/tjsj/.2021年1月29日。
② 数据来源:国家统计局数据库,http://www.stats.gov.cn/tjsj/.2021年1月29日。
③ 数据来源:国家统计局数据库,http://www.stats.gov.cn/tjsj/.2021年1月29日。
④ 数据来源:国家统计局数据库,http://www.stats.gov.cn/tjsj/.2021年1月29日。

汰。

(二)中国的崛起和美国的衰落是世界历史的必然和历史客观规律

美国在世界上的缓慢衰落从1960年就已经开始。1960年美国经济总量占世界经济的比重接近40%,到2019年已经下降到24%左右。[①] 与其相对应的是中国在世界上的逐渐崛起。1960年中国经济总量占世界经济的比重为4.4%左右,2019年上升到16%左右(见图2)。[②] 从历史数据看,美国的相对衰落是既成的历史事实。程恩富教授说:"揭示经济发展的变迁、特点和规律,要以唯物辩证法的主要规律和若干对范畴来揭示经济发展的变迁、特点和规律。"[③]美国相对衰落的规律不仅从其经济比重下降可以直接看出,更可以用唯物辩证法来揭示其衰落的历史必然。

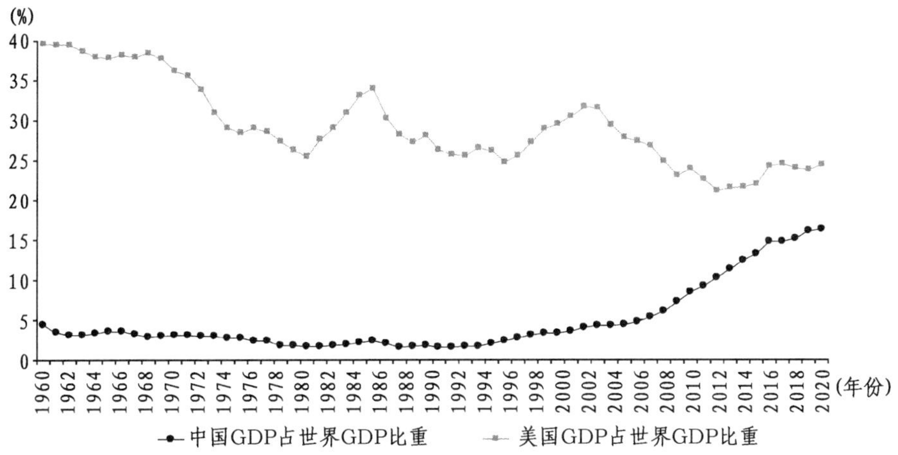

图2　中国经济总量占世界比重和美国经济总量占世界比重变化趋势图

数据来源:世界银行数据库。

美方国内矛盾重重,从而不择手段转移国内矛盾的注意力。美国收入分配严重不公平,社会严重不平等是美国社会的痼疾。列宁曾说过,只要资本主义还是资本主义,过剩的资本就不会用来提高本国民众的生活水平(因为这样会降低资本家的利润),而会输出国外,去提高利润。在国外利润通常都是很高的,因为那里资本少,地价比较低,工资少,原料也便宜。[④]

美国的GDP虽然世界第一,但不要忘了,美国的GDP再大,也只占世界GDP的四分之一。现在对美应战的国家和组织加在一起,GDP总额超过40

① 数据来源:世界银行数据库,http://www.worldbank.org.2021年5月2日。

② 数据来源:世界银行数据库,http://www.worldbank.org.2021年5月2日。

③ 程恩富:《中国特色社会主义政治经济学研究十大要义》,《理论月刊》2021年1月。

④ 列宁:《帝国主义是资本主义的最高阶段》,北京:人民出版社,2001年,第54页。

万亿美元,是美国不到20万亿美元GDP的两倍多。[①] 世界上总人口数为76亿人,而美国的人口只有3.2亿人[②],这其中还有美国国内相当多的不满和反对现行政策的民众以及几乎势均力敌的反对派力量,这样必然极大削弱美方对外的力量,使得美政客真正能使用的有效对外的力量非常有限。如果美方政府选择挑起一场世界贸易大战,那它作为非正义的一方必将彻底失败。

美国GDP虽然世界第一,但美国经济是一种不健康的虚胖,这是因为美国约80%的GDP是服务业,20%以上的GDP是金融业。[③] 这种虚拟经济在一定条件下存在着价值缩水的风险。一旦由于主政者不讲信誉,致使国家信用丧失殆尽,则作为纸币的美元的信用也会随之消失,进而建立在信用之上的美元价值也会迅速缩水。

美元由于信用衰落而丧失了世界货币的地位,进而丧失了通过开动印钞机向世界人民攫取财富的可能性。同样,如果国家信用丧失,也会刺破由国家信用作为充气膨胀起来的金融业。一旦国家信用丧失,就相当于用针尖去刺破金融业这个大气球,气球会很快泄气而瘪去,美国金融业价值会很快缩水,进而导致美国GDP的严重缩水,从而导致美国经济的急剧衰退,美国综合国力的大衰退就会加速变为现实。

美国举着关税大棒四处施压的做法已引起国际社会越来越强烈的不满和抵制。全球贸易战阴影正推动各国形成合力,共同反对美国贸易霸权主义。这次惊心动魄的攻防战的胜者,注定站在经济规律和人类共同利益这一边,逆历史潮流而动必定成为失败者。

许多专家和权威机构都预测,中国经济总量在十年内将超越美国而成为世界经济第一大国。美国的相对衰落和中国的强势崛起是不以人的意志为转移的客观历史规律。

四、中美博弈的战略选择

当然中美博弈要取得胜利,不是天然自得,而是需要中国做出正确的战略选择。

(一)中国首先不主动发起挑衅,但面对无端进攻要敢于有效还击

中国应该本着互利共赢、合则两利的良好愿望和基本动机去处理中美关系,但是理想是美好的,现实是残酷的。中美是否能处于良好互动的稳定关系,不是依赖于中国单方面的美好愿望,而是取决于美方是否放弃主动的挑衅和进攻。即便美方暂时停止对中国挑衅和进攻,也只是美方迫于现实困局和

---

① 数据来源:世界银行数据库, http://www.worldbank.org. 2021年5月2日。
② 数据来源:世界银行数据库, http://www.worldbank.org. 2021年5月2日。
③ 数据来源:世界银行数据库, http://www.worldbank.org. 2021年5月2日。

自身损失难以承受的无奈，而不是主观良好的意愿。

中国首先不主动出击，但又在面对强压下敢于有效反击。中国越强大，越守住底线和核心利益，就越能提高对方搞对抗的预期边际成本。预期边际成本越高，预期边际收益就越低，严重对抗和彻底决裂的可能性就越小。当对方认知到对抗会给自己带来巨大的负面损失多于没有多少可能取得的收益的时候，极少有人会主动选择战略对抗。如果我们进退失据，对方采取对抗的预期边际效益就会大大增加，这样双方实质性的对抗性关系就不可避免。

中国一次性的让步不可能彻底解决所有问题。相反，没有原则的大规模让步反而会激发美方认为不需什么成本就能轻易获取巨大利益的贪念，后续会实施更加激烈的持续不断的挑战。中国需要坚持底线，边打边谈，以静制动，避免委曲求全，避免出让重大利益以及无原则的妥协和让步。在大国竞争时代，不敢斗争、妥协退让是没有出路的；四面出击、主动刺激，不顾中国目前的实力，盲目挑衅，也是没有出路的。

（二）中国要善于运用矛盾论和持久论思想，实现以弱胜强

毛主席说过，跟美国斗争要讲策略，原则的坚定性和策略的灵活性相结合，有理有利有节，斗而不破。又团结，又斗争，以斗争之手段达团结之目的；利用矛盾，争取多数，反对少数。美国国内反对派力量、对华友好人士、企业和消费者、世界各国政府和人民都是可以团结的力量。毛主席认为，不斗争就搞不好团结。斗争的目的是为了加强团结，因此必须掌握好分寸，不能搞过火的、无休止的斗争。过火地斗争，一味地斗争，事物会走向反面，使统一破裂、矛盾激化。[①]

有些人认为，跟美国搞好关系就不能斗争，要斗争就无法与美国搞好关系。这是一种错误的想法。以斗争求团结，则团结存；以退让求团结，则团结亡。

跟美方作斗争的最终目的还是希望回到谈判桌上双方好好谈。但也要做好对方就是不愿谈判，非要置我方于死地的应对措施。中国需要有一个清醒的、完整的、有多重预案的战略，而不是继续对美方抱有不切合实际的幻想。

毛泽东在《论持久战》中指出："决定的因素是人不是物"[②]，"交战双方力量的对比不但是军力和经济力的对比，更是人力和人心的对比"[③]。

毛泽东科学总结出"你打你的，我打我的"[④]战略思想。这一战略思想告诉我们，敌我力量对比越悬殊，对我打我的的要求就要高，要综合战略上和战术上的非对称作战来完成。战略战术发展的质变，使战争形势发生有利于我、

① 《毛泽东选集》第 4 卷，北京：人民出版社，1991 年，第 52 页。
② 《毛泽东选集》第 2 卷，北京：人民出版社，1991 年，第 460 页。
③ 《毛泽东文集》第 5 卷，北京：人民出版社，1996 年，第 70 页。
④ 《毛泽东军事文集》第 4 卷，北京：人民出版社，1993 年，第 41 页。

不利于敌的根本性改变。[①]

毛泽东巧妙运用《矛盾论》原理，抓住事物发展的不均衡特点，打开非对称的着力空间。具体地说，要从敌我的特殊性出发，找准敌我发展的不平衡性，建立起战略与战术的矛盾关系，进而从矛盾运动的规律出发，研究敌我力量消长的态势，把握敌我不同的机遇和威胁，获得克敌制胜的着力点。

需要着力从战术性的非对称优势扩大到战略性的非对称优势，由战术上量的优势积累扩大成质的突变，最终造就战略上的非对称优势。从最艰难处着手，只要有耐心、有定力，依靠持久地、不间断地积小胜为大胜，就能将技术上、战术上的胜利综合起来实现战略上的有利态势，从而实现以弱胜强的结局。

双方博弈，就像下棋，最终胜利往往并不取决于双方绝对静止实力的表面差距，而取决于双方的"势"。这个"势"，既包括双方的发展势头，也包括双方力量布局是否最优，还包括关键局部的绝对性优势的及时有效发挥。

中国历史上有很多"以少胜多"的案例，如古代的牧野之战、巨鹿之战、官渡之战、赤壁之战等50场著名战役。近代中国共产党领导的军队打败国民党军、日本军国主义侵略军、印度侵略军、苏联侵略军、以美国为首16国联合国侵略军，创造了无数"以少胜多"的经典案例，举不胜举，如四次反围剿、川陕苏区反六路围攻、黄桥战役、苏中战役、晋中战役、淮海战役。

抗日战争中国军队以少胜多、以弱胜强的案例，如平型关大捷、仁安羌战役、岱崮保卫战。抗美援朝战争，中国人民志愿军和朝鲜人民军对抗美国及十六国组成的联合国军及南韩军队都是以弱胜强的经典案例。中国共产党从建党时50多人到目前的9 191.4多万党员[②]，最后取得国家政权，这些都是长期不断斗争的结果。昔日新中国成立之初一穷二白，完全封锁都没有被吓倒。何况中国现在经济总量世界第二，制造业世界第一，且有完整的产业体系支撑，拥有全球最大、最具有增长潜力的消费市场，有何要畏惧？美国纵然目前经济世界第一，但其制造业高度空心化，美国制造业只占美国GDP的19%，服务业占GDP的80%[③]，其中金融、保险、商业服务等占据最大比重，这种虚拟经济为主、缺乏实业支撑和根基的产业结构，从某种意义上讲是一种不健康的虚胖。

美方逆时代潮流行事，使得美国国家信用严重透支，当严重危机来临时，全国的经济金融泡沫就会被刺破而迅速缩水，加上美国制造业空心化，贫富分化严重，国内民众对社会和现状的不满情绪严重，两党在国会权力斗争不断加剧。因此，貌似强大的美国，实际上内部矛盾重重，问题积重难返，所以中国没

① 《毛泽东选集》第4卷，北京：人民出版社，1991年，第57页。

② 中组部：《中国共产党党员总数达9 191.4万名》，《人民日报》2021年3月23日。

③ 数据来源：世界银行数据库，http://www.worldbank.org.2021年5月2日。

有必要惧怕与其作斗争，应当充满斗争的自信和勇气。

(三)中国要引领建立新型国际阶级斗争统一战线

中美战略博弈的最根本本质是国家层面的国际阶级斗争之争。国际间的阶级斗争无论在历史、现实还是未来始终存在。习近平总书记说："我们依然处在马克思主义所指明的历史时代。"[①]中美博弈双方，中国真实的对手并不是整个美国和全体美国人民，而是国际垄断资本的代理人。由于资本主义制度的缺陷，美方所能适用于斗争的资源非常有限，常常有心无力、虚张声势。与此形成强烈反差的是，中国政府代表中国最广大人民的根本利益，能凝聚全体中国人民之心力，集中全部国家财力和物力，调动国内一切积极力量，甚至调动广大海外爱国力量和世界爱好和平的力量，形成气势磅礴的超强力量。中国政府这个聚沙成塔的整合力量能力相对于美国国内相互斗争而耗散分散的力量，就显得具有巨大的制度优势，最终增加了中美世纪博弈的胜算。

中国要有决心和信心建立新型反帝反霸统一战线，凝聚赞成人类命运共同体理念的和平力量。中美之间的凉战已经成为介于热战和论战之间的一种新形态。为有效应对中美凉战对中国造成的不利影响，我国应当从促进构建人类命运共同体的先进理念出发，团结和扩大世界和平力量，加强与俄罗斯、白俄罗斯、巴基斯坦、伊朗、朝鲜等爱好和平国家的关系，扩大中国在周边和全球的国际影响力和话语权。[②] 中国倡导建设人类命运共同体，就是以平等相待精神同世界各国同呼吸共命运，为人类前途贡献中国智慧和中国方案，有助于中国集聚更多和平力量来钳制凉战。[③] 人类命运共同体的构建离不开中国的引领作用。中国坚持本国发展，引领世界各国共同发展。只有中国不断强大，引领和团结世界上正义力量，人类命运共同体才会由理想逐渐变为现实。[④]

(四)中国要不断完善社会主义制度，强化社会主义意识形态

历史事实表明，脱离本国实际，完全照搬西方的政治制度模式，进行西式的政治改革，必然会导致像苏联解体与东欧剧变那样的严重后果。[⑤]因此，中国在凉战环境之下不能屈服于任何外来政治压力而走西方的寡头宪政道路，不能采用资产阶级的三权分立制度和议会领导下的内阁负责制等，而是必须在坚持党的领导、人民当家做主、依法治国的有机统一的前提下，积极稳妥推进政治体制改革，特别是适应新时代中国特色社会主义发展的新要求，深化党和国家机构改革；坚定不移保持政治定力，坚定中国特色社会主义制度自信，

① 习近平：《在纪念马克思诞辰 200 周年大会上的讲话》，《人民日报》2018 年 5 月 4 日。
② 程恩富、杨培祥：《凉战与冷战的异同以及中国的对策》，《云梦学刊》2021 年第 3 期。
③ 程恩富、杨培祥：《凉战与冷战的异同以及中国的对策》，《云梦学刊》2021 年第 3 期。
④ 吴庆军：《人类命运共同体：开启人类新型文明方式》，《中国青年报》2018 年 10 月 8 日。
⑤ 程恩富、杨培祥：《凉战与冷战的异同以及中国的对策》，《云梦学刊》2021 年第 3 期。

在政治体制改革完善中不走改旗易帜的邪路。①

社会主义是中国最终战胜美国的制度性决定性力量。社会主义制度的基本原则是经济上要以公有制为主体,政治上要共产党的领导、实现人民当家做主,意识形态上要以马克思主义和社会主义为主导意识形态,在阶级立场上要为广大劳动人民谋福利。因此,无论改革如何进行,这些基本原则在任何时候都不能动摇。按照马克思主义基本原理,经济基础决定上层建筑。经济基础的变革最终要在上层建筑的变动中得到体现。所以,维护公有制为主体的基本经济制度,是不断完善社会主义制度的根本保障,在任何时候都不能动摇。

(五)中国最根本的是做好自己的事,不犯颠覆性的错误

面对日渐动荡的外部环境,作为人口众多和超大市场规模的社会主义国家,在迈向中华民族伟大复兴的历史进程中,必然面临世界霸主的不断打压和挑战。毛主席说:"无论处于怎样复杂、严重、惨苦的环境,首先需要独立自主地组织和使用自己的力量,重要的是要迅速地恢复主动地位。"②主动地位不是空想的。中国只有立足自身,把国内大循环畅通起来,才能任由国际风云变幻,中国始终充满朝气生存和发展下去,世界上没有外部力量能打倒我们、卡死我们。加快构建新发展格局,就是要在各种难以预见的狂风暴雨、惊涛骇浪中,增强我们的生存力、竞争力、发展力、持续力,确保中华民族伟大复兴进程不被迟滞甚至中断。

习近平总书记说:"中国绝不能犯战略性、颠覆性错误。"③苏联解体就是巅峰性错误,全盘西化,全盘私有化,用资本主义制度取代社会主义制度就是颠覆性错误。只要不犯颠覆性错误,世界上就没有任何力量能够阻挡中华复兴之路。

五、结　论

综上所述,当今世界局势千变万化,中美战略博弈是决定世界局势走向的关键。世界面临百年未有之大变局,危和机同生并存。本文论证了中美博弈情况下美国对中国长期不断打压的客观必然性。中美战略博弈的表象特征是贸易战、科技战、信息战,直接本质特征是霸权帝国与新崛起国的世界主导权之争,深层本质特征是资本主义与社会主义的制度之争,最本质特征是国家层面的国际阶级斗争之争。世界变局的根本原因是国际力量的相对变化。在世

① 程恩富、杨培祥:《凉战与冷战的异同以及中国的对策》,《云梦学刊》2021年第3期。

② 夏洪波、卜国峰:《毛泽东作战指导中的逆向思维艺术》,《学习时报》2020年4月20日。

③ 中共中央党史和文献研究院:《习近平关于总体国家安全观论述摘编》,北京:中央文献出版社,2018年,第15页。

界大变局之中，中国实力的上涨和美国实力的衰落是最大变量和关键因素。

面对美国的强势打压，中国能否扛住？今后中国如何应对？中国是一味牺牲重大利益妥协退让，还是在斗争中求合作，以战止战？中国对美国斗争应采取恰当的战略和策略选择。

美方主动挑起贸易战以及打压中国，其目的是遏制中国的快速崛起和复兴，中国崛起过程中，原有的世界霸主不愿让位，不择手段动用一切手段对潜在竞争对手进行打压是必然要发生的客观规律。有人幻想只要中国妥协和让步，打压和扼制就能停止，这是基本不可能发生的事情。

中国对美出口、进口及顺差仅占中国经济总量的很小一部分，中美贸易战对中国经济的影响完全在可控和自我修复的范围之内。有些人认为，跟美国搞好关系就不能斗争，要斗争就无法与美国搞好关系，这是一种错误的想法。

中国要取得中美博弈最终胜利，需要运用毛泽东矛盾论和持久战思想指导。中国首先不主动出击，但是面对无理攻击，也要及时有效反击。斗争要讲策略原则的坚定性和灵活性统一，有理有利有节，斗而不破。又团结，又斗争，以斗争之手段达团结之目的；跟美方作斗争的最终目的还是希望回到谈判桌上双方好好谈。但也要做好对方就是不愿谈判，非要置我方于死地的应对措施。

矛盾双方博弈的最终胜利往往并不取决于双方绝对实力的表面差距，最终取决于人心向背、指挥者能动性的有效发挥和双方的“势”的变化。这个“势”，既包括双方力量动态发展势头，也包括双方力量布局是否动态最优，还包括关键局部优势的有效及时发挥。最后本文论证了中美战略博弈情形下，美国衰落的历史必然性，中国对美国采取何种有效博弈策略才能保证赢得中美博弈的最终胜利。面对美国的重重打压，中国需要有一个清醒的、完整的、有多重预案的战略。

为了在中美博弈中赢得主动，中国需要扛起人类命运共同体的正义大旗，团结世界的正义力量，引领建立新型国际阶级斗争统一战线。中国要不断完善社会主义基本制度，强化社会主义意识形态，从而在制度上确保中国最终战胜美国。其中最根本的是做好自己的事情，不犯颠覆性错误。

参考文献

[1]《中国共产党第十九次全国代表大会文件汇编》，北京：人民出版社，2017 年。

[2]吴庆军：《论美国新帝国主义“新时期”的本质特征》，《海派经济学》2019 年第 2 期。

[3]娄峰：《中美贸易摩擦政策模拟分析：基于动态 GTAP 模型》，《重庆理工大学学报》2019 年第 1 期。

[4]国家统计局：《中国统计年鉴(2020)》，北京：中国统计出版社，2020 年。

[5]余遂：《勃列日涅夫当政十八年回顾和苏共新领导政策动向初探》，《苏联东欧问

题》1983年6月。

[6]康晏如:《苏联经济危机的谎言与真相——基于卡拉穆尔扎的分析》,《红旗文稿》2016年第12期。

[7]许文鸿:《普京时代俄罗斯财政政策的基本脉络与理念》,《欧亚经济》2020年6月。

The Substantive Characteristics and Strategy Selection of Strategic Game between China and the US

Wu Qingjun Chen Hongmei Xiao Wanqing

Abstract The strategic game between China and the United States is superficially trade, technology and information warfare. The direct essence is the struggle between the imperial hegemony and the new rising countries for the dominant power of the world. The deep essence is the system struggle between capitalism and socialism, and the most fundamental essence is the international class struggle at the national level. Under the strong pressure of the United States, would China be defeated and unable to recover, or would it achieve its rejuvenation as scheduled? This paper conducts a scientific analysis and believes that the rise of China and the decline of the United States are the inevitable objective laws of the development of world history. If China wants to turn the crisis into opportunity and turn from danger to safety, it should flexibly apply the theory of contradiction and protracted war to the strategic game between China and the United States. China first does not take the initiative to be provocative, but it dares to respond effectively in the face of unprovoked attacks. In the face of the strong crackdown of the United States on China, China should dare to fight back, at the same time to pay attention to the fighting method, pay attention to the unity of steadfastly adhering to the principles and adopting flexible strategies. The final victory of the game between the two sides does not depend on the surface gap between the absolute static strength of the two sides, but on the relative comparison of the dynamic strength, among which the key factors are the popular support, the effective play of the initiative and the change of the "potential" of the two sides. This "potential" includes not only the dynamic development momentum of both sides, but also whether the power layout of both sides is dynamically optimal, as well as the effective and timely play of key local advantages. If China wants to ensure the final victory of the China-US game, China needs to have a clear, complete and multiple strategic plan. The most fundamental thing for China is to do its own well and not make subversive mistakes.

Key Words China-US Strategic Game; Substantive Characteristics; Strategic Options; Contradictory Theory; Prolonged War

建党百年来中国政治经济学的发展与创新

——第十一届中国青年政治经济学学者年会综述

郎旭华 宋欣洋

由中国青年政治经济学学者年会、上海财经大学经济学院共同主办的以"建党百年来中国政治经济学的发展与创新"为主题的第十一届中国青年政治经济学学者年会于2021年5月15日在上海财经大学成功举办。本届年会得到中国政治经济学学会、全国马克思列宁主义经济学说史学会、中国教育学会马克思主义研究分会的大力支持,来自中国社会科学院、北京大学、清华大学、中国人民大学、南开大学等100余所高校和科研机构近300名专家学者与会。《马克思主义研究》《马克思主义与现实》《教学与研究》《政治经济学研究》《经济学动态》等20多家权威和核心期刊的代表受邀参会并提供学术支持。年会特别组织了一场经济学院院长论坛和一场马克思主义学院院长圆桌论坛,50余名来自全国各高校的经济学院和马克思主义学院院长共同探讨政治经济学在经济学院和马克思主义学院的发展问题。

本届年会还首次设立"优秀论文奖"、首次以小组讨论形式召开29场平行分论坛,并特邀中国政治经济学学会会长、中国社会科学院学部委员程恩富作题为《建党百年与马克思主义政治经济学发展》的主题发言,强调领袖和学者与时俱进发展政治经济学理论,并成功指导中国革命、建设和改革不断取得成功的历史经验。会议期间,青年学者围绕年会主题展开热烈研讨,形成了一批具有建设性和学术价值的研究成果。

一、关于马克思主义政治经济学的基本理论研究

(一)关于马克思主义理论的现代拓展研究

首先,在关于马克思主义理论的研究对象的相关阐述中,上海工程技术大学桑朝阳老师就马克思主义政治经济学研究对象问题进行了发展脉络的梳理,指出新时代背景下,对马克思主义政治经济学研究对象问题的研究要突破

作者简介:郎旭华,上海财经大学经济学院政治经济学专业博士研究生;宋欣洋,上海财经大学经济学院政治经济学专业博士研究生。

过往研究范式的路径依赖、继承马克思政治经济学批判的研究方法、坚持理论与实践的有机结合,全面阐释马克思主义政治经济学研究对象问题的理论内涵和时代特征,为构建中国特色社会主义政治经济学理论体系和话语体系奠定基础。山东财经大学宋宪伟老师则提出生产力与生产关系原理是马克思主义的基本命题,并基于马克思原著提出其基本原理背后的两种表达:一种是生产力决定生产关系;另一种是生产力决定生产方式,生产方式决定生产关系。深入分析生产力、生产方式、生产关系这三个概念的含义,可以发现这两种表达方式在本质上是一致的,并不存在矛盾。

其次,关于剩余价值及分配理论的研究中,南京财经大学马克思主义学院谢家新老师指出对价值形式理论的研究不能仅仅局限于《资本论》第一章的理论环节,而要在一般方法论层面上重新审视马克思对经济范畴“形式规定性”的分析之于政治经济学批判的哲学方法论意义。广东石油化工学院朱炎亮副教授对马克思主义视域下的经济增长与收入分配机制问题进行了研究,他希望在坚持劳动价值理论和历史唯物主义的基础上,从微观层面入手,结合马克思一般均衡模型推导得到社会资本品存量动态方程,构建一个包含异质性微观经济主体、区分生产资料部门和消费部门两大部类、迂回生产特征的动态经济模型,试图为马克思增长理论的宏观总量研究建立一定的微观分析基础。

再次,中南大学徐如刚老师对资本主义的双重悖论进行了研究,他认为资本主义交换方式在逻辑与历史的统一中规范着财富分配关系。以劳动能力为对象的交换是资本主义生产方式的形成前提,也预示着资本主义生产方式既是关于交换价值的生产,又是关于剩余价值的生产。资本主义生产方式的二重性决定了“交换正义”必然蕴含等价悖论和正义悖论,而这又规范着劳动与财富的分离以及表征正义的所有权、自由与平等走向自身反面。

最后,关于马克思主义理论的进步意义的研究中,浙江理工大学马克思主义学院陈卓教授提交了题为《重申“进步”观念:基于历史唯物主义的理论视域》的论文,他指出从亚里士多德视角来看,主流经济学的货币分析以自然经济条件的物物交换为基础导致其论证逻辑中实质上没有货币的位置,因而难以解释经济现实。马克思明确意识到了古典经济学的这一问题,并对此进行了批判和超越,从商品分析到货币分析再到资本分析,揭示了资本主义社会经济运行的实质。

(二)关于马克思主义理论中国化的研究

在关于马克思主义理论中国化的发展历程的研究中,上海工程技术大学马克思主义学院杨娟副教授以分配正义理论为出发,梳理了自五四运动到走入新时代以来马克思主义分配正义的三次理论飞跃,最终形成了新时代以“新发展理念—中国特色社会主义制度—社会主义市场经济体制构建”为核心的马克思主义分配正义理论最新成果。

在关于马克思主义理论中国化的发展方向的研究中，海南师范大学王云华老师总结了中国马克思主义政治经济学的最终目标、研究对象和研究内容，指出新时代中国马克思主义政治经济学的新发展主要体现在研究目标以发展社会生产力作为政治经济学的首要目标、以实现共同富裕和社会和谐作为政治经济学的关键目标、以实现人的自由而全面发展作为政治经济学的最终目标；以研究社会主义初级阶段的生产力、虚拟经济与实体经济下不同的分工协作与雇佣劳动的生产关系及在以公有制与非公有制经济协同发展体制下的经济制度与体制等为研究对象；以研究马克思主义政治经济学方法论、社会主义初级阶段新的生产关系及规律、经济运动的特殊规律等为研究内容。

在关于马克思主义理论中国化的现实运用问题研究中，福建师范大学马克思主义学院朱珍副教授对资本无序扩张问题进行了研究，通过分析马克思主义政治经济学关于资本及其相关理论，对中国经济发展中存在的资本无序扩张典型模式进行分析，并指出亟须通过顶层设计、各级政府、法规部门、监管部门、市场主体的通力合作，加强党对资本的全面领导，优化资本运行的引导机制，完善法律法规与强化监管，增强市场主体履行社会责任的意识，事前预防与事后治理有机结合，引导资本积极从事科技创新，切实为中国特色社会主义实体经济高质量发展服务。

(三)关于国外马克思主义发展动态的研究

在空间政治经济学的研究中，大连理工大学刘鹏飞副教授对市域社会治理中的空间性问题进行了研究。他指出空间治理存在市域空间发展不平衡、市域空间资源分配失衡、市域空间内部阶层分化、市域空间权利分配非正义等问题。因此，要从复兴空间正义、明确空间参与主体、优化国土空间布局、完善空间治理手段四个方面加以矫治。南京农业大学马克思主义学院冉璐老师指出哈维对马克思政治经济学的地理学重构，正式打开了政治经济学的空间视域，将马克思政治经济学的空间思想系统化、理论化，揭示资本主义生产的空间特性及其内在矛盾，实现对马克思政治经济学的地理学重构。兰州财经大学经济学院硕士研究生曹稳键指出资本扩张是城市发展的主要动力，土地供给是保障，劳动力集聚是条件，并利用合谋博弈模型解释我国城市发展过程中出现的“空城”和城市萎缩现象，为城市一体化发展提供政策依据。

在关于经济剩余方面的研究中，北京大学哲学系马克思主义哲学硕士研究生陆一凡指出，美国马克思主义经济学家保罗·巴兰提出了“经济剩余”概念并认为马克思的剩余价值概念是基于自由竞争时期的资本主义经济事实，而现今资本主义的现实已发生深刻变化，甚至有些事实已经证伪了马克思的结论。因此他主张，在垄断资本主义经济形态研究中，用“经济剩余”代替马克思剩余价值概念，并以“经济剩余”的增长规律代替基于剩余价值的“一般利润率下降趋势”规律。如何对这种做法给出准确的评价，关系到马克思的剩余价值规律在当代是否具有解释力和生命力的根本问题。

二、关于中共百年的思想与实践演进研究

(一)中共百年的思想演进

首先,一些学者聚焦于建党百年以来中国总体经济思想的演进路径及发展逻辑并进行研究。他们普遍认为,总体经济思想是指导中国经济实践的方针,是其他经济思想形成的基础。

上海财经大学经济学院王琳老师对中共百年经济发展质量思想的演进脉络与转换逻辑进行了研究,将中国共产党经济发展质量思想划分为朴素认识、局部关注、逻辑提炼及系统拓展四个阶段,并挖掘出这一思想演进所具有的自觉使命关注、持续思想探索、一贯价值取向等特征,考察了高质量经济发展思想在中国共产党经济思想中的特殊逻辑路径地位及其在理论、实践以及国际层面的时代价值。上海财经大学马克思主义学院郐璟璟老师对中共百年社会主义基本经济制度问题进行了研究,她指出基本经济制度内涵的动态演化既遵循了马克思主义关于生产力和生产关系相互作用运动规律的基本原理,又根植于社会主义经济实践。基本经济制度为中国特色社会主义经济思想提供了逻辑保障和理论指导。上海电力大学马克思主义学院柴巧燕老师对中共百年经济建设思想的发展和特征进行了分析,梳理了新中国成立以来不同时期的经济建设的主要思想,归纳出中国共产党领导经济建设的主要特征,以期为党的经济思想在新时代发展提供新的思路。上海财经大学经济学院博士研究生杨柔认为中国共产党"以人民为中心"思想脱胎于中国共产党百年发展史。随着社会生产力的不断进步形成了"为人民谋福利、为人民服务、代表最广大人民的利益、以人民为中心"的发展脉络。可以说,中国共产党"以人民为中心"思想实质上就是"人民中心论",人民中心论是中国共产党的根本要义。

其次,一些学者对中国共产党在解决中国经济社会问题过程中形成的经济思想展开研究,主要包括科技思想、区域经济思想、市场经济思想、反贫经济思想等方面。

上海财经大学经济学院张沁悦副教授梳理了中国共产党百年科技思想中"科技救国—科技立国—科技富国—科技强国"的发展路径,指出中国共产党始终坚持马克思主义唯物辩证法,包括辩证看待科学技术作用,辩证处理"学习引进"和"自主创新"的关系,辩证处理科技与经济社会发展的关系,因此形成了坚持"以人为本"的发展核心原则,坚持"自主创新"的跨越式发展道路和坚持中国特色社会主义的制度支撑等成功经验。辽宁大学经济学院硕士研究生唐旺总结了中国特色区域经济思想的嬗变轨迹,指出在新时代的历史条件下,党会在进一步解放和发展生产力、正确处理国内国际关系的基础上,支持

各类型区域加快发展，在发展中促进相对平衡，在相对平衡中造福人民，努力完善区域协调发展体制机制，用“以人民为中心”的发展理念不断丰富中国特色区域经济思想。吉林财经大学硕士研究生马向琼对市场经济演变进行了研究，1978年开始把党和国家的工作转向以经济建设为中心，形成中国特色社会主义市场经济理论。2012年党的十八大召开，标志着以习近平同志为核心的党中央领导全党和全国人民开启了新时代，对社会主义市场经济的认识进一步发展。吉林财经大学硕士研究生彭露露针对反贫困经济思想演变进行了研究。她认为中国共产党成立之初，在革命实践中丰富和发展反贫困思想；在新中国成立时，国民经济综合平衡理论，主要以救济式扶贫为主；在改革开放后，依托于发展区域经济来改善地区贫困问题的扶贫思想；在中共十八大以后，扶贫方式多元发展，实现脱贫攻坚战的全面胜利。

最后，一些学者立足于不同角度，对建党百年以来阶层思想、企业家精神和保险思想等方面的发展历程和当代价值进行了研究。

电子科技大学马克思主义学院张若云老师对改革开放以来中国共产党新社会阶层思想发展历程进行了梳理，指出中国共产党对民营经济发展的认识历程，以及如何发展非公有制经济等理论问题，构成了改革开放40多年来中国特色社会主义理论中相关思想的重大理论探索。上海政法学院经济管理学院马忠新老师针对企业家精神问题进行研究，提出进入新时代，加快完善以企业家精神的激发与保护为核心的制度—文化体系，构建中国特色的“企业家创新创业驱动型”经济发展模式，具有重要的现实意义。内蒙古师范大学经济管理学院乔涵老师梳理中国共产党保险思想的理论基石，即马克思、恩格斯和列宁的保险思想，进一步梳理毛泽东时代的保险思想、邓小平和中国特色社会主义保险思想以及习近平新时代中国特色社会主义保险思想，从商业性保险思想和社会保险思想两个角度，阐释了中国共产党保险思想的百年历史演进过程，并提出其具有的当代价值启示。

(二)中共百年的实践脉络

在关于中共百年实践脉络的研究中，与会学者们主要聚焦于以下三个方面：

第一，关于中国共产党建党百年过程中经济发展方式演变过程及其特殊性的研究。中央党校经济学部李鹏教授指出中国政党型现代国家的建立是近代中国政治经济社会性质决定的，根据革命和建设的需要，中国共产党在不同时期制定相应的政治纲领、发展规划和经济政策，引领经济实践活动始终围绕国家现代化长远目标和战略布局，逐渐建立起中国共产党对经济集中统一领导的制度优势。西安财经大学王薇副教授指出中国经济增长方式经历了从革命向民生、从粗放向集约、从数量向质量、从要素投资驱动向创新驱动、从工业文明向生态文明逐渐转变的过程。新时代经济发展方式以建设现代化强国为根本目标，以创新驱动为基本动力，以供给侧改革为主要途径，以生态文明为长期追求。西安财经大学公共管理学院李媛老师对中国产业结构进行了研究，认为建党百年来中国的产业结构始终围绕从单一到多元、从低级到高级这一主线展开。新中国建设阶段倡导重工业优先发展，改革开放时期提倡工业反哺农业，新时代进一步实施构建现代化产业体系战略，以推动形成产业链供应链现代化。

第二，关于建党百年以来中国农村土地政策演变的动因、特征、逻辑的研究。四川大学马克思主义学院马文武副教授按照政治动因和经济动因驱动特征，将我国农地制度变迁划分成三个阶段：一是经济政治动因协同主导驱动阶段(1949—1952 年)；二是政治动因主导驱动阶段(1953—1978 年)；三是经济动因主导驱动阶段(1978—2019 年)。上海对外经贸大学高伟副教授总结出农村土地政策演变的六方面特色经验，即时代性、人民性、实践性、可持续性、法制性和政治性。基于演变的基本逻辑与经验，他进一步提出新时代我国农村土地政策建议，即建立农村土地治理制度创新体系、坚持并完善社会主义农村土地集体所有制、健全农村基层治理现代化生态以及完善中国特色社会主义农村土地市场化机制。吉林大学经济学院博士研究生夏宇指出中国特色社会主义进入新时代，城乡发展不平衡、农村发展不充分的矛盾依旧突出，以乡村振兴战略和农业农村优先发展政策为契机，深入调整农村土地制度关系是解决“三农”问题、实现城乡融合发展的必由之路。

第三，关于建党百年红色金融的发展与启示的研究。河北金融学院付锦泉老师梳理了解放战争时期红色金融发展史的相关研究，从金融学的角度对红色金融创新的概念进行了界定，并运用金融理论对解放战争时期中国共产党领导的红色金融创新实践活动进行了分析。在此基础上他提出坚持中国共产党的领导是红色金融创新取得成功的关键、将人民利益摆在首位是红色金融创新的首要原则、发展生产和实体经济是红色金融创新的基础、制度创新是红色金融创新的内在驱动等几点关于当代中国继承并深入开展红色金融创新的启示。

(三)中共领导人经济思想

在关于陈云经济思想的研究中，上海理工大学马克思主义学院彭高老师从陈云对社会主义市场经济理论的贡献及其现实意义角度进行研究，分析了陈云对社会主义市场经济理论的贡献，并且结合当前中国社会主义市场经济发展的实际，提出其现实意义。上海工程技术大学硕士研究生胡孔玉指出，陈云的经济思想以社会主义经济制度为前提，以综合平衡论为核心思想和基本原理，以主辅关系论和统一财经论为环境与技术约束。因此，陈云的经济制度思想是中国特色社会主义国家经济制度与国家治理理论形成的历史起点。

关于习近平经济思想的研究中，上海理工大学马克思主义学院彭高老师分析了习近平经济思想的内在理论逻辑。他认为这种内在的理论逻辑表现为围绕“经济形势怎么样”以及“经济发展怎么办”这两大问题来展开对于我国新时代经济发展的现状和举措的思考。吉林大学经济学院博士研究生张爽对习近平国有经济思想的生成逻辑、理论体系与时代价值进行了研究，指出习近平国有经济思想是中国特色社会主义政治经济学的核心理论，是习近平中国特色社会主义思想理论重要组成部分，是指导我国经济体制改革和经济建设的重要指导思想。

(四)中共百年成效与逻辑

关于中国共产党建党百年取得的成效与逻辑，与会学者总结了中国在经济全球化和金融治理方面面临的机遇和挑战，总结了中国能够获得发展的内在逻辑。

上海财经大学经济学院博士研究生郎旭华基于中国共产党百年金融治理经验和逻辑考察了中国共产党在国家治理中的独特作用和优势，并基于马克思主义视角对这一历史经验和治理逻辑进行学理化研究，形成了一个政党、政府、市场的三元关系框架。

上海理工大学张芷寻老师做了题为《经济全球化背景下中国经济发展的成就、挑战及应对》的报告，认为自改革开放以来，我国经济发展的动力不断增进，经济发展结构不断调整，居民生活水平得到了全方位提升。随着经济全球化背景下的经济格局的深刻变化，在未来世界政治经济新秩序的博弈中，中国积极应对挑战并踊跃参与国际秩序的改革，用中国特色社会主义制度的力量引领新一轮经济全球化的发展方向。东北财经大学高思老师认为经济全球化与中国共产党发展逻辑相统一。他指出经济全球化不仅仅是中国发展的世界背景，中国的发展也内化于全球化的进程当中，经济全球化蕴含着党领导中华民族复兴的内在逻辑，包括中国共产党发展的理论逻辑、现实逻辑、历史逻辑和未来逻辑。理论和现实充分说明，中国共产党执政是历史和中国人民的必然选择，是中华民族伟大复兴的内在要求。

三、新时代中国特色社会主义政治经济学的学理建构与问题阐释

(一)落实双循环战略，构建新发展格局的政治经济学分析

“新发展格局”是引发与会学者最多讨论的理论热词之一。围绕以“双循环”为核心特征的新发展格局在宏观战略、总体路线、空间布局等方面的构建问题，青年学者予以了积极的学术讨论和理论回应，总体可分为六个方面：

一是对过往相关文献的研究述评。北京师范大学硕士研究生徐猛考察了学者对构建新发展格局这一问题的有益论争，并在此基础上系统性总结了学

界围绕新发展格局的内涵和实施路径所开展的多维度探索。四川大学马克思主义学院博士研究生祝林林则从新发展格局的形成条件、科学内涵、构建路径、重大意义四个方面梳理了学界关注新发展格局的研究进展。

二是对新发展格局学理路线的总体构建。南开大学马克思主义学院博士研究生于阳阳剖析了新发展阶段的客观依据和科学内涵,指出新发展阶段下的中国现代化与"国家治理体系和治理能力现代化"有机融合、相互促进,是我国破除"晚近追赶型"发展模式的必由之路;天津职业技术师范大学马克思主义学院李佳老师从实践、理论和指导意义三个方面对中国共产党的国民经济循环思想进行政治经济学分析;黑龙江大学硕士研究生刘颖育从资本循环、简单再生产和扩大再生产融合三大生产部类理论出发,证明了我国采取国内国际双循环战略的科学性;山东财经大学经济学院崔宝敏副教授从指标构建的角度测算了我国省级层面的"双循环"发展现状,并将我国31个省份划分为强内需主导型、双向驱动型以及弱内需主导型循环模式。

三是对新发展格局的方法论构建。福建师范大学鲁保林教授从复杂适应系统论的角度分析对新发展格局进行了系统性构建,指出发展格局变化的动态演化机制是一个以实现国民经济系统目标为牵引、以生产性企业的自适应转变为基础和路径、以社会再生产循环畅通为核心,多主体互相协同的复杂动态过程,背后包含了效率、韧性、包容、安全、可持续等社会再生产体系变革的五重目标。中南财经政法大学经济学院博士研究生闫境华指出,双循环新发展格局的主要方面体现在社会分工与交换体系中,不仅要深入剖析新发展格局生产、分配、交换与消费四个环节的有机联系,还要从国内与国外两个层面把握新发展格局螺旋式上升的再生产过程。南京财经大学吴伟老师则指出立足于城市史、人类文明史与中国城市化统一的城市自信才是对改革开放的空间性确认和城市发展的现实性未来向度。

四是新发展格局下的空间战略构建。南开大学马克思主义学院博士研究生李梁栋立足"一带一路"倡议构建了"一体一元、一带一路"的空间模型,指出城乡二元结构的消弭和四大经济区域协调一体化是国内大循环畅通运行的两个基本点,而国际大循环要通过"一带一路"等的对外空间战略擘画,促进并服务于国内大循环。西南财经大学经济学院硕士研究生吴俊江从政府、企业、居民三个层面分析了"一国两制"对大湾区城市群协同发展的影响,并从湾区和跨境协同两个维度介绍了粤港澳大湾区城市群的协同发展经验。江苏科技大学硕士研究生柴晨星利用熵值法考察了长三角一体化战略背景下长三角城市经济高质量发展水平的时空演变。广西大学商学院硕士研究生程仕杰立足中国—东盟的经贸关系,考察这一体系中双循环格局构建存在的机遇与风险。

五是新发展格局下创新驱动高质量发展的问题。南开大学经济学院王永兴副教授从产业资本循环的角度指出创新不仅在生产阶段能实现价值创造与增值,也能在购买阶段的预付资本转化和售卖阶段起到部分中介的作用。上海财经大学经济学院博士研究生李昊匡则从技术结构的周期性演变视角入手,探讨技术变革的周期性对产业结构不同更迭阶段的客观影响。

六是新发展格局下的供给侧结构性改革与加强需求侧管理问题。在供给侧结构性改革方面,合肥工业大学经济学院刘晨跃老师基于实证数据研究了偏向性赋能下所形成的投资偏向对中国产能过剩同化效应的影响及内在机制。而在需求侧管理方面,广州大学马克思主义学院王鹏老师认为需求侧管理的提出是解决人民群众日益增长的美好生活需要和不平衡不充分发展这一中国社会主要矛盾的重要手段。山西财经大学经济学院武志老师从生产、分配、交换、消费四个环节分别对需求侧改革进行理论分析并提出相关的政策建议。贵州财经大学硕士研究生吴陈轩则在美国、日本等发达国家先进经验的基础上,提出制度、消费、产业链、高标准市场体系、优化空间布局五个方面的政策导向。

(二)平台经济与数字经济问题的政治经济学分析

平台经济与数字经济相关问题既是关系国计民生的重大现实问题,也是本届年会的一大学术亮点。围绕理论批判和现实阐释两个主要方面,与会学者进行了热烈的讨论。

在理论方面,武汉大学马克思主义学院硕士研究生初传凯就数字资本主义的剥削本质、数字生产引发的社会问题、数字拜物教以及数字资本全球化扩张四个方面对既有文献进行了梳理。中国社会科学院马克思主义研究院博士后、助理研究员符豪立足监视资本主义这一左翼学界新兴分支领域开展批判研究,肯定其对社会公平与民主政治造成的巨大负面影响的揭示作用。南京财经大学经济学院王娟老师从新技术革命与当代资本主义社会的极化效应角度出发提出新技术革命对工作和收入极化改变了传统的政治格局和政治秩序,存在打破全球治理秩序的潜在风险。华中师范大学马克思主义学院博士研究生李国健指出,数字资本主义生成于资本与数字的"合谋"来自于资本追求自我增值的本性及运动,基础支撑在于数字技术的全面进步,关键在于数字化革命,本质在于资本主义在信息时代的发展新形态。浙江理工大学马克思主义学院硕士研究生岑朝阳分析了数字资本主义发展中数字平台存在的三重内在悖论。北京师范大学硕士研究生李国庆从遮蔽和加速两个维度考察了数字经济视域下资本主义劳动过程的新特征。

在现实问题方面,与会学者分别就平台经济和数字经济的相关问题展开了细致的探讨。在平台经济的问题上,与会学者主要围绕平台经济发展样态背后的有关问题开展了三个主要方面的有益探索:

一是平台经济的劳资关系问题。北京工商大学王金秋老师将众包生产同早期资本主义包买商制度相类比,提出众包组织将劳资关系由起初的劳动对资本的形式隶属到实际隶属,进而发展到平台经济时代的无形隶属的进一步深化。众包平台通过将在线劳动者商品化,利用精细的等级体系和算法控制使得众包劳动者工作不稳定化。上海交通大学马克思主义学院硕士研究生陈若芳从马克思的劳动关系从属理论出发,探讨了零工经济中的自由与依附关系,并将这一经济形态下的二元矛盾并存现象归因于生产资料的重要性及不同类型生产资料所有权的归属在零工经济时代发生的变化。

二是平台经济的反垄断问题。西南财经大学硕士研究生王明铠认为要从反垄断法的制定、平台内市场的合理监管、数据要素的归属界定、互联网金融科技领域监管四个方面规制互联网平台的资本无序扩张。

三是平台经济中网络关系与企业绩效问题。福州师范大学马克思主义学院王丽丽老师以 458 家高新技术企业作为样本,构建超网络关系—知识共享—企业绩效作用机制的结构方程来分析超网络关系对企业绩效的影响。

在数字经济问题方面,青年学者围绕经济数字化路径、数字鸿沟、人民币数字化、数字经济对生产过程重塑、城市数字治理五个问题开展深入研讨。在经济数字化路径研究方面,上海财经大学马克思主义学院硕士研究生王艺宣基于经济数字化的生产、分配、交换与消费四环节,结合金融数字化赋能,全方位论述了经济数字化的发展升级路径。在数字鸿沟问题上,湘潭大学杨巨副教授在我国数字消费"空间普惠"特征背后发现了数字生产—分配—交换的"双重逻辑"和"双重特征"。在人民币数字化问题上,中南财经政法大学博士研究生杨剑刚积极肯定人民币数字化在重塑国际结算体系、捍卫货币主权、制衡和约束美国金融霸权、改善国际货币体系以及维护我国经济金融体系的稳定和健康发展中的重要意义;贵州财经大学博士研究生张国帅则认为人民币数字化面临如何让用户接受、如何避免多元货币制度造成的货币体系紊乱、如何避免我国货币运动失控三个方面的难题,要警惕并消解数字化进程对我国货币金融体系的影响。在数字经济对改造劳动过程的问题上,重庆邮电大学经济管理学院张昕蔚老师以马克思劳动过程理论为基础,从数字劳动的概念出发研究了数字劳动过程中劳动者的劳动、劳动对象、劳动工具的变革逻辑及其对生产过程的影响。在城市数字治理问题上,重庆邮电大学经济管理学院史宇宏老师从新冠疫情切入并指出,城市化程度不足所导致的城市免疫功能缺失是引起疫情在城市中蔓延的主要"推手",因此要加快构建与当前数字化生产技术相匹配的城市免疫功能。

(三)社会主义市场经济下收入分配问题的政治经济学分析

分配问题作为关系国人共享发展成果的主要问题,引起了与会学者的高度关注。面对"如何分好蛋糕"这一命题,与会学者从社会主义市场经济下的收入分配特征、分配机制及新条件下实施分配的具体问题展开了探讨。

复旦大学马克思主义学院硕士研究生胡钺关注社会主义市场经济体制中

的分配中性问题。他认为,分配中性是市场经济发展的产物。在现阶段我国社会主义制度下,既要承认并区别公有制经济与多种所有制经济,又要与我国社会主义市场经济发展新阶段相适应。

西南财经大学韩文龙副教授从马克思的生产条件分配理论出发考察并讨论了数字化的新生产要素与收入分配问题。他提出,中国不仅要加速各行各业的信息化和数字化,创造更多的数字财富,还要实现更加合理且均衡的生产条件分配,形成更为合理且均衡的收入分配结构,助力双循环新发展格局的实现。

还有一些青年学者通过实证分析见微知著,从"小切口"入手考察分配的大问题、真问题。清华大学马克思主义学院博士研究生刘溪聚焦于混合所有制改革对国有企业管理人员和职工收入差距的"分配效应"问题。安徽财经大学经济学院硕士研究生刘曦萌考察了人工智能对劳动力市场及收入水平差距的门槛效应。南京大学博士研究生张永峰利用中国家庭金融调查数据测算了医疗保险制度的再分配效应,肯定了社会医疗保险在抑制收入差距扩大过程中的积极再分配作用。

(四)疫情背景下的公共安全问题阐析

新冠肺炎疫情的发生发展深刻改变了国内国际政治和经济秩序,也深刻影响了世界发展进程,以国家安全、公共卫生安全、食物安全等为代表的公共安全议题甚嚣尘上。对此,与会学者进行了相应的分析探讨。

中国人民大学马克思主义学院博士后邢彩丽聚焦公共卫生议题,指出美国对疫情的漠视源自其新自由主义及其意识形态霸权,并提出维护"石油美元"的金融霸权体系、医疗体系市场化和私有化、意识形态日益法西斯化是导致美国疫情失控的三大重要原因。

中国农业大学硕士研究生赵璐雨聚焦食物安全议题,以资本主义工业化食物体系的演进路径为主线切入,考察了资本主义工业化食物体系在历史演进过程中所导致的气候变化、能源短缺、人类疾病和贫困加剧等一系列问题,指出社会主义制度下的中国要超越资本主义工业化食物体系以确保我国食物安全。

曲阜师范大学吴庆军副教授关注以中美关系为代表的国家安全议题。他指出,中美博弈的实质是制度之争、道路之争、意识形态之争,化危为机的实现路径在于要把矛盾论和持久战思想灵活运用到中美战略博弈中去。

(五)乡村振兴战略若干问题的政治经济学分析

第一,农村住房与土地确权问题。上海商学院张期陈副教授指出,已有研究和地方实践对宅基地资格权的权能重视不足,没有为农户"上楼一并居"问题提供理论诠释和操作指导。他建议应该以集体组织分类规划宅基地为前提,细化资格权"选择性行使"权能,激励农户共享宅基地,支持农户"自主建房”,稳慎引导农户“上楼一并居”,促进宅基地资格权的充分实现和宅基地立体化有效利用。上海大学艾慧副教授关注农民工市民化问题,通过2018年中国流动人口动态监测调查数据,对农民工市民化意愿、用益物权和住房性质进行实证分析,发现拥有土地承包权和宅基地使用权均是显著的农村拉力,土地流转有抵消拉力的作用。在城市拥有住房或者正规租房是城市拉力,是否拥有自住房对用益物权的意愿影响具有调节作用。

第二,农村贫困治理成果的巩固与发展问题。武汉大学硕士研究生王文浩从马克思反贫困思想出发考察了中国农村相对贫困治理问题,提出新阶段农村相对贫困的治理要进一步发挥我国扶贫减贫的制度优势和效能,推动基本公共服务的均等化发展,提高农村低收入群体的致富能力与经营水平,谋求农村社会的长远发展。南开大学马克思主义学院博士研究生刘璇则从数字经济发展视域入手,研究了数字技术对农村信息扶贫路径的影响。

(六)社会主义市场经济其他若干问题探讨

除去以上五个维度的主要问题,还有相当一批与会学者立足不同视角和方法,讨论了社会主义市场经济面临的其他若干问题。

立足国内,中共辽宁省委党校马克思主义学院孟奎副教授构造了一个资源实际控制权与资源经济价值索取权的分析框架,解释了人际关系在中国具有特殊作用的制度根源。他指出,人际关系作为一种具有中国特色的资源配置机制,通过经济价值索取权的“交易”恢复了资源的实际控制权和对资源经济价值的索取权的统一,继而恢复了市场效率。

江苏科技大学马克思主义学院常振芳老师基于马克思主义财富理论考察了中国高质量发展背景下的社会内卷化问题。她认为,我国高质量发展的财富逻辑已经演变为以财富消费为核心来表现财富生产、交换和分配关系,所以解决社会内卷化问题要沿着这一逻辑制定措施以解决财富生产停滞但财富权力无限制膨胀所带来的社会危机状态。

四川大学国际关系学院助理研究员朱海华关注我国的土地财政运行模式问题,认为公共产品的供给及其资本化作用是地方政府开展土地财政的基础,并在构建公共产品资本化机制的基础上提出了一个“五阶段”的土地财政运行模式,以深化对公共产品供给和土地出让相互关系的认识。

合肥工业大学经济学院硕士研究生王昊基于三阶段DEA模型考察了产权改革对国有企业效率的影响问题。研究发现,深化产权改革对国有企业全要素生产率具有正向促进作用和滞后两期的影响效应。此外,竞争性领域相对于垄断性领域、资本密集型产业相对于劳动或技术密集型产业、中部和西部地区相对于东部地区的国有企业全要素生产率提升更为显著。

南京财经大学师磊老师考察基于内生劳动分工视角的结构变迁与国民收入演进问题,利用群体性行为所形成的概率分布,揭示出产业结构的分布律以及其变迁的路径。研究发现,结构演变与收入演化这两者是同一个经济系统中两个重要的内生经济变量,两者之间彼此依赖,相互作用并且其相互促进的互动模式形成了经济系统的良性循环。

河北经贸大学赵燕副教授关注劳动力的高质量再生产问题。她以马克思主义基本原理为基础,论证了劳动力再生产对社会经济发展的重要意义,并通过测算我国劳动力再生产发展水平,提出其存在发展不足的问题并提出改进措施。

而放眼国际,安徽财经大学李光勤副教授基于2003—2018年中国对外直接投资数据及世界价值观调查的信任数据,考察了东道国的信任水平对中国投资的影响及其作用机制,发现东道国信任水平的提升会显著促进中国的投资水平,同时东道国的政治稳定性及治理水平对东道国的信任水平影响中国投资存在中介效应。

中国人民大学博士研究生毛顺宇构建了后凯恩斯汇率决定理论的基本框架,并解释了汇率波动背后的真正根源和国际金融危机发生的原因,从而给出了后凯恩斯主义者的政策观及对人民币汇率稳定的启示。

上海大学硕士研究生陈成则利用DSGE模型,从马克思主义生态生产力理论视角出发考察海洋碳汇的双重效应。他发现海洋碳汇能够减缓碳中和目标对企业转型的压力,实现经济发展,降低因政府征收碳税产生的抑制影响,同时还能有效推进碳中和目标的实现。因此,应当大力发展海洋碳汇,促进我国生态文明建设。

·文摘·

中国特色社会主义政治经济学研究十大要义

程恩富

参照马克思《资本论》的理论逻辑,中国特色社会主义政治经济学研究须把握十大要义:一是以马列主义及其中国化经济理论为研究导引;二是以初级社会主义物质和文化领域的经济关系或经济制度为研究对象;三是以唯物史观和唯物辩证法为研究要法;四是以揭示初级社会主义社会不同的经济规律为研究任务;五是以公私商品及其内部矛盾运动为研究起点;六是以劳动为研究元概念,以公有剩余价值理论为研究主线;七是以主体性公有资本与自由联合劳动的关系为研究轴心;八是以维护工人阶级和劳动人民根本利益为研究立场;九是以不断满足全体人民日益增长的美好生活需要为研究目的;十是以完善社会主义经济关系促进生产力和上层建筑现代化发展为研究方针。

其中,以劳动作为马克思主义政治经济学和中国特色社会主义政治经济学的元概念,符合客观经济活动和哲学方法论。这是因为:范畴标志一定理论体系中一系列特定的、构成某一科学体系及其基本原理的最基本的概念,具有原初性和推衍性的特征。劳动这一范畴可以推衍广义政治经济学的其他范畴。没有劳动,便没有产品或商品;没有商品,便没有货币;没有货币,便没有资本;没有资本,便没有雇佣劳动和剩余价值及其转化形式即利润;等等。在《资本论》中,马克思实际上分析了三大概念体系:劳动概念体系、资本概念体系和剩余价值概念体系。马克思明确指出,分析资本主义市场经济的政治经济学只能是"资本的政治经济学",而未来社会应产生"劳动的政治经济学"。劳动作为元概念,也有益于展开作为理论主线的剩余劳动分析。即应从劳动概念推衍剩余劳动概念,继而推衍剩余产品概念和剩余价值概念,再推衍利润、利息和地租等概念。正如恩格斯在评价《资本论》第三卷时说道:"剩余价值的分配就像一根红线一样贯穿着整个第三卷。"可见,在社会主义市场经济条件下,劳动产品一般要转化为商品,剩余劳动一般要转化为剩余价值,公有资本带来公有剩余价值,私有资本带来私有剩余价值,因而需以劳动为元概念、以剩余价值理论为主线(红线)来展开中国特色社会主义政治经济学体系。不重点研究初级社会主义社会劳动价值论和剩余价值论的中国特色社会主义政治经济学,便很难说是对《资本论》的继承和发展。那种认为商品作为起始概念与劳动作为元概念不相容、市场经济的剩余劳动不转化为剩余价值、公有资本不带来公有剩余价值及其转化形式即公有利润、视“生产力发展”“财富”“生活需要”一类非市场经济范畴或笼统范畴为主线等观点，均无益于中国特色社会主义政治经济学逻辑自洽性的最佳发展。

（摘自：《理论学刊》2021年第1期，原文标题为《中国特色社会主义政治经济学研究十大要义》）

国有企业集体性产权的存在和扩大引起的问题

吴宣恭

经过产权制度改革，国家所有制内部出现了集体性产权，而且随着经济的发展，不同企业拥有的资产和权利的差别还出现逐渐扩大的趋势。这是国家所有制在社会主义初级阶段的最突出的特点。它在发挥一系列积极作用的同时，也在国家所有制内部引起许多问题和矛盾。

第一，国有企业获得不同程度的自主权能和利益，特别是独立于出资者所有权的法人财产权，容易只从企业自身的利益出发安排生产经营活动，忽视或偏离国家产业政策和社会经济整体的需要，不利于国家集中力量加强重点，支持薄弱环节，调整和改善社会经济结构，导致发生高端产品不足和一般产能过剩等现象。而企业拥有自主经营权力，又使这种偏离行动得到法律的支持，企业往往可按自身的意愿行事，政府无权进行督促管理（否则就是“干预”或侵犯企业“产权”），只能间接通过国资委派出的出资人代表在股东大会和董事会贯彻调控意图，进而影响国家所有制社会作用的充分发挥。

第二，这些改革在使企业实现“自主决策、自主经营、自主拓展”的同时，也导致国有经济力量的分散，削弱了国有经济全面协作的能力。由于单个企业彼此分立，力量有限，对一些技术门槛高、投资大、风险高、周期长的重要高端产品，难以独立进行研究和开发，如要进行协作攻关只能通过市场订立契约关系，不仅增加了谈判、订约、履约等费用，也会拖延宝贵的时间。这些都不利于统筹使用国家资源建立大规模的协作体系，迅速追赶国际先进水平。

第三，国有企业集体产权的存在，使属于同一所有者的国有企业之间的关系转变为不同商品生产者之间的关系。它们为了自身利益在市场中互相展开竞争，必然影响到全民所有制内部为了共同目标互助合作、紧密协调的程度。有些国有企业为了争夺资源和市场不惜手段，互相封锁信息，在经济联系中讨价还价，有的甚至在国际竞标中彼此攻讦，导致国家利益的损失。

第四，国家所有制实行公司制改革以后，出资人所有权与法人财产权相分离，作为出资者的政府与所投资的公司成为不同的市场主体，政府只能通过派出的代表间接地在企业享有资产收益、参与重大决策和选择管理者等权利。加上公司内部所有权与经营权的分离，政府对公司经营状况的了解和监督更加间接，环节更多，效果更加微弱。在此条件下，董事和经理人员可能做出偏离出资人权益的行为，出现“内部人控制”的问题，影响或破坏国有企业原本具有的管理者与广大职工的平等协作关系。

第五，由于各个国有企业所处的行业和市场条件不一，占有、支配的生产资料在数量和质量上互不相同，生产经营情况各有差别，以市场价值表现出来的产出结果必然不同。经过一定时期，可能导致企业间收入分配的过大差别，引起收入较低企业的职工和社会公众的不满情绪。更甚者，还可能致使部分处于不利地位的国有企业规模缩小、倒闭或“私改”，加大劳动就业压力，不利于社会秩序的稳定。

第六，分立的国有企业拥有完全独立的财产权利，容易忽视社会整体利益，只重视企业的利益和资产的保值增值，轻于甚至罔顾企业社会责任的履行，背离社会整体利益。

第七，为了应付市场竞争，有些国有企业要千方百计降低成本，包括减少劳动安全防护设施、降低职工工资或延缓工资的增长。这势必妨碍职工劳动条件的改善和劳动收入的提高，可能挫伤劳动者的积极性、削弱企业的凝聚力，使国有企业难以对其他性质的企业发挥社会主义的示范、引领作用。

（摘自：《当代经济研究》2021年第5期，原文标题为《正确认识和处理国家所有制中的集体性产权》）

抽象和具体两种形态劳动价值理论的涵义

李建平

抽象形态的劳动价值理论的内容主要体现在《政治经济学批判》第一分册和《资本论》第一卷第一篇中，其特点就是其研究的对象都是最简单、最抽象、最一般的规定，一些较复杂的因素如市场竞争、供求关系等都被暂时舍象掉了，特别是资本，这时候还没有出现，因此这一形态的劳动价值理论可以适用于存在商品生产和交换的一切时代。因为它最简单、最抽象、最一般，所以不可以用它来直接解决现实中的经济问题，但它是马克思整个经济学大厦的基础，是进一步研究的出发点。马克思在评价大卫·李嘉图时指出：“资产阶级制度的生理学——对这个制度的内在有机联系和生活过程的理解——的基础、出发点，是价值决定于劳动时间这一规定。李嘉图从这一点出发……李嘉图在科学上的巨大历史意义也就在这里。”这一段话用来评价马克思抽象形态的劳动价值理论，也是完全适用的。抽象形态的劳动价值理论究竟包含哪些基本内容呢？笔者在2015年发表的一篇文章中把它概括为五个理论，即商品理论、劳动理论、价值理论、货币理论、拜物教理论，限于篇幅，这里就不展开了。

具体形态的劳动价值理论的内容主要体现在《资本论》第一卷第三篇至第三卷的第七篇中，包括货币转化为资本理论、剩余价值生产理论、资本主义工资理论、资本积累理论、资本循环和周转理论、社会总资本的再生产和流通理论、平均利润和生产价格理论、商业资本与商业利润理论、生息资本和利息理论、资本主义地租理论等。其特点有三。一是不再从“纯粹形态”进行考察，一些原来舍象掉的因素如市场竞争、供求关系等逐步进入研究视野之中，资本成了主要的研究对象。二是贴近了资本主义社会的现实经济生活。正如马克思在《资本论》第三卷一开头所指出的：“在本册中将阐明的资本的各种形态，同资本在社会表面上，在各种资本的互相作用中，在竞争中，以及在生产当事人自己的通常意识中所表现出来的形式，是一步一步地接近了。”三是具有鲜明的阶级倾向性。马克思在1860年9月的一封信中指出：“希望在复活节以前能出版第二部分（指《政治经济学批判》第二分册《资本》——引者）……这决不是由于我内心的要求，而是因为第二部分有直接的革命任务，而且，我在那里所叙述的关系也比较具体。”马克思把《资本论》的出版看成是“向资产者（包括土地所有者在内）脑袋发射的最厉害的炮弹”，主要是指具体形态的劳动价值理论的内容。

笔者认为，要准确、完整地理解《资本论》的劳动价值论，就应该按照马克思的原意，把劳动价值理论划分为抽象和具体两种形态，并包括其各自的基本内容。两者的关系是：抽象形态是劳动价值理论的核心和基础，具体形态是抽象形态的逻辑推演、逐步展开和具体化，两者共同构成相互联系、不可分割的劳动价值理论的有机整体。

（摘自：《政治经济学评论》2021年第1期，原文标题为《论〈资本论〉的三大理论贡献及其当代启示》）

公有主体是实现共同富裕的所有制基础

武建奇

公有主体、国有主导是人民分享发展成果的制度性保证。“一个公有制占主体，一个共同富裕，这是我们必须坚持的社会主义的根本原则。我们就是要坚决执行和实现这些社会主义原则。"邓小平之所以"坚决执行"这两条，就是因为公有制是保证共同富裕得以实现的经济基础。首先，公有制特别是国有制生产关系决定了它比非公有经济有更高的效率，从物质条件方面促进"富裕"的实现。共同富裕的前提性条件是富裕，富裕的物质基础是生产力高度发展，资源配置效率极大提高，没有这个条件，即使"共同"了也不是共同富裕而很可能是共同贫穷。社会主义国有企业的国有属性决定了它可以成为国家用来提高社会整体效率的手段而不是像"经济人"那样只斤斤计较于企业自身的微观效率。非公企业的经营目标只是利润，而"利润不是衡量企业效率的可靠指标"，从微观角度和宏观角度考察企业效率的结果是很不一样的，国有企业承担着赚钱之外的很多职能，要体现国家意志、实现国家战略、贯彻国家政策，以促进社会整体效率的提高。为了保证宏观经营便利会主动牺牲自身的一定效益，以换取全社会整体上资源配置的更高效率，即宏观高效抵消微观"低效"的差额后仍有"净剩余"，这是整个国家"算大账"而非只打私人公司"小算盘"，这是促进生产力发展、生产率提高、改进富裕程度的一个决定因素。其次，公有经济特别是国有经济的性质决定了它比其他经济成分更加重视和有利于实现收入分配中的公平，是从利益关系上促进"共同"的决定性因素。如果没有这个生产关系条件，即使"富裕"了也还不是共同富裕，而很可能是两极分化。公有经济中的劳动者更具有主人翁意识，经营管理者更具有公仆意识，经营管理中的任何决策都会天然地比非公企业决策更多考虑劳动者利益。公有经济中的生产资料不再成为剥削手段，其劳动者工资收入水平一般也高于非公企业，公有经济中的按劳分配原则的真正落实有利于劳动者收入在国民收入中所占比重的提高，公有主体保证了个人之间的收入差距不会扩大到两极分化的程度。因此，公有经济为主体和国有经济为主导，是减缓两极分化、促进公平分配、实现共同富裕的决定性因素。正如习近平所指出的："公有制主体地位不能动摇，国有经济主导作用不能动摇。这是保证我国各族人民共享发展成果的制度性保证。"

摒弃把"竞争中性原则"解释为"所有制中性"的误导。国家提出实行"竞争中性"是为了建设高水平的社会主义市场经济体系，为各类经济创造更好的营商环境，推动中国特色社会主义经济的健康发展。竞争中性原则提出不久，就有学者借题发挥出了"两个中性"，即"竞争中性"和"所有制中性"思想。在马克思经济学中竞争与所有制本不属一个领域，从"竞争中性"推不出必然要实行"所有制中性"的结论来。有人说竞争中性"可以进一步延展到'所有制中性'，所有制也要中性，各种所有制度都要平等竞争、一视同仁"，"我们党多次提出竞争中性和所有制中性的内核"。这是个误导。市场竞争、流通领域与所有制和生产不是一个领域，市场、流通比较外在，有市场规则，不搞歧视，可以"中性"；而所有制是生产领域的基础和核心，反映生产过程的内在本质属性，社会主义经济的这个性质不能被“中性”。公有经济作为社会主义经济的主体和国有经济作为社会主义经济的主导，也必须旗帜鲜明而不能“中性”，否则，我国宪法所规定的“社会主义初级阶段的基本经济制度”就会名存实亡，所谓共同富裕的目标就不可能实现。

（摘自：《政治经济学研究》2021年第2期，原文标题为《共同富裕：从远大理想到战略实施的历史性转变》）

价值规律作为调节全球资本主义生产的总原则在当代仍然有效

魏 旭

对马克思生产劳动与非生产劳动区别的忽视和误解以及价值度量的形而上学方法，是数字资本主义理论家得出“价值规律失效论”观点的主要原因，而对数字资本主义劳动过程分析的现象学认识又深化了这一误解。一旦我们深入这些问题的背后就会发现，当代数字资本主义数字经济的运行逻辑并未摆脱价值规律的作用范围，价值规律仍然有效，只不过价值规律作用的形式发生了变化，由抽象的价值规律转化为生产价格规律。所谓“新经济”的收入急剧增长，只不过是对全球剩余价值池的分割，进而转化为金融化收入和信息租金收入。

需要指出的是，我们对数字资本主义下价值规律失效论的批判与回应，并非主张资本主义是永恒的，而恰恰是将资本主义置于具体的特定历史情境下，分析资本主义的经济关系。数字资本主义理论家基于数字资本主义劳动过程和价值增殖过程的分析错误地理解了马克思的劳动价值论。事实上，以智能算法、数据存储与处理、大数据技术为核心的ICT技术的发展正在重塑当代的生产方式；数字设备也正在使生产者和消费者之间的联结关系日益紧密，供给和需求之间的匹配性也日益精准。特别是以智能制造为标志的生产自动化程度的大幅提高正在使可变资本的配置比例最小化，进而使这些部门价值和剩余价值的生产最小化。由于生产性雇佣劳动是剩余价值的源泉，一个完全自动化的生产活动不会生产任何新的剩余价值，而只是转移了不变资本的旧价值。固定资本积累规律正在部分地破坏价值规律：资本越是以价值增殖为目的，“提高劳动生产力和最大限度否定必要劳动”越是成为“资本的必然趋势”。而“劳动时间——单纯的劳动量——在怎样的程度上被资本确立为唯一的决定要素，直接劳动及其数量作为生产即创造使用价值的决定原则就在怎样的程度上失去作用”。也就是说，资本越是以价值增殖为目的，就越是要提高生产力，以使自己生产的商品的个别价值低于社会价值而获取超额利润。

资本主义竞争又使这一内在的机制转化为外在的强制加在全部资本身上,不变资本相对可变资本不成比例的快速增长,就造成了资本的自我否定:“如果说直接劳动在量的方面降到微不足道的比例,那么它在质的方面,虽然也是不可缺少的,但一方面同一般科学劳动相比,同自然科学在工艺上的应用相比,另一方面同产生于总生产中的社会组织的并表现为社会劳动的自然赐予(虽然是历史的产物)的一般生产力相比,却变成一种从属的要素。于是,资本也就促使自身这一统治生产的形式发生解体。”但这只是作为规律的一种历史趋势,在现实世界中,还需要一个资本自我否定的漫长过程。

(摘自:《马克思主义研究》2021年第2期,原文标题为《数字资本主义下的价值生产、度量与分配——对“价值规律失效论”的批判》)

新帝国主义的积累模式

鲁保林

从初步成型到走向衰落,新帝国主义经历了近20年的黄金发展期。新帝国主义体系的积累模式可以从四个维度进行描述。

从生产维度看,新帝国主义的资本积累主要通过生产全球化和金融全球化两条通道进行。其中,生产全球化是垄断资本依托知识产权优势实现不平等交换和构建全球帝国主义等级秩序的基础,而金融全球化是垄断资本通过控制世界金融市场和货币流动进而控制全球经济资源的关键。不过,生产全球化过度发展引发的“去工业化”浪潮,割裂了生产和研发环节,导致帝国中心的创新缺乏完整产业链的支撑,加速了其实体经济的萎缩,使其陷入“停滞—金融化”的恶性循环。隐藏于全球价值链之中的各种套利、租金和来自金融渠道的掠夺性投机性积累,已经成为维持当代资本主义世界体系生存和发展所必需的“营养物质”。

从交换维度看,2008年全球金融危机前,全球形成了一个由“欧美借贷消费,东亚提供高储蓄、廉价劳动力和产品,俄罗斯、中东、拉美等提供能源资源”的三角形经济大循环格局。“大三角”经济循环的运作模式表现为:欧美发达经济体为东亚地区的庞大产能提供市场,同时拉动着那些能源资源供给国的经济增长。美国作为世界消费市场,不仅向全球输出商品和劳务需求,而且通过贸易逆差和直接投资输出美元纸币,然后又依托其发达开放的金融市场吸引大量跨国资本流入,以保证其借贷型经济增长模式得以持续。东亚和资源供给国板块的巨额贸易盈余,很大一部分又回流到美国的资本市场。前者是被动的储蓄者和廉价资金的提供者,后者是积极的借贷者。

从分配维度看，新自由主义资本积累方式推动财富集中度快速攀升，一小撮垄断资本家对全世界人民的压迫“更加百倍地沉重、显著和令人难以忍受了”。一方面，生产全球化使得垄断资本获得了劳动、资源、市场、税收和管制等全球套利优势，资本全球套利把财富从外围国家转移到中心国家并且主要集中在少数金融寡头及其代理人手中，进一步扩大了资本与劳动、中心与外围、贸易部门与非贸易部门的收入差距；另一方面，金融创新异化导致金融衍生品泛滥，再加上金融监管滞后，使得具有金融操控特征的投机与泡沫越做越大，一小撮处于金字塔顶端的金融精英和投机者，掌握着比普罗大众多得多的金融资产，他们受益于金融资产价格膨胀并从中攫取了与其数量不成比例的收益。

从消费维度看，新帝国主义时期，由于就业不稳、工资停滞以及贫富分化加剧，全球经济一直难以摆脱有效需求不足的困扰，对未来消费的透支似乎成了最为有效的应对之策。其中，欧美庞大的由信用支撑的消费需求刺激了东亚地区的生产性投资，二者形成一种脆弱的平衡关系。东亚国家和能源资源供给国板块的稳步增长，很大程度上依赖欧美发达经济体的进口需求。这一链条能否维系又取决于高债务驱动的透支消费模式是否可持续，而透支消费的可持续性最终依赖货币和金融市场的状况，即货币供给是否宽松、资产泡沫能否持续膨胀以及债务规模能否持续扩张。

（摘自：《教学与研究》2021年第3期，原文标题为《新帝国主义的形成、特征与积累模式》）

化石能源塑造资本主义“时间—空间—社会”体制

王彬彬　李晓燕

作为人类第一种“自主”能源，化石能源具有比太阳辐射、木柴、木炭、农业废弃物、粪便等前现代能源更优越的物理化学特性。在大规模应用化石能源后，资本积累不再遵从和受限于自然的时间、空间和条件，可以按照剩余价值最大化的逻辑，重新塑造资本主义的“时间—空间—社会”体制，建立起独立于自然的所谓的现代文明。

第一，化石能源对资本主义时间体制的塑造。化石能源具有易于储存和转换的特性，如原油、原煤、天然气等一级能源可以转换成电力、汽油等二级能源。这一特性使得化石能源可以随时从地壳中抽取出来，全时段全天候不间断地为资本积累提供能量密度稳定的自然力输出。化石能源对资本主义时间体制的塑造已深深内嵌于资本主义经济体系之中。如何更有效地控制时间？

除了从地壳深处开发页岩油、页岩气等新型化石能源外，21世纪以来，美欧主要资本主义国家还大力发展智能电网、能源互联网等，通过引入物联网技术和电力电子技术，改造可再生能源的生产、配送和利用，以分布式的可再生能源系统逐渐替代集中式的化石能源系统。它以跨时间和空间的互联互通、调剂共享来弥补可再生能源供给受自然节律制约的不足，在"能源民主"的氛围中重塑资本主义时间体制。

第二，化石能源对资本主义空间体制的塑造。化石能源具有易于运输的特性。通过由输油管线、油轮航线、炼油厂和储油设施等构成的覆盖全球的能源物流网络，化石能源被快速输送到世界上任何一个负担得起化石能源消费的角落，深刻改变着资本主义的地理空间，使资本、产业、人口等逐渐"流动"起来。化石能源物流将边缘国家和地区吸入资本主义全球生产网络中，成为新的原料产地和初级产品生产基地，在20世纪50年代以前形成了国际劳动分工的"中心—外围"结构，即主要工业中心与为工业中心生产粮食和原材料的"依附型"外围并存。

第三，化石能源对资本主义社会体制的塑造。化石能源具有消耗量可灵活分割和可跨时空灵活分配的特性。电力网络技术和动力设备技术的发展使化石能源自然力的使用更加富有弹性，进一步提高了经济过程的运行速度，加快了资本周转和资本积累。石油等化石能源是现代工业的"血液"，资本主义利用其建立起了现代的经济社会生活。以化石能源为动力、不断小型化和便利化的机器设备的广泛使用为打破前资本主义社会的人身依附关系与确立西方个人主义的意识形态提供了物质保障。个人(通过驱动机器设备)可以支配巨大的力量，拥有前所未有的能力，创造出巨额的财富，获取大量的自然资源和社会资源。

(摘自:《政治经济学研究》2021年第1期，原文标题为《论化石能源对资本主义的形塑》)

依据国民经济按比例发展规律实施科学的宏观调控

闫　娟

国民经济按比例发展规律是社会化大生产条件下人类社会共有的客观经济规律。社会生产越发展、生产的社会化程度越高，就越需要按比例协调发展，否则极易产生经济紊乱甚至危机。马克思指出:"人人都同样知道，要想得到和各种不同的需要量相适应的产品量，就要付出各种不同的和一定数量的社会总劳动 量。这种按一定比例分配社会劳动的必要性，绝不可能被社会生产的一定形式所取消，而可能改变的只是它的表现形式，这是不言而喻的。自然规律是根本不能取消的。在不同的历史条件下能够发生变化的，只是这些规律借以实现的形式。”在实行市场经济的社会，实现按比例发展规律，要借助市场微观调节和政府宏观调控两种形式。而在社会主义市场经济条件下，因生产资料公有制与生产社会化相适应，社会主义国家的宏观调控能够通过充分发挥社会主义制度优越性，克服资本主义市场经济的局限，摆脱生产发展的盲目性和无政府状态，使按比例发展更具可能性；而且，越是发挥市场在资源配置中的决定性作用，就越需要科学的宏观调控来增强发展的平衡性、协调性和可持续性。

值得一提的是，基于安全发展理念，防范化解重大市场风险尤其是系统性金融风险，已成为当前宏观调控的重中之重。就国内市场而言，近年来金融市场乱象丛生也险象环生，信息造假、欺诈、操纵股市、影子银行、P2P平台金融及高杠杆率、高隐蔽性场外配资问题严重；就国际市场而言，金融垄断资本尤其是金融寡头借助政府“这只手”制造了各种金融工具及由西方发达国家主导的经贸规则，疯狂加速资本积累和集聚并创造大量债务，使得本来应该用于优化资源配置、促进实体经济发展的金融反倒成了金融垄断资本用来投机赚“大钱快钱”的工具，甚或还蓄意将过剩的流动性引到别国尤其是市场开放的发展中国家进行“剪羊毛式”的疯狂财富掠夺，世界各国政府和人民可谓感慨良多。究其实质，这显然已超越市场经济一般规律范畴，也非西方经济学所能解释，而是资本的本性和逻辑使然，对此，马克思主义经典作家在剖析资本扩张及帝国主义特征时已进行了深刻揭示及预判。为此，作为社会主义国家的政府，一定要站稳立场、提高警惕、精准研判，通过科学的政策调控化解国际国内市场风险，打破资本主义周期性危机恶性循环，这是政府责无旁贷的重要职责，也是发挥社会主义市场经济体制优势的内在要求。

（摘自：《毛泽东邓小平理论研究》2021年第4期，原文标题为《社会主义市场经济中更好发挥政府作用的内在要求探析》）

图书在版编目(CIP)数据

海派经济学.2021.第19卷.第3期:总第75期/程恩富,顾海良主编.—上海:上海财经大学出版社,2021.9

ISBN 978-7-5642-3860-5/F·3860

Ⅰ.①海… Ⅱ.①程… ②顾… Ⅲ.①经济学—丛刊 Ⅳ.①F0-55

中国版本图书馆CIP数据核字(2021)第168955号

□ 责任编辑 袁 敏
□ 封面设计 张克瑶

海派经济学

程恩富 顾海良 主编

上海财经大学出版社出版发行
(上海市中山北一路369号 邮编200083)
网 址:http://www.sufep.com
电子邮箱:webmaster@sufep.com
全国新华书店经销
上海华教印务有限公司印刷装订
2021年9月第1版 2021年9月第1次印刷

787mm×1092mm 1/16 15印张 285千字
定价:48.00元